고전서사와 문화콘텐츠 스토리텔링

Classical epic Culture contents Storytelling

고전서사와 문화콘텐츠 스토리텔링

이명현 지음

경진출판

　고전(古典), 고전문학(古典文學), 고전서사(古典敍事). 이 말을 듣는 대부분의 사람들은 어렵고 딱딱한 옛 것이라는 이미지를 떠올린다. 물론 고전서사는 말 뜻대로 옛날의 이야기이다. 하지만 그 속에는 '과거에 있었던 이야기'보다는 '현재까지 전해지는 옛날이야기'란 의미가 강하게 내포되어 있다. 과거에 수많은 이야기들이 있을 것이다. 그 중에서 오늘날까지 전승되는 이야기는 오랜 시간 사람들의 관심을 끌 보편적 가치와 대중적 요소를 두루 갖춘 작품들이다. 공감하지 못하고 재미없는 이야기가 후대에 전승될 리가 없다.

　그러나 대부분의 사람들에게 고전서사는 대학입시를 위해 학창 시절 억지로 공부해야 했던 낯선 표기의 지루한 이야기이다. 입시 과정에서 고전서사의 이야기로서의 가치는 중요하지 않다. 정답을 맞추기 위해 단어의 뜻을 외우고 정해진 문학사적 지식을 숙지하면 그만이다. 〈홍길동전〉에서 호부호형(呼父呼兄), 적서차별(嫡庶差別), 이상사회 실현을 암기할 뿐, 왜 홍길동은 사회 제도에 저항했고, 어떻게 저항했는지는 관심사항이 아니다. 고전서사는 낡고 지루한 이야기가 아니라 그럴 것이라는 편견이 작동하는 이야기이다. 고전서사의 본모습을 이해하기 위해서는 편견을 걷어내는 일부터 해야 한다.

2005년 박사학위를 받은 이후 나의 최대 화두는 '어떻게 하면 고전서사의 현재적 생명력을 찾을 수 있을까?'였다. 내가 이 주제로 고민하던 시기 디지털, 문화콘텐츠, 스토리텔링, 통섭, 융복합 등이 학계의 관심사로 떠올랐다. 매체 환경에 대한 기술적 발전과 매체 간의 통합으로 본격적인 멀티미디어 시대를 맞이하면서 새로운 미디어에 담길 다양한 콘텐츠에 대한 수요가 급증하였다. 고전서사를 소재로 한 영화, 드라마, 애니메이션 등이 제작되었고, 새로운 창작 소재로 고전서사에 대한 관심도 높아졌다. 그러나 제작 현장과 대중이 요구하는 고전서사와 학계의 연구 경향은 괴리가 컸다.

나는 고전서사가 오늘날에도 생명력을 가지고 살아 숨쉬기 위해서는 시대의 변화에 따라 확장되고 변주되어야 한다고 생각한다. 고전문학의 계승이란 단순히 옛 것을 그대로 유지하는 것이 아니다. 과거의 것을 그대로 유지하는 것은 생명을 잃고 형체만을 유지하는 박제와 화석일 따름이다. 고전문학이 현재적 생명력을 갖기 위해서는 오늘날의 사유·인식과 접촉하여 새로움을 획득해야 한다. 새로운 시대, 변화하는 환경을 반영하여 새롭게 재해석한 고전서사는 우리 시대만의 이본(異本)이라 할 수 있다.

이 책은 이러한 고민을 엮은 10년여의 발자취이다. 이 책에 실려 있는 글들은 2006년부터 발표한 논문들을 책의 체제에 맞게 수정하고 보완한 것이다. 자세한 발표지면은 책 뒤에 정리하였다. 제1부에는 문화콘텐츠 시대 고전서사의 의의를 탐구한 글을 실었고, 제2부에는 고전서사를 소재로 한 문화콘텐츠를 분석한 글을 실었다. 비록 논리는 성기고 문장은 거칠지만, 고전서사의 현재성을 고민하고 사유한 흔적이 고스란히 담겨 있다. 간혹 논문을 발표하고 시간이 경과되어 최근 경향에 맞지 않은 내용이 있지만, 이 역시 내가 감당해야 할 학문의 여정이기에 가급적 수정하지 않았다.

단독연구서를 처음 내는 입장에서 감회가 새롭다. 그간 공저는 여러 권 출간했지만, 단독연구서는 이번이 처음이다. 여러 고마운 분들이 떠오른다. 지도교수인 박대복 교수님, 모교 은사이신 민제, 김경수, 이찬욱 교수님께 감사드린다. 이 분들께는 다른 책을 통해서 감사 인사를 따로 드리고자 한다. 함께 공부하며 학문의 세계를 쌓은 중앙대 고전문학 동학들에게 감사의 인사를 전한다. 이들의 애정 어린 비판과 조언이 없었다면 이 책은 발간되지 못했을 것이다.

자식을 위해 평생 뒷바라지를 해 주신 부모님께 감사드린다. 이 분들이 있었기에 내가 좋아하는 고전문학 연구를 직업으로 가질 수 있었다. 낳아주시고 길러주신 두 분께 진심으로 감사드린다. 사랑하는 아내를 내게 보내주신 나의 또 다른 부모님이신 장인과 장모께 감사드린다. 이 분들의 지지와 성원이 있었기에 느리지만 한걸음씩 앞으로 나아갈 수 있었다. 아빠가 쓴 동화(『여우색시』)가 세상에서 제일 재미있다는 딸 연제와 항상 남편을 이해하고 존중해주는 아내에게 이 책을 바친다.

끝으로 유난히도 춥고 답답한 이 겨울에 별 다른 이득 없이 흔쾌히 이 책을 만들어 주신 도서출판 경진의 양정섭 대표님과 부족한 원고를 함께 읽고 교정 본 대학원 제자 강명주, 홍해월, 학부 제자 이동훈, 남준혁에게 감사의 뜻을 전한다.

2017년 3월

목차

제2부

제1부

문화콘텐츠와 스토리텔링

문화콘텐츠 소재로서 고전서사의 가치

문화콘텐츠시대 고전소설 연구 경향과 방향

멀티미디어 시대의 고전소설 교육의 모색과 전환

문화콘텐츠와 스토리텔링

1. 문화원형의 개념

최근 문화산업계에서 '문화원형'이라는 말이 널리 사용되고 있다. 그러나 '문화원형'이란 말은 대단히 모호한 개념이라고 할 수 있다. '문화원형'은 '문화'와 '원형'의 합성어라고 할 수 있으므로, 이를 이해하기 위해서는 먼저 문화와 원형의 개념을 파악할 필요가 있다.

문화의 개념 역시 그 범주의 광범위성으로 인해 아직까지 모든 사람이 공통으로 인정하는 정의는 없는 것으로 보인다. 보편적으로 문화란 인류가 자연을 지배하고 순화시키면서 자신의 이상을 실현해 가는 과정에서 얻어낸 철학, 과학, 예술, 종교, 사회, 경제와 같은 모든 산물을 가리키는 말이라고 할 수 있다. 또한 문화는 이러한 보편적인 성질 이외에도 특수성에 근거하여 한 집단의 역사적 생활구조에 연원을 둔 체계로서 언어, 습관, 전통, 제도뿐 아니라 사상과 신앙 등을 통해 집단의 성원들이 공유하고 체현해 온 다원적인 상대적인 개념도 존재한다.

그렇다면 원형은 무엇인가? 칼 구스타프 융(Carl Gustav Jung)은 원형을 전 인류가 공유하는 집단 무의식의 주된 구조라고 하였고, 마르시아 엘리아데(Mircea Eliade)는 인류의 태초 때에 초자연적 실재들 혹은 신화적 존재들이 계시하여 놓은 삶의 모범답안들의 역사적 정황·문화·인종·계급·민족에 관계없이 보편적으로 존재해 왔다고 생각하고, 그 답안지를 원형이라고 하였다.[1] 이러한 원형의 사전적인 의미는 두 가지이다. 하나는 '원형(元型)'으로써 주물이나 조각물을 만들 때, 가장 기초가 되는 형이라는 뜻으로, 이는 언제 어디서나 똑같은 모양의 산출물을 찍어낼 수 있는 기본 틀을 의미한다. 다른 하나는 '원형(原形)'으로써 고유성과 정체성에 초점을 맞추어 본디 모양이라는 뜻으로, 이는 똑같은 모양이 아닌 여러 가지 모습이 나올 수 있는 다양성의 근거이며, 동시에 다양성 안에서 하나의 공통점을 찾을 수 있는 근거라고 할 수 있다. 문화원형이라 할 때의 원형의 의미는 후자의 다양성 속의 공통성의 의미를 지니는 '원형(原形)'이다.

이러한 '문화'와 '원형'의 개념을 바탕으로 문화원형에 대한 연구들이 진행되었는데, 김교빈[2]은 문화원형에는 다음과 같은 개념들이 담겨 있다고 하였다.

① 역사적 과정을 거쳐 변형된 모습으로 나타나기 이전의 본래 모습

---

1) 배영동, 「문화콘텐츠화 사업에서 '문화원형' 개념의 함의와 한계」, 『인문콘텐츠』 6, 2005.
2) 김교빈, 「문화원형의 개념과 활용」, 『인문콘텐츠』 6, 2005.

② 여러 가지 다양한 모습으로 나타난 문화현상들의 공통분모로서의 전형성

③ 지역 또는 민족 범주에서 그 민족이나 지역의 특징을 잘 드러내는 정체성

④ 다른 민족이나 지역의 문화와 구별되는 고유성

⑤ 위의 요소들을 잘 간직한 전통문화

즉, 전통문화 가운데 그 민족 또는 그 지역의 특징을 잘 담고 있어서 다른 지역, 다른 민족과 구별되며 아울러 여러 가지로 갈라진 현재형의 본디 모습이라고 할 수 있다는 것이다.

배영동3)은 문화는 변화한다는 속성에 주목하여 문화원형의 개념 역시 문화가 전승되고, 전파되고, 변동한다는 사실을 전제하거나 의식하면서 만들어진 것이라고 하였다. 그는 문화원형의 개념을 몇 가지 측면으로 나누어 살폈는데, 먼저 시간적 측면에서 문화원형은 어떤 문화(문화요소, 부분 문화, 전체문화) 형성기에 그 모습을 드러낸 형태, 즉 어떤 문화현상에서 원초적이고 근원적인 형태를 의미한다고 하였다. 다음으로 해당 문화에 영향을 미친 정도의 측면에서 문화원형은 다른 문화에 영향을 많이 미친 형태를 의미한다고 하였다. 마지막으로 문화 실천의 지향성이라는 측면에서 문화원형은 해당 문화의 다양한 실천의 본(本)이 되는 것을 의미한다고 하였다. 또한 배영동은 문화콘텐츠 산업계에서 사용하는 문화원형의 개념을 정리한 바 있는데 이는 다음과 같다.

① 문화산업적 변형과 활용을 의식한 문화개념으로써, 변형되지 않고 활용의 잠재력을 간직한 문화자료

---

3) 배영동, 앞의 논문, 2005.

② 무엇을 만들기 위한 소재로 인식된 문화로써, 문화콘텐츠의 소재

③ 문화상품을 의식한 개념으로, 상품의 재료가 될 만한 한국 전통문화 그
   자체

④ 한국에서 전형을 갖는 전통문화현상으로써, 가공 상품으로 변형되기 이
   전의 상태

⑤ 국적이 모호하거나 문화적 뿌리가 심하게 뒤섞인 현대 한국문화보다는
   한국적 정체성을 갖는 전통문화

⑥ 한국적 고유성을 간직한 문화현상으로써, 세계적 차원에서 볼 때 다른
   나라와 구별될 만한 특성을 갖는 한국문화[4]

이러한 연구들을 종합해 볼 때, 문화원형이란 한 지역의 정체성
과 고유성을 가진 전형적인 전통문화로써 이는 다른 지역, 다른
민족과 구별되고 또한 여러 가지로 갈라져 있는 현재문화의 본래
모습이며, 디지털매체화할 수 있는, 즉 콘텐츠화할 수 있는 소재라
고 정의할 수 있다. 이러한 것을 영화 〈왕의 남자〉의 소재로 활용
된 디지털 한양의 문화원형 사업을 통해 제시하면 아래의 그림과
같다.

---

4) 배영동, 앞의 논문, 2005.

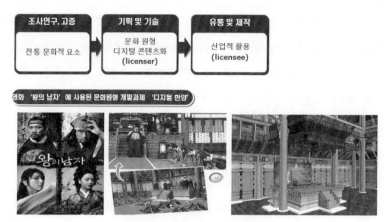

<〈디지털 한양의 문화원형 사업〉>

2. 문화콘텐츠의 개념과 정의

문화란 말의 용도가 다양하듯이 문화산업이나 문화콘텐츠라는 용어의 개념이나 범주도 간단치는 않다. 우리나라와 중국에서 문화산업(文化産業)이라고 부르는 것을 미국에서는 '엔터테인먼트(entertainment)' 산업이라 부르고 영국에서는 '크리에이티브(creative)' 산업이라 하는데, 미국은 '오락'에 영국은 '창의적이라는 점'에 큰 의미를 부여한 명칭으로 보인다. 실제 그 용어가 지칭하는 대상도 다소의 차이가 있다. 우리도 혼용해서 쓰고 있지만 일본에서 흔히 쓰는 미디어 산업(media industries) 역시 문화산업과는 개념과 범주에 차이가 있다. 여기에서는 우리의 관련 법규에 정의된 개념을 바탕으로 문화산업과 문화콘텐츠의 개념을 간단히 정리해 보도록 한다.

문화산업이란 문화예술과 관련된 상품이나 서비스를 창출하고 이를 소비자에게 제공하여 이윤을 추구하는 산업이라는 말이 되겠는데, 문화예술의 범위를 '문학, 미술, 음악, 무용, 연극, 영화, 연예, 국악, 사진, 건축, 어문 및 출판'으로 규정하고 있는 「문화예술진흥법」 제2조 1항에 의하면 그 범주가 매우 넓다고 하겠다.

또한 문화콘텐츠는 '문화적 요소가 체화되어 경제적 부가가치를 창출하는 유·무형의 재화와 서비스 및 이들의 복합체'라 할 수 있다. 여기서 말하는 '문화적 요소가 체화된 것'과 앞에서 언급한 '문화상품' 혹은 '문화예술의 창작물 또는 문화예술용품'과 어떤 차이가 있는지 명쾌하게 선을 긋기는 어려워 보인다. 실제 문화산업과 문화콘텐츠산업이라는 말이 혼용되고 있는 것도 이런 탓일 것이다. 그러나 문화예술의 범주에 넣고 있는 건축물까지 문화콘텐츠라고 지칭하지는 않고 있으니 문화산업과 문화콘텐츠산업, 이 두 용어가 의미하는 것이 반드시 일치한다고 말하기는 어렵다. 예를 들어, 영리를 추구하는 어떤 전시관을 문화산업의 범주에 넣는다고 하면 별다른 저항감이 느껴지지 않겠으나, 그것을 문화콘텐츠산업이라고 부른다면 어딘가 어색함을 느낄 것이다. 그러나 불과 수년 전과는 달리 많은 대상을 콘텐츠라고 부르는 지금의 변화상을 감안한다면, 건축물도 앞으로 콘텐츠라고 불리지 않으리란 법은 없으니 지켜볼 일이다.

'문화콘텐츠(culture contents)'는 21세기에 들어설 무렵 한국에서 특화된 용어다. '문화를 콘텐츠화한다' 혹은 '문화적인 내용물'이라는 의미로 만들어진 용어라고 보면 크게 틀리지는 않을 듯하다. 일반적으로 영화, 게임, 만화, 애니메이션, 캐릭터, 음악, 공연 등 미디어의 성격과 함께 콘텐츠 그 자체의 성격이 더욱 강조되는 콘텐츠와 출판·방송·인터넷·모바일 콘텐츠 등 매체가 강조되는 콘텐츠를 합하여 문화콘텐츠로 지칭하고 있다. 에듀테인먼트는 이상의 다양한 콘텐츠가 교육적으로 이용될 때 지칭되는 콘텐츠이고, 관광이나 축제·전시 등은 각종 콘텐츠를 활용한 산업으로 요즘은 관광콘텐츠, 축제콘텐츠 등으로 불리며 각 지자체의 주목을 받고 있다.

문화콘텐츠는 디지털콘텐츠와 혼용되기도 한다. 이것은 대부분의 문화콘텐츠가 디지털로 만들어지기 때문이다. 문화콘텐츠는 내용물의 특성을 고려한 용어인 데 반하여 디지털콘텐츠는 디지털이라는 저장·유통 방식에 초점을 맞춘 용어이다. 두 용어가 상당 부분 동일 대상을 가리키기도 하지만 용어상 반드시 일치하는 것은 아니다.

이처럼 문화콘텐츠란 용어가 혼란을 일으키는 것은 지금 현재 문화콘텐츠라는 용어가 자기정체성을 확립해가고 있는 진행형의 개념이기 때문이다. 새로운 용어의 등장은 그 개념과 범주를 규정하기 위한 논쟁을 수반한다. 문화콘텐츠의 정체성에 대한 논의의 과정도 마찬가지이다. 문화콘텐츠에 대해 한 때의 유행에 불과한 실체가 없는 것이라는 비난도 있고, 서로 관련성이 없는 것들을 집합적으로 묶은 편의적 개념이라는 지적도 있었다. 그럼에도 불구하고 문화콘텐츠라는 용어는 우리 사회에서 지속적으로 사용 범위를 넓히고 있고, 문화콘텐츠에 대한 개념 정의와 무관하게 사회구성원 대부분이 문화콘텐츠를 실체로 인식하고 있다.

대중들이 문화콘텐츠를 실체로 인식하는 가장 큰 이유는 문화콘텐츠라 불리는 새로운 방식의 문화산업을 이전의 문화예술과 다른 새로운 현상으로 변별적으로 인식하고 있기 때문이다. 오늘날 대중문화 소비자들은 디지털 기술과 정보통신의 발전으로 인해 새로운 매체를 통해서 생산·유통되는 문화산업을 향유하고 있다. 매체와 기술의 발전은 그 내용물(콘텐츠)에 직·간접적인 영향을 미친다. 매스미디어의 발전으로 대중문화가 문화의 주류로 등장하였고, 영상매체의 발달로 인해 독서행위를 통한 이성적 감상보다는 시청각을 통한 직관적이고 감성적인 수용이 보편화되었다. 또한 컴퓨터 그래픽 기술이 발전하여 실사로 재현할 수 없는 환상의 세계를 구현할 수 있게 되었고, 인터넷의 등장으로 유저들이 상호작용하는 쌍방향 온라인 게임이 가능해졌다.

이렇게 변화한 문화예술을 기존의 장르로서 명명하는 것은 새로움과 변화의 추이를 반영하지 못하는 것이다. 물론 새로운 방식으로 등장한 문화예술은 여전히 영화이고, 게임이고, 드라마이다. 그러나 오늘날 등장한 새로운 트렌드의 문화예술과 문화산업을 과거와 구분 짓기 위해서는 그 첫 단계로 새롭게 이름을 붙여야 할 필요가 있다. 이에 대한 요청의 결과가 문화콘텐츠란 용어라고 할 수 있는 것이다.

그렇다면 문화콘텐츠는 어떻게 나누어 살펴 볼 수 있을까? 실상 문화콘텐츠라고 한다면 대단히 다양한 분야를 일컫는 용어이기 때문에 분류에 어려움이 따른다. 여기에서는 한국문화콘텐츠진흥원(KOCCA)의 분류를 제시하여 살펴보겠다.

① 문화콘텐츠 시나리오 소재 개발 분야
  : 문화콘텐츠 시나리오 창작소재개발을 위한 역사, 설화(신화, 전설, 민담), 서사무가, 야담 등의 문화유형 비교, 분석, 해설을 재구성하여 디지털표현양식에 맞는 디지털콘텐츠 만들기.
② 문화콘텐츠 시각 및 청각소재 개발을 목적으로 고분벽화, 색채미술

디자인, 구전민요, 무가 등 음악, 건축, 무용, 무예, 공예, 복식 등의 문화원형을 디지털복원, 비교, 분석, 해설 및 재구성한 디지털콘텐츠 만들기.

③ 의식주, 관혼상제, 세시풍속, 민속놀이, 민속축제 등 문화원을 비교, 분석, 해설 및 재구성하여 문화콘텐츠 창작에 활용할 수 있도록 한 디지털 콘텐츠 만들기.

이상의 분류에서 알 수 있듯이 모든 이야기는 일단 문화콘텐츠의 1차 자료가 될 수 있다. 이것을 원천자료라고 하는데, 이를 새로운 시각을 통하여 2차, 3차 콘텐츠의 스토리텔링으로 확장하면서 경쟁력을 갖는다. 이때에는 이야기를 만들어내는 인문학적 상상력과 그것을 가공하는 예술적 심미안 그리고 가공된 텍스트를 보기 좋게 편집하는 공학적 기술까지를 모두 아우를 수 있는 통합적 능력이 요구된다.

3. 문화콘텐츠에 생명력을 불어넣은 스토리텔링

1) 문화콘텐츠에서 스토리텔링의 필요성

21세기 디지털 기술의 발달은 그 동안 각자의 영역을 고수해오던 방송과 통신, 컴퓨터 등의 융합현상을 가속화시켰다. 미디어의 종류와 수가 이전과는 비교할 수 없을 정도로 다양해졌고, 각종 콘텐츠의 수요가 폭발적으로 늘어가고 있다. 그런데 이러한 콘텐츠의 수요가 증대하면서 함께 주목받고 있는 것이 스토리텔링이다.

스토리텔링은 신화와 전설, 민담 등 구비전승되는 이야기로 시작되었으나, 문자가 만들어지면서 소설과 같은 기록문학으로, 그리고 그림과 이야기를 결합하여 만화로 발전하였다. 20세기에 들어와서는 매체의 발전으로 영화나 방송 같은 영상물로까지 그 범위를 확대하였다.

　최근에는 영화, 애니메이션뿐만 아니라 웹툰, 게임은 물론 광고나 디자인, 상품, 기업경영 등에서도 활용되고 있다. 게다가 이야기는 그 자체로도 막대한 이윤을 창출할 수 있는 하나의 문화상품이다. 스토리텔링이 지금에 와서 더욱 주목을 받게 된 이유는 디지털 시대에 접어들면서 문화산업의 규모가 급속도록 커지고 그 문화산업의 주요 콘텐츠인 영화나 게임, 애니메이션 등의 성패를 좌우하는 것이 바로 스토리이기 때문이다.

　이 때문에 세계는 지금 스토리텔링 소재를 확보하기 위하여 치열하게 경쟁하고 있다. 특히 문화강대국들은 뛰어난 문화콘텐츠를 창작할 수 있는 소재 개발에 주력하고 있다. 미국의 경우를 보면 자신들이 정복한 인디언 추장의 딸 이야기를 소재로 〈포카 혼다스〉를 만들고, 〈뮬란〉에서는 중국의 위진남북조 시기의 설화를 차용하여 애니메이션을 만들었다. 또한 시선을 아프리카로 돌려 밀림을 소재로 〈라이온 킹〉을 만들기도 하였다.

　반면에 우리나라의 경우에는 오랜 역사와 전통을 가진 민족임에도 불구하고 세계적인 스토리텔링을 만들어내지 못하고 있다. 아무리 첨단의 IT기술을 가지고 있다 하더라도 스토리텔링이 미흡하면 알맹이가 없는 속 빈 강정이 될 것은 자명한 일이다. 다양한 매체로 전환시킬 수 있는 첨단 기술을 가지고 있더라도 그 안에 담길 내용물 즉, 스토리텔링이 없다면 무용지물에 불과한 것이다.

오늘날은 디지털 매체를 통한 대량 복제와 인터넷을 기반으로 한 동시 접속이 가능한 시대이다. 기술의 발전과 새로운 매체 환경은 다수의 사람이 동시에 쌍방향 커뮤니케이션을 할 수 있는 다중적 상호작용(Multiple Interaction)을 가능하게 만들었다. 문화콘텐츠의 수용자들은 과거의 예술 향유자와 달리 수동적 입장에서 벗어나 적극적인 참여 주체로 변화하고 있다. 이에 따라 대중의 다양한 욕구에 부합하는 멀티미디어 콘텐츠에 대한 관심이 필연적으로 급증하고 있다. 이러한 요인 때문에 문화콘텐츠는 태생적으로 산업화를 전제로 한 대중문화의 속성을 가지고 있다. 그간 문화예술의 산업화·상품화는 예술의 독자성 및 진정성과 배치되는 것이라 여겨졌지만 디지털 시대에 들어와서 상품과 예술의 교환 관계가 새로운 패러다임으로 등장하면서 예술작품과 상품의 관계가 점차 모호해지고 있다.

이제 문제는 '기존의 콘텐츠로는 만족하지 못하는 문화콘텐츠 소비자들의 욕구를 어떻게 충족시켜야 하는가?' 하는 것이다. 문화콘텐츠는 문화적 내용을 산업화를 전제로 하여 창조적으로 다루는 영역이다. 문화콘텐츠는 '기술—지식(하이테크)'과 함께 '예술—감성(하이 터치)'이 요청되는 분야이다. 전자는 자본과 협업의 필요성을 제기하는 것이고, 후자는 인간의 감성, 상상력, 창의력이 중시되는 분야이다. 이렇듯 문화콘텐츠는 이전의 문화예술과 달리 다양한 요소들이 결합하여 생산되는 방식을 취한다. 따라서 문화콘텐츠에서는 다양한 분야의 융합과 여러 분야를 수렴하고 상호영향을 주고받는 통섭이 절실히 요청된다.

스토리텔링은 융합과 통섭의 과정에서 각기 상이한 요소를 유기적으로 결합하여 문화콘텐츠를 소비자의 감성에 호소할 수 있도록 만드는 핵심적인 요소이다. 스토리텔링은 일반적으로 이야기라 불리는 서사(敍事)를 기반으로 한다. 여기서 이야기를 서사문학이라는 표현 대신 서사라고 칭한 것은 문학을 포함한 모든 매체에 구현된 내러티브를 가진 구조를 지칭하기 위한 것이다. 곧 문학, 영화, 드라마, 애니메이션, 광고, 게임 등에 구현된 이야기를 서사에 포함시키고자 하는 것이다. 서사는 인간이 세계를 인식하는 근본적인 한 가지 방식이며 인간이 감정에 호소하는 의미전달 구조이다. 이야기는 그 자체가 인간이 세계와 대면하여 형성해가는 삶의 방식을 직접적으로 다루기 때문에 감성이 중요시되는 디지털 시대에 적절한 의미전달 구조[5]라 할 수 있다.

문화콘텐츠는 교환가치를 등가적으로 가지고 있는 상품이 아니라 인간의 감성과 꿈을 충족시키는 정서적 요소를 지닌 상품이다. 따라서 문화콘텐츠는 이를 소비하는 인간의 감수성에 부합하도록 원천자료를 가공하여 변형·재조직화하여야 한다. 이것은 유희적 기능을 목적으로 하는 문화콘텐츠는 물론 지식과 정보를 기반으로 하는 문화콘텐츠에도 동일하게 작동한다.

우리나라 에듀테인먼트 콘텐츠를 대표하는 〈마법천자문〉은 지식 정보 전달에 스토리텔링이 얼마나 중요한지 보여주는 사례이다. 마법천자문은 아울북에서 현재 36권까지 출간한 어린이 한자 교육콘텐츠이다. 마법천자문은 서유기의 내용을 토대로 손오공을 주인공으로 내세워 이야기와 한자 교육을 결합하였다. 어린이들에게 한자는 낯설고 재미없는 대상일 수 있다. 그러나 〈마법천자문〉 손오공의 모험이라는 스토리텔링과 등장인물이 마법 주문을

---

5) 최혜실, 『디지털시대의 영상문화』, 소명출판, 2003, 96~97쪽.

한자의 훈음으로 외치는 방식을 사
용하여 어린이들에게 선풍적인 인
기를 얻었다. 에듀테인먼트의 경우
내용이 교육적 측면에 너무 치우치
면 학습 대상자들에게 외면을 받는
경우가 발생하기도 한다. 〈마법천

〈마법천자문〉

자문〉은 서유기와 손오공이라는 캐릭터를 어린이의 눈높이에 맞
추어서 개발하여 이러한 문제점을 비교적 잘 해결하였다. 〈마법천
자문〉은 한자 교육 콘텐츠에 스토리텔링을 결합하여 에듀테인먼
트 콘텐츠로 성공하였을 뿐만 아니라 장편 애니메이션과 뮤지컬
로도 제작되기도 하였다.

상품과 디자인의 영역에서도 스토리텔링을 통해서 차별화를 이
끌어내기도 한다. 온 국민의 사랑을 받는 피겨 여왕 김연아가 착용
하여 화제가 되었던 주얼리 〈제이에스티나(J.ESTINA)〉가 대표적인
사례이다. 제이에스티나(J. ESTINA)는 이탈리아의 공주 Jovanna(조
반나)의 이름에서 따왔다. 공주가 늘 착용했던 티아라와 애완동물
이었던 고양이 제나를 모티브로 하여 제품과 디자인을 스토리텔
링하였다. 실존했던 공주를 중심으로 한 제이에스티나의 브랜드
스토리는 많은 여성들로 하여금 환상을 가지게 만들었다. 앞으로
는 눈에 확 뜨이는 독보적인 디자인은 물론, 거기에 매력적인 스토
리텔링이 있어야지만 오랫동안 사랑받는 생명력을 얻을 수 있을
것이다.

이와 같이 스토리텔링은 문화콘텐츠를 비롯하여 다양한 상품에
새로운 생명을 불어넣는 작업이라 할 수 있다. 게임, 에듀테인먼트
등의 문화콘텐츠를 제작할 때 기본 소재와 시청각적 이미지에 스

토리를 결합해야 하고, 영화, 애니메이션, 드라마 등을 제작할 때
는 이야기를 오늘날 대중의 정서와 취향에 맞추어 이미지와 결합
시켜 스토리텔링 해야 한다. 대중의 감성에 부합하는 스토리텔링
을 창조해야, 대중이 시간을 투자하고, 경제적 지출을 감내하면서
문화콘텐츠를 향유할 것이다.

2) 문화콘텐츠 스토리텔링의 영역

문화콘텐츠 스토리텔링은 엔터테인먼트 스토리텔링과 인포메
이션 스토리텔링으로 나눌 수 있다. 그러나 최근 디지털 매체의
컨버전스 현상으로 인해 다른 영역의 스토리텔링의 속성에 영향
을 받기도 한다. 아래의 분류는 영역별로 구분을 위한 것이라기보
다는 스토리텔링 전반을 이해하기 위한 편의적 분류라 할 수 있다.

(1) 엔터테인먼트 스토리텔링

엔터테인먼트 스토리텔링은 일상적인 필요성보다는 허구적인
스토리텔링을 통해 일종의 오락 산업으로 기능하는 것을 말한다.
대체적으로 디지털 영화, 디지털 애니메이션, 컴퓨터 게임, 디지털
방송, 디지털 음악, 디지털 출판 등이 이에 해당된다.

최근의 엔터테인먼트 스토리텔링에서는 과거의 선형적인 서사
양식의 전통과는 달리 독자가 일방적인 수용을 거부하고, 주어진
이야기를 가공, 변형, 체험할 수 있는 여지를 만들어주는 경향이
두드러진다. 이야기(story)가 고정된 형태로 일방적으로 수용자에
게 주어지는 것이 아니라 유동성을 가질 때 몰입의 효과가 커지기

때문이다. 이를테면 RPG 게임에서 사용자가 선택, 창조하는 흐름은 크게 보았을 때는 게임 기획자가 프로그래밍 해놓은 범위를 벗어나지 못하지만, 사용자의 의지에 따라 특정 플롯을 선택하기도 하면서 스토리에 변형을 주게 된다.

엔터테인먼트 스토리텔링을 통해 제작되는 디지털 콘텐츠들은 B2C(Business to Customer)적인 성격이 강한데, 이는 대부분의 디지털 콘텐츠들이 상품화 → 소비의 구조를 거치기 때문이다. 따라서 소비자에게 호소할 수 있는 내용과 기술적인 측면에 대한 고려와 투자가 지속적으로 이루어져야 하는 분야이기도 하다.

엔터테인먼트 스토리텔링은 최근 뉴미디어의 등장과 IT 기술의 발전으로 새로운 장르가 지속적으로 개발되고 있다. 예를 들면 스마트폰의 광범위한 보급으로 웹드라마라는 새로운 드라마 영역이 등장하였다. 웹드라마는 TV에서 보는 드라마가 아니라 모바일 기기나 웹으로 스트리밍 되는 드라마이다. 스마트폰으로 이동하면서 드라마를 시청하기 때문에 TV 드라마에 비해 러닝타임이 현저히 짧다. 'SNS드라마'나 '모바일드라마', '드라마툰', '미니드라마'로 불리기도 하는데 현재는 네이버 TV캐스트나 다음카카오 스토리볼, 구글 유튜브 등의 플랫폼을 통해 공급 재생된다. 분량은 보통 한 회에 10~15분이지만, 짧게는 3분부터 길게는 30분까지 방영 시간은 다양하다.

웹드라마는 포털을 기반으로 소셜 네트워크까지 다양한 채널로 유통되기 때문에 기업들이 홍보를 목적으로 제작하거나 제작 지원을 하는 사례가 많다. 그러나 TV 드라마보다 제작 문턱이 낮으며 형식이나 내용에 제약이 적다는 점이 매력요인이어서 전문제작사들도 많이 등장하였다. 이에 따른 웹드라마의 콘텐츠 소비가 증가하면서 LA웹페스트에서 시작하여 전 세계에 20여개가 훨씬 넘는 웹시리즈 페스트가 생겨났으며 한국도 2015년 그 대열에 합류하였다.

2014년에는 제작된 〈간서치열전〉은 웹드라마와 TV 드라마를 연동하는 시도를 하였다. KBS에서는 〈간서치열전〉을 웹드라마로 공개한 후 KBS 드라마 스페셜로 방영하였다. 네이버 TV 캐스트를 통해 7부작 중 결말을 제외한 6부작을 공개하고, 드라마 스페셜 본방송 방영 후에 마지막 7부작을 TV 캐스트에 공개하였다.

〈간서치열전〉은 허균의 홍길동전의 작자여부에 대한 논란을 모티브로 하여 제작된 추리 스릴러이다. 서자 출신으로 가난하지만 책읽기를 좋아하는 장선비가 주인공인 간서치로 나온다. 그는 허균의 집에서 일어난 살인사건의 용의자로 의심받아 쫓기게 된다. 간서치는 의심을 벗어나기 위해 그간 자신이 서책을 통해 얻은 지식으로 현장을 추리해가고 진범의 단서를 찾는다. 가장 중요한 단서는 현장에서 사라진 〈홍길동전〉이다. 간서치는 〈홍길동전〉을 추적하지만 진본은 책을 한번 보면 다 외워버리는 '서돈'에 의해

불에 타서 없어진다. 이후 간서치는 진범을 찾지만 권력자들의 암투에 의해 위기에 빠지게 되고 이를 모면하기 위해 새로운 결말의 홍길동전을 쓰게 된다. 〈간서치열전〉은 이러한 추리의 과정과 위기와 극복이라는 반복적인 스토리텔링 패턴을 활용하여 한 편의 드라마이면서도 7부작의 웹드라마로 탄생한 것이다.

그리고 IT 기술의 발전으로 게임에서도 증강현실게임이라는 새로운 장르가 출현하였다. 증강현실게임은 실제 환경에 가상 사물이나 정보를 합성하여 원래의 환경에 존재하는 사물처럼 보이게 하는 컴퓨터 그래픽 기법을 활용한 게임이다. 3차원 가상이미지를 이미 존재하는 현실의 배경에 덧씌운다는 점에서 이는 자신과 배경 모든 것을 현실이 아닌 가상의 이미지를 사용하는 가상현실과는 차이를 보인다. 주체조차 허상인 가상현실에 반해 증강현실게임은 게임을 실행하는 주체가 실존하는 공간에서 이루어지는 행위이므로 몰입도가 보다 높으며 고정된 장치에 테더링을 유지해야하는 가상현실게임과는 달리 휴대용 스크린에서 제공되므로 활용도 또한 보다 높다.

대표적인 증강현실게임은 전세계적으로 열풍이 불고 있는 포켓몬고이다. 포켓몬고는 2016년 7월에 출시된 스마트폰용 포켓몬시리즈의 스핀오프 게임이다. 포켓몬고를 실행하고 스마트폰을 들고 걸어다니다 보면 화면 속에 포켓몬이 출몰한다. 사용자가 폰카메라로 해당 장소를 비추면 증강현실을 기반으로 현실 세계에 등장한 포켓몬을 볼 수 있고 몬스터 볼을 던져서 사냥할 수 있다. 플레이에 필요한 아이템을 얻을 수 있는 '포켓스톱'이라는 장소에서 다른 유저들을 만날 수도 있고 일정 레벨이 넘어가면 체험할 수 있는 '체육관 전투'라는 시스템을 통해 팀을 설정할 수 있어 타유저들과의 소통과 경쟁 또한 가능하다.

증강현실기술을 기반으로 엔터테인먼트 요소를 조합한 게임들이 이전에 출시된 적이 있지만 유독

포켓몬고가 인기를 끌 수 있었던 요인은 이전의 포켓몬스터라는 콘텐츠에 대한 향수도 한 몫 있었겠지만 본질적으로는 사람들의 디지털 문화 심리를 파고들었다는 것에 있다. 디지털 시대 소비자들은 본인이 관심 있어 하는 것에 적극적으로 참여하는 경향이 크다. 포켓몬고는 이를 참여형 이벤트를 통한 게이미피케이션 방식으로 스토리텔링하여 성공을 거둔 것이다. 특히 게이미피케이션의 동기 부여 방식 중 대표적인 '경쟁 심리'를 이용하여 희귀 아이템 또는 희귀 포켓몬을 획득했을 때 느낄 수 있는 자긍심 심리를 다른 사람들이 알 수 있게 드러나게 해주는 소셜 네트워크 전략을 구사하였는데 이 또한 인기에 큰 몫을 하였다고 볼 수 있다.

(2) 인포메이션 스토리텔링

인포메이션 스토리텔링은 주어진 정보를 바탕으로 이를 가공, 배치, 편집, 디자인하는 과정을 거치는 스토리텔링으로 에듀테인먼트(edutainment), 디지털 광고, 브랜드 이미지, e-러닝, 디지털 박물관 등이 여기에 해당된다. 엔터테인먼트 스토리텔링이 허구적인 이야기를 창조하는 것에 비해 인포메이션 스토리텔링은 기존에 존재하는 정보를 바탕으로 논픽션적인 이야기를 만들어내는 것이다. 따라서 인포메이션 스토리텔링에서는 주어진 정보를 스토리로 엮어 내는 편집적인 성격이 강하게 부각된다.

인포메이션 스토리텔링은 엔터테인먼트 스토리텔링에 비해 소비적인 성격이 강하게 부각되지는 않는다. 이를테면 광고는 상품화되어 소비된다기보다 상품화된 것을 디자인하는 것이기 때문에 일종의 메타-상품 스토리텔링에 속한다. 따라서 인포메이션 스토리텔링은 e-러닝과 같은 에듀테인먼트 콘텐츠의 경우와 같이 몇 몇의 경우를 제외하고는 그 자체가 상품화되는 경우가 그리 많지 않다.

에듀테인먼트(edutainment)는 가장 주목받고 있는 인포메이션 스토리텔링이다. 에듀테인먼트는 교육(education)과 오락(entertainment)의 합성어로, 놀면서 공부한다는 새로운 방식의 교육콘텐츠이다. 에듀테인먼트에서는 재미와 지식이 얼마나 잘 조화를 이룰 수 있느냐가 관건이다. 에듀테인먼트의 종류는 온라인과 CD 같은 디지털 콘텐츠를 비롯해서 도서나 방송, 공연 등 다양한 형태로 나타나고 있다. 한국은 다른 어느 나라보다 교육열이 높은 관계로 에듀테인먼트 시장이 갈수록 확대되고 있지만, 그 콘텐츠의 양과 질은 아직도 만족할 만한 수준에 이르지 못하고 있는 실정이다. 에듀테인먼트의 종류도 한정되어 있고, 내용도 오락적 혹은 교육적 측면에 너무 치우친 경우가 많다.

교육과 흥미를 모두 만족시키는 에듀테인먼트를 만들기 위해서는 기존의 지식 전달 방식에서 스토리텔링을 통한 교육으로 전환해야 한다. 대표적으로 정보의 경로를 찾아가는 길라잡이(path finder) 방식의 스토리텔링이 필요하다. 상황의 제시와 해결 경로의 탐색이라는 인간적 상황을 결합한 스토리텔링적 사고로 연계 혹은 변화되어야 한다. 예를 들어 『노빈손 무인도 완전정복』 등 노빈손 시리즈가 이러한 방식 대표적인 에듀테인먼트 스토리텔링이라 할 수 있다.

이 책은 '무인도 생존법'이라는 컨셉트로 제작된 청소년 과학 상식 도서다. 기존의 청소년 교양 도서가 지나치게 지식 전달 위주의 컨셉트를 가졌던 데 반해, 『로빈슨 크루소 따라잡기』는 스토리텔링을 도입해 흥미의 요소를 크게 부각시켰다.

일단 가장 큰 특징은 서술 방법이다. 노빈손 시리즈는 '노빈손'이라고 하는 등장인물이 '로빈슨 크루소'를 벤치마킹하여 무인도를 탈출하는 내용이다. 이 콘텐츠는 내러티브적 사고를 도입하고, 여러 가지 과학 지식들을 '무인도에서 살아남기'라는 경로를 통해 통합시켰다. 여기서 주인공 '노빈손'은 길라잡이라고 할 수 있다. 정보의 정글에서 다른 사람(독자)들을 대신해서 지식의 미로를 통과하고 있는 것이다. 이렇게 노빈손이 개척한 경로와 그로부터 발생된 의미 있는 정보를 역으로 학습 프로그램으로 만드는 것, 즉 경로 탐색의 스토리화가 바로 에듀테인먼트 스토리텔링의 근본적인 원리라고 할 수 있다.

최근에 각 기업들은 경쟁적으로 브랜드 스토리텔링에 집중하고 있다. 같은 제품이라 하더라도 브랜드가 있는 상품과 그렇지 않은 상품의 가치는 하늘과 땅 차이이기 때문이다. 현대의 소비자들은 물건을 사는 것이 아니라, 브랜드가 지닌 이미지와 가치를 산다고 해도 과언이 아니다.

대개 브랜드 스토리텔링은 사람들이 쉽게 이해할 수 있는 이야기를 만들어 브랜드에 접목시키는 것을 말한다. 브랜드 스토리텔링에선 제품이나 기업 자체를 강조하기보다, 그 안에 담긴 의미나 이야기를 제공하여 소비자와 브랜드의 교감을 유도한다. 브랜드 스토리텔링은 소비자에게 이야기를 통해 기업과 제품에 대해 공감과 연상을 갖도록 하는 효과가 있다. 소비자는 브랜드 스토리텔

링을 통해서 브랜드 이미지와 기업과 제품의 아이덴티티를 명확
하게 기억하게 된다.

오리온 초코파이는 정(情)에 관한 소비자들의 체험 스토리로 광
고를 내보냈다. 군대 가는 삼촌에게, 싸운 친구에게, 역무원 아저
씨에게 초코파이를 전해 주는 내용의 광고였다. 이 캠페인으로 초
코파이의 매출과 시장점유율이 상승했다. 그뿐만 아니라 '초코파
이 정'이라는 브랜드가 소비자의 인식 속에 확고하게 자리 잡았다.
오리온은 브랜드 스토리텔링을 통해서 기업의 이미지와 제품의
아이덴티티를 대중에게 성공적으로 전달한 것이다.

최근에는 기업경영에서도 스토리텔링을 자주 사용하고 있다. 특
히 기업경영에서의 스토리텔링은 경영혁신과 비전 전파를 위한 훌
륭한 도구를 쓰이고 있다. 이전의 기업의 설명회나 발표회에 가보
면 대부분 도표나 숫자를 이용하여 분석적인 설명을 장황하게 늘어
놓는 경우를 쉽게 볼 수 있다. 하지만 이런 방식은 주최 측의 의도대
로 참석자들에게 더 이상의 관심이나 흥미를 끌기에는 어렵다. 그
보다는 오히려 캐릭터와 스토리가 있는 재미있는 이야기를 만들어
들려준다면, 보다 쉽게 이해하고 받아들일 수 있을 것이다.

(3) 엔터테인먼트와 인포메이션의 결합

최근에는 기업과 제품 홍보에 게임의 요소를 결합하여 일반 대중이 자발적으로 참여하도록 하는 스토리텔링 방식이 주목받고 있다. 과거에 '이야기가 있는 광고'를 만들었다면 지금은 소비자가 스토리텔링에 참여하는 홍보 전략을 선호하는 것이다.

이러한 전략 중 하나가 게이미피케이션이다. 게이미피케이션은 게임이 아닌 것에 게임적 사고와 게임 기법을 활용해 문제를 해결하고 사용자를 몰입시키는 과정을 일컫는 말이다. 최근에는 마케팅에 게임적 스토리텔링 기법을 접목시켜 기업과 제품 홍보에 활용되고 있다. 대표적인 사례가 2010년 마이크로소프트는 자사의 검색엔진 빙(Bing)의 지도 서비스를 홍보하기 위해 기획한 〈제이-지를 풀어라(Decode JAY-Z)〉 캠페인이다.

이 홍보 캠페인은 미국의 유명한 힙합가수 제이-지의 자서전 출간을 지도 서비스 홍보와 결합시킨 것이다. 자서전은 일반 종이책으로 출간되기 전, 한 장씩 분리되어 미국 전역에 종이책의 형태가 아닌 옥외광고물로 위장하여 숨겨졌다. 일종의 보물찾기와 같

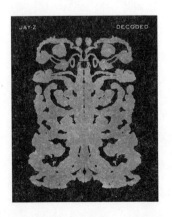

은 게임인 것이다.

보물찾기의 힌트는 하루에 한 페이지씩, 검색엔진 빙(Bing)을 통해 공개되었다. 자서전의 한쪽, 한쪽이 숨겨진 장소는 제이-지(JAY-Z)의 음악적 삶과 자서전 내용과 관련이 깊었다. 제이-지가 어린 시절을 회고하는 페이지는 그가 어릴 적 살던 동네의 벽에,

그의 차 캐딜락이 등장하는 페이지는 어느 거리 한복판의 캐딜락에 도배되어 있는 식이었다. 버스 정류장의 광고판, 제이지가 운영하는 햄버거 가게의 햄버거 포장지, 당구장의 당구대, 구찌 매장에 전시된 자켓의 안감, 호텔 수영장의 바닥, 정차된 자전거의 바퀴에 이르기까지, 페이지의 위치를 확인한 사람들은 실제 세계로 뛰쳐나와 보물찾기에 참여하고, 인증샷을 찍어 자신의 SNS와 홍보 사이트에 게시했다. 가장 먼저 발견해 사진을 업로드한 사람에게는 제이지의 자서전에 '페이지 70-71, ○○○에 의해 해독됨(Decoded By ○○○)'이라는 디지털 서명의 행운이 돌아갔기에 사람들은 누구보다 더 열심히 자서전을 찾아 헤맸다.

4주간 지속된 캠페인의 마지막 날, 수많은 사람들의 참여 덕분에 제이-지의 자서전 퍼즐 조각은 완성되었고, 온라인에서 먼저 공개된 후 『디코디드(Decoded)』라는 책으로 출간되었다. 이렇게 게이미피케이션은 엔터테인먼트와 인포메이션의 요소를 수용자의 자발적 참여라는 방식으로 결합한다. 이제 디지털 스토리텔링은 이야기를 전달하는 것을 넘어 이처럼 수용자를 어떻게 참여시키고 어떻게 몰입시킬 것인가를 고민해야 한다.

문화콘텐츠 소재로서 고전서사의 가치

1. 문화콘텐츠의 정체성

문화콘텐츠란 신조어는 1990년대 중반 이후에 E-비지니스 열기
가 고조되면서 등장하기 시작하여 2001년에 한국문화콘텐츠진흥
원(KOCCA)이 설립되면서 사회 전반에 걸쳐 본격적으로 사용되었
다. 이제 문화콘텐츠라는 말은 처음 등장했을 때의 생소함과 생경
함을 극복하고 문화산업 전반을 지칭하는 용어로 확고히 자리매
김하였다. 그동안 문화콘텐츠의 개념에 대한 다양한 논의가 있었
다.[1] 문화콘텐츠에 대해서 일반적으로 방송, 영화, 게임, 애니메이
션, 음반, 캐릭터, 전차책 등과 같이 디지털 미디어를 이용하여 제
작, 유통, 향유되는 문화예술의 내용물[2]이라고 정의내리지만 이에

---

1) 2002년 인문콘텐츠학회의 창립기념 심포지움 '왜 인문콘텐츠인가' 이후 각종
   세미나와 학술대회를 통해 문화콘텐츠의 개념과 성격에 대한 다양하고 심도 있
   는 논의가 진행되었다.

속하는 다양한 장르의 콘텐츠를 하나로 묶는 연결고리가 무엇인지를 해명하는 것은 여전히 남겨진 숙제라 할 수 있다.

모든 문화의 변화에서 새것의 처음은 옛것의 영향을 받아 자기 정체성을 확립하기 때문에 새것과 옛것의 요소가 혼재되어 나타난다.3) 오늘날의 문화콘텐츠도 마찬가지이다. 영화가 문학과 연극의 콘텐츠를 여전히 활용하고 있으며, TV가 라디오의 콘텐츠에서 크게 자유롭지 않다. 영화와 TV는 매우 급격히 발달된 20세기의 뉴미디어이지만, 그것을 채우고 있는 것은 아직까지는 전통적인 콘텐츠들(연극, 문학, 라디오)이다.4) 이렇게 새것과 옛것이 혼재되면서 새것의 정체성을 확립해 가는 과정 때문에 지금 현재 문화콘텐츠는 자기정체성이 확고하지 않은 것처럼 보이기도 한다.

오늘날은 새롭게 등장한 문화콘텐츠가 자기정체성을 확립해가는 변화의 시대이다. 그러나 이를 오해하여 문화콘텐츠는 한 때의 유행에 불과한 실체가 없는 것이라는 비난도 있고, 서로 관련성이 없는 것들을 집합적으로 묶은 편의적 개념이라는 지적도 있다. 그럼에도 불구하고 문화콘텐츠라는 용어는 우리 사회에서 지속적으로 사용 범위를 넓히고 있고, 문화콘텐츠에 대한 개념 정의와 무관하게 사회구성원 대부분이 문화콘텐츠를 오늘날 향유하고 있는 실재하는 실체로서 인식하고 있다.

---

2) 박상천, 「예술의 변화와 문화콘텐츠의 의의」, 『인문콘텐츠』 2, 2003, 185쪽.
3) 신소설은 고소설의 전근대적인 요소를 극복하기 위해 창작되었지만, 주제적인 면에 있어서 자유연애 등 일부 의식적인 발전을 제외하고는 전대서사의 영향으로부터 자유롭지 못하였다. 그리고 영화가 처음 등장하였을 당시 이 새로운 예술의 정체성이 무엇인지 명확하게 인식하지 못하였기 때문에 영화를 움직이는 사진으로 이해하였다.
4) 김만수, 『문화콘텐츠 유형론』, 글누림, 2006, 63쪽.

대중들이 문화콘텐츠를 실체로 인식하는 가장 큰 이유는 문화콘텐츠라 불리는 새로운 방식의 문화산업을 이전의 문화예술과 다른 새로운 현상으로 변별적으로 인식하기 때문이다. 오늘날 대중문화 소비자들은 디지털 기술과 정보통신의 발전으로 인해 새로운 매체를 통해서 생산·유통되는 문화산업을 향유하고 있다. 매체와 기술의 발전은 그 내용물(콘텐츠)에 직·간접적인 영향을 미친다. 매스미디어의 발전으로 대중문화가 문화의 주류로 등장하였고, 영상매체의 발달로 인해 독서행위를 통한 이성적 감상보다는 시청각을 통한 직관적이고 감성적인 수용이 보편화되었다. 또한 컴퓨터 그래픽 기술이 발전하여 실사로 재현할 수 없는 환상의 세계를 구현할 수 있게 되었고, 인터넷의 등장으로 유저들이 상호작용하는 쌍방향 온라인 게임이 가능해졌다.

이렇게 변화한 문화예술을 기존의 장르로서 명명하는 것은 새로움과 변화의 추이를 반영하지 못하는 것이다. 물론 새로운 방식으로 등장한 문화예술은 여전히 영화이고, 게임이고, 드라마이다. 그러나 오늘날 등장한 새로운 트렌드의 문화예술과 문화산업을 과거와 구분 짓기 위해서는 그 첫 단계로 새롭게 이름을 붙여야 할 필요가 있다. 이에 대한 요청의 결과가 문화콘텐츠란 용어라고 할 수 있는 것이다.

문화콘텐츠라는 이름을 부여한 결과 전통적 방식으로 향유되던 문화예술과의 변별성을 선명하게 드러낼 수 있게 되었고[5], 문화콘텐츠에 대한 개념화와 규정짓기를 통해서 자체의 경계를 만들 수 있게 되었다. 아래의 표는 한국문화콘텐츠진흥원이 문화콘텐

---

5) 문화콘텐츠의 변별성에 대한 논의로는 박기수, 「한국 문화콘텐츠학의 현황과 전망」, 『대중서사연구』 16, 대중서사학회, 2006, 11~17쪽을 참조.

츠를 정의하기 위해 제시한 흐름도를 표로 정리한 것이다.

문화적 요소	창의성	기술	문화콘텐츠	
전통문화 문화예술 생활양식 이야기	기획 및 혁신역량	Culture Technology	만화 캐릭터 공연 영화 인터넷 모바일	애니메이션 음악 게임 방송 에듀테인먼트

위의 표에서 볼 수 있듯이 문화콘텐츠는 문화적 내용을 산업화를 전제로 하여 창조적으로 다루는 영역이다. 문화콘텐츠는 이전의 문화예술과 달리 다양한 요소들이 결합하여 생산되는 방식을 취한다. 따라서 문화콘텐츠에서는 다양한 분야의 융합과 여러 분야를 수렴하고 상호영향을 주고받는 통섭이 절실히 요청된다.

문화콘텐츠는 문화적 요소를 이해하고 문화를 향유하는 인간을 통찰하는 인문학, 문화적 요소를 창의적으로 창조할 수 있는 예술적 소양, 이를 디지털 매체에 구현할 수 있는 공학적 기반, 최종적으로 산업화에 적용할 수 있는 경영적 마인드가 필요하기 때문에 최소한 인문학, 예술, 공학, 경영학이 융합·통섭되어야 한다.

그러나 현실의 상황을 보면 대학의 학문적 탐색이 현장의 요청을 따라가지 못하고 있다. 학제간의 교류와 융합이 시도되고 있지

만 전통적 학문 영역의 장벽은 여전히 견고하기만 하다. 문화콘텐츠의 정체성에 대해 의심하는 것도 실상 기존의 학문 영역을 고수하려는 의도가 저변에 내재되어 있는 것이다. 문화콘텐츠는 지금까지의 학제 방식으로 설명할 수 없는 새로운 현상으로, 전통적 학문 영역에 대한 경계 허물기를 통해서만 그 실체를 해명할 수 있는 분야인 것이다. 문화콘텐츠는 한 때의 유행이나 천박한 상품에 불과한 것이 아니다. 다양한 학문 분야가 융합하고 통섭하여 총체적으로 조망해야 하는 새로운 영역인 것이다.

이 글에서는 문화콘텐츠에 대한 이와 같은 관점을 전제로 하여 문화콘텐츠 스토리텔링의 창작소재로서 고전서사의 가능성을 탐색하고 그 활용방안을 모색하고자 한다.

2. 고전서사와 문화콘텐츠 스토리텔링의 접점

오늘날은 디지털 매체를 통한 대량 복제와 인터넷을 기반으로 한 동시 접속이 가능한 시대이다. 기술의 발전과 새로운 매체 환경은 다수의 사람이 동시에 쌍방향 커뮤니케이션을 할 수 있는 다중적 상호작용(Multiple Interaction)을 가능하게 만들었다. 문화콘텐츠의 수용자들은 과거의 예술 향유자와 달리 수동적 입장에서 벗어나 적극적인 참여 주체로 변화하고 있다. 이에 따라 대중의 다양한 욕구에 부합하는 멀티미디어에 담기는 내용물, 즉 콘텐츠에 대한 관심이 필연적으로 급증하고 있다.6)

---

6) 이러한 요인 때문에 문화콘텐츠는 태생적으로 산업화를 전제로 한 대중문화의 속성을 가지고 있다. 그간 문화예술의 산업화·상품화는 예술의 독자성 및 진정

이제 문제는 기존의 콘텐츠로는 만족하지 못하는 문화콘텐츠 소비자들의 욕구를 어떻게 충족시켜야 하는 것이다. 현재 우리의 문제는 매체 환경과 콘텐츠를 제작하는 기술력이 아니라 콘텐츠의 내용에 있다. 오늘날을 살아가는 현대인들이 공감하고, 또 우리의 울타리를 벗어나 전 세계인의 감성에 부합하는 콘텐츠를 개발해야 한다.[7] 그러기 위해서는 일반적으로 이야기라 불리는 서사[8]에 주목할 필요가 있다. 서사에 대한 대중의 관심은 매체의 발전에 따라 그 편폭이 계속 확장되고 있다. 이야기는 인간이 세계를 인식하는 근본적인 한 가지 방식이며 인간이 감정에 호소하는 의미전달 구조이다. 이야기는 그 자체가 인간이 세계와 대면하여 형성해 가는 삶의 방식을 직접적으로 다루기 때문에 감성이 중요시되는 디지털 시대에 적절한 의미전달 구조라 할 수 있다. 대중은 서사 (narrative)를 통해 콘텐츠를 향유하면서 향유의 정도, 기간, 가치를 결정하기 때문에 서사는 문화콘텐츠 생산 및 향유 과정에서 가장 핵심되는 요소라고 할 수 있다.[9]

그런데 여기서 서사에 대해 논의하는 것은 단순히 디지털 매체에 이야기를 싣는 것을 의미하는 것이 아니다. 매체에 적합한 방식

성과 배치되는 것이라 여겨졌지만 디지털 시대에 들어와서 상품과 예술의 교환 관계가 새로운 패러다임으로 등장하면서 예술작품과 상품의 관계가 점차 모호해지고 있다.

7) 이명현, 「이물교혼담에 나타난 여자요괴의 양상과 문화콘텐츠로의 변용: 구미호 이야기를 중심으로」, 『우리문학연구』 21, 우리문학회, 2007, 142쪽.

8) 여기서 이야기를 서사문학이라는 표현 대신 서사라고 칭한 것은 문학을 포함한 모든 매체에 구현된 내러티브를 가진 구조를 지칭하기 위한 것이다. 곧 문학, 영화, 드라마, 애니메이션, 광고, 게임 등에 구현된 이야기를 서사에 포함시키고자 하는 의도가 내재되어 있는 것이다.

9) 박기수, 「대중문화 콘텐츠 서사의 향유 전략 연구」, 『인문콘텐츠』 2, 인문콘텐츠 학회, 2003, 201쪽.

으로 이야기를 조작하는 것, 즉 스토리텔링을 말하는 것이다. 스토리텔링은 일반적으로 사건에 대한 진술이 지배적인 담화형식으로 스토리, 담화, 이야기가 담화로 변화는 과정의 세 가지 의미를 모두 포괄하는 개념10)이라 할 수 있다. 스토리텔링은 문화콘텐츠에 새로운 생명을 불어넣는 작업이라 할 수 있다. 게임, 에듀테인먼트 등의 문화콘텐츠를 제작할 때 기본 소재와 시청각적 이미지에 스토리를 결합해야하고, 영화, 애니메이션, 드라마 등을 제작할 때는 이야기를 오늘날 대중의 정서와 취향에 맞추어 이미지와 결합시켜 재조직화하여야 소비자들의 흥미를 유발시킬 수 있다. 이때 이야기는 매체의 특성을 고려한 방식으로 스토리텔링되어야 한다.

이렇게 스토리텔링되는 이야기는 소비자들이 문화콘텐츠를 보다 즐겁게 향유할 수 있도록 전략적으로 선택되고 변형되어야 한다. 오늘날 대중이 원하는 문화콘텐츠는 현대인의 요구와 감각에 맞게 창조되어 현대인의 감성을 자극하는 것들이다. 대중이 시간을 투자하고, 경제적 지출을 감내하면서 문화콘텐츠를 소비하는 것은 일상의 현실에서 일탈하여 여가를 즐겁게 보낼 수 있는 장치를 필요로 하기 때문이다.11)

문화콘텐츠 스토리텔링의 소재로 이러한 요소들을 고려할 때 고전서사를 주목할 필요가 있다.12) 고전서사를 오늘날 문화콘텐

---

10) 이인화 외, 『디지털 스토리텔링』, 황금가지, 2003, 13쪽.

11) 이명현, 「멀티미디어 시대의 고전소설 교육의 모색과 전환」, 『문화콘텐츠기술연구원 논문집』 2(1), 중앙대 문화콘텐츠기술연구원, 2006, 18쪽.

12) 최근 문화콘텐츠 스토리텔링의 소재 혹은 시나리오의 원천소스로서 고전서사에 대한 관심과 연구가 증대하고 있다.
  김용범, 「문화컨텐츠 산업의 창작소재로서 고전소설의 활용가능성에 대한 연구」, 『민족학연구』 4집, 한국민족학회, 2000, 1~37쪽; 김풍기, 「고전문학 작품의 정체성과 그 현대적 변용: 〈옥루몽〉의 애니메이션 제작 과정에서의 문제점을

츠 스토리텔링의 소재로 주목하는 것은 오랜 시간 다양한 양상으로 향유자들의 참여와 검증을 거치면서 대중들의 보편적 정서를 담아내었기 때문이다. 문화콘텐츠와 고전서사는 당대 대중들이 가지고 있는 문화적 가치를 수렴하고, 이를 통해서 산출된 것으로써 대중적 지지를 확보함으로써 스스로를 확대 재생산한다는 공통점을 가지고 있다.

고전서사의 문화적 가치는 다양한 측면에서 살펴 볼 수 있겠지만, 대중적 측면에서 보면 당대 대중들의 판타지이자 여가시간의 유희의 대상이라는 점을 꼽을 수 있다. 고전서사는 당대인들의 꿈과 욕망을 환상으로 표현하였고, 오랜 기간 이야기를 연행하면서 가장 적합한 방식의 이야기 구조를 찾아 강한 유형성을 만들어 내

중심으로」, 『고전문학연구』 30, 한국고전문학회, 2006, 13~31쪽; 박기수, 「신화의 문화콘텐츠화 전환 연구」, 『한국문예비평연구』 20, 한국현대문예비평학회, 2006, 7~31쪽; 박기수, 「≪삼국유사≫ 설화의 스토리텔링 전환 방안 연구」, 『한국언어문화』 34, 한국언어문화학회, 2007, 139~157쪽; 송성욱, 「고전문학과 문화콘텐츠 연계방안 사례발표: 조선시대 대하소설을 통한 시나리오 창작소재 및 시각자료 개발」, 『고전문학연구』 25, 한국고전문학회, 2004, 53~75쪽; 송성욱, 「고전소설과 TV드라마: TV드라마의 한국적 아이콘 창출을 위한 시도」, 『국어국문학』 137, 2004, 91~108쪽; 신선희, 「고전 서사문학과 게임 시나리오」, 『고소설연구』 17, 한국고소설학회, 2004, 75~106쪽; 심치열, 「고전소설을 수용한 장편 애니메이션: 〈왕후 심청〉 스크립트를 중심으로」, 『고소설연구』 23, 한국고소설학회, 2007, 207~236쪽; 이명현, 「이물교혼담에 나타난 여자요괴의 양상과 문화콘텐츠로의 변용: 구미호이야기를 중심으로」, 『우리문학연구』 21, 우리문학회, 2007, 140~170쪽; 이명현, 「구미호에 대한 전통적 상상력과 애니메이션으로의 재현: 〈천년여우 여우비〉를 중심으로」, 『문학과 영상』 8(3), 2007, 189~210쪽; 정수현, 「대중매체의 설화수용 방식」, 『한국문예비평연구』 19, 한국현대문예비평학회, 2006, 237~255쪽; 조혜란, 「다매체 환경 속에서의 고소설 연구 전략」, 『고소설연구』 17, 한국고소설학회, 2004, 29~52쪽; 함복희, 「야담의 문화콘텐츠화 방안 연구」, 『우리문학연구』 22, 우리문학회, 2007, 149~181쪽; 함복희, 「설화의 문화콘텐츠화 방안 연구」, 『어문연구』 134, 한국어문교육연구회, 2007, 141~164쪽.

었다.

고전서사의 환상성과 도식성은 대중문화적 속성을 잘 드러내는 요소였지만, 한편으로는 오랫동안 고전서사의 가치를 폄하하는 요인이었다. 민족계몽운동을 편 신채호, 박은식을 비롯하여 카프의 임화, 김남천에 이르기까지 고전서사는 봉건시대 잔재로서 구조가 단순하고, 인물이 평면적이며, 권선징악의 결말을 가진 천편일률적인 황당무계한 이야기일 따름이었다. 더욱이 고전서사에 나타나는 우연성과 환상성의 남발은 사실재현을 기반으로 하는 리얼리즘의 미학 차원에서는 저열한 것으로 취급받기 일쑤였다.

이러한 비판은 전통사회의 유학자들에게도 나타난다. 신화, 전설, 민담의 환상성은 유학자들에 의해서 괴력난신(怪力亂神)으로 치부되어 성현의 가르침과 배치되는 것으로 취급되었고, 고전소설은 허구성으로 인해 사실이 아닌 거짓을 유포한다고 여겨졌고, 대중들의 솔직한 감정표현은 도덕을 타락하게 하고 풍속을 저해하는 것으로 인식되었다. 유교를 국가 이데올로기로 채택한 조선사회의 주류 문학관은 재도지문(載道之文), 곧 유학적 이상을 구현하기 위한 효용적 문학을 중시하는 것이었다. 고전서사의 도식성과 환상성은 유학적 가치와 배치되었기 때문에 당대 유학자들에게 풍속을 어지럽히는 주범으로 인식되었던 것이다.

그밖에 음란하고 황당하며 괴이한 작품이 나오면 나올수록 더욱 기이해지니 실로 천하의 풍속을 어지럽힐 따름이다.13)

---

13) '其他淫藝日荒誕之作 愈出愈奇 足以亂天下風俗耳'. 李頤命, 疎齋集 권12, 漫錄.

언번전기(諺飜傳奇)는 탐독해서는 안 된다. 집안일과 길쌈을 게을리 하며, 그것을 돈을 주고 빌려다 읽고, 이에 빠져 혹하기를 마지않아 한 집안의 재산을 기울이는 사람까지 있다.[14]

위의 예문은 유학자들이 고전서사를 부정적으로 인식한 대표적 사례들이다. 조선시대 유학자들은 고전서사의 환상성을 황당·괴 이한 것으로 파악하였고, 이러한 이야기에 빠져들 경우 자신의 일 을 내팽개치는 것을 물론 심지어 재산까지 탕진한다는 것을 경고 하였다. 이와 같은 유학자들의 경고는 오늘날의 문화콘텐츠에 대 한 우려에 찬 시선을 연상시킨다. 언론에서는 각종 드라마 및 영화 의 폭력성·선정성을 경고하고, 판타지소설과 게임에 빠져 가상현 실과 현실을 혼동하고 생업을 포기하는 사례를 기사화한다.[15]

그런데 대중이 고전서사와 문화콘텐츠에 중독되는 원인은 공교 롭게도 이들이 가지는 저급한 요소, 즉 단순한 구조, 평면적 인물, 도식적 이야기, 우연성과 환상성이다. 천편일률적이고 비현실적 인 요소야말로 고전서사가 문화콘텐츠 스토리텔링과의 접점을 이 루는 지점인 것이다. 고전서사와 문화콘텐츠는 대중성을 기반으 로 하는 유희적 속성을 지니고 있다. 도식성과 환상성은 대중성을 획득하는 유효한 방식이다.

고전서사를 살펴보면 그 내용이 도식적이고 예측 가능하다는

---

14) '諺飜傳奇 不可耽看 廢置家務 怠棄女紅 至於與錢而貰之 沈惑不已 傾家産者有之', 李德懋, 士小節 권8, 婦儀, 靑莊館全書.

15) 이러한 사례를 언급하는 것은 요즘의 현상을 옹호하려는 것이 아니라 고전서사 에 대한 부정적 인식과 오늘날 문화콘텐츠에 대한 우려의 목소리가 놀랄 만큼 닮아 있으며, 그 유사성의 밑바탕엔 대중문화적 속성이 자리잡고 있다는 것을 지적하고자 하는 것이다.

것을 쉽게 알 수 있다. 이야기를 구조적으로 분석하면 거의 유사한 서사진행을 보이고, 앞으로 주인공의 행적이 어떻게 진행될지 눈에 뻔히 보인다. 자동화된 일상의 익숙함을 낯설게 하여 그 감각을 생생하게 돌려주지는 못할망정 늘 비슷한 패턴의 유사한 이야기가 반복되고 있는 것이다.

그런데 이러한 명백함, 뻔함, 예측 가능함이야말로 대중의 관심을 사로잡는 매우 중요한 전략이고, 대중문화의 중요한 속성이다. 도식성이라는 것 자체가 대중적으로 인기 있는 일련의 패턴을 정립한 것이라 할 수 있다. 도식성이 추구되는 것은 과거로부터 길들여진 체험이 독자의 내부에 형성해 놓은 기대의 지평으로 인해 독자가 새로 접하는 작품에서도 쉽고 편안한 체험을 추구하기 때문이다.16) 이러한 기대 지평의 확장은 문화콘텐츠 스토리텔링에서도 여전히 유효하다.

환상성은 대중의 욕망과 관련을 가진다. 환상에 대한 충동은 권태로부터의 탈출, 놀이, 환영(幻影), 결핍된 것에 대한 갈망 등을 통해 현실에서 주어진 것을 변화시키려는 욕구에서 기인한다.17) 즉, 환상이란 사실적이고 정상적인 것들이 갖는 제약에 대한 의도적인 일탈인 것이다. 인간은 그 자신의 모순으로 인한 불완전성을 내재하고 있는 존재이다. 인간은 반복되는 현실에 만족하기보다는 더 나은 세계에 대해 동경하고, 지금 그것이 이루어지지 못한다면 현실을 일탈하려는 욕망을 지니고 있다. 이렇게 해소되지 않은 욕망을 풀어내기 위해서는 환상의 세계를 호명해야 한다.

---

16) J. G. 카웰티, 박성봉 편역, 「도식성과 현실도피의 문화」, 『대중예술의 이론들』, 동연, 1994, 83쪽.

17) Kathryn Hume, 한창엽 역, 『환상과 미메시스』, 푸른나무, 2000, 55쪽.

근대의 합리주의와 과학기술의 발전으로 자연현상을 객관적으로 파악할 수 있게 되자, 요괴·귀신·정령 등 전통적인 환상의 대상들은 인간의 영역에서 배제되었다. 환상적 소재는 사실재현에 기반을 둔 리얼리즘의 입장에서 인과관계가 불명확한 전근대적인 요소로 간주되었다. 그러나 미메시스(Mimesis)를 중심으로 한 현실/허구, 본질/가상과 같은 이분법적 사고는 문자 중심의 문화에서 벗어나 다양한 소통방식이 존재하는 멀티미디어 시대인 오늘날에는 그 한계를 노정하고 있다.[18] 오히려 미메시스에 대한 반발로 환상(Fantasy)이 문화와 예술의 주요한 충동으로서 주목받고 있다. 환상의 세계에서는 현실에서 불가능한 일들이 존재할 수 있다. 단순히 우리가 살고 있는 세계관이 아닌 보다 다차원적 세계관을 그릴 수 있고, 상상할 수 있는 힘. 그것이 바로 고전서사와 문화콘텐츠가 만나는 지점이고, 대중들이 시대를 초월하여 환상을 향유하는 원동력인 것이다.

3. 고전서사의 문화콘텐츠 스토리텔링 사례분석

오늘날 우리가 향유하는 문화콘텐츠에는 이미 고전서사를 창작소재나 시나리오의 원천소스로 삼은 것들이 다수 존재한다. 이론적인 탐구 이전에 고전서사와 문화콘텐츠의 접점에 대한 가능성이 시도되었던 것이다. 여기에서는 기존에 제작된 문화콘텐츠의 사례를 바탕으로 문화콘텐츠 스토리텔링에서 고전서사의 가치와

---

18) 이명현, 「구미호에 대한 전통적 상상력과 애니메이션으로의 재현: 〈천년여우 여우비〉를 중심으로」, 『문학과 영상』 8(3), 문학과영상학회, 2007, 189~190쪽.

앞으로의 전망을 살펴 보고자 한다.

1) 시대를 초월한 이야기와 상상력의 착종

오늘날은 서사의 시대라고 할 만큼 이야기가 과잉 공급되는 시대이다. 그러나 문화콘텐츠의 스토리텔링 소재로 적당한 이야기는 부족한 실정이다. 그렇기 때문에 오랜 세월을 거치면서 많은 사람들의 공통된 의식구조를 수렴한 고전서사의 원형성에 관심을 가질 필요가 있다. 고전서사는 오랜 기간을 거쳐 축적되고 취사선택된 텍스트이기 때문에 오늘날 우리의 정서와 공감대를 형성할 수 있는 보편적인 이야기이다. 그리고 익숙한 서사구조를 바탕으로 다양한 장르로 전환하는 것도 용이하다.

오늘날 수많은 이야기가 난립하고 있지만 본질적인 인간의 삶에 대해 근본적인 질문을 던지는 경우는 드물다. 그러나 고전서사는 인류의 삶과 더불어 인간의 삶의 방식에 대해 지속적으로 질문을 던지고 그 해답을 모색하였다. 신화는 초기 인류가 세계를 인식하는 방법을 상징과 비유로 이야기한 것이다. 그 내면에 담긴 신화적 세계관은 인간의 보편적 사유방식과 맞닿아 있다. 또한 신화에 나타난 비유와 상징을 위한 상상력은 이성과 과학으로 경계를 구획 짓고 있는 오늘날의 우리에게 흥미와 일탈을 선사한다.

전설과 민담은 신화적 질서가 더 이상 통용되지 않는 시기, 인간이 자신과 자연을 다시 발견하고 이해하며, 스스로의 인식을 확장하는 과정을 보여준다. 이 과정에서 당대 인간이 납득할 수 없는 세계의 경이로움에 압도당하기도 하고, 세계를 개조하기 위하여 인간의 가능성에 신뢰를 보이기도 한다. 그리고 소설은 인간의 불완전성에 주목하여 이상, 현실, 사회, 욕망 등과 불화하는 인간의 본질적 속성에 대해 탐구한다.

이러한 이야기는 시대를 초월하여 인간이 가지고 있는 문제의식이다. 여전히 인간은 자신이 알지 못하는 세계 저 편에 대해 해답을 구하려 한다. 죽음 이후의 세계, 혹은 우주 저편에 대해 인간은 끊임없이 새로운 신화를 만들면서 상상력의 지평을 확장하고 있다.[19] 인식의 지평이 확대되면서 창조된 새로운 세계는 우리의 실존과 또 다른 관계를 형성한다. 새로운 세계를 바라보는 시각은 미지의 세계와 존재에 대한 두려움, 경외를 포함하기도 하고,[20] 낙관적으로 우리의 영역을 확장하리라 기대하기도 한다.[21] 한편으로는 인간이라는 존재의 모순과 유한성에 직면하기도 한다.[22]

근본적인 문제의식에 오늘날의 상상력이 착종된 우리시대의 이야기들은 사실 전적으로 새로운 매체의 새로운 이야기는 아니다. 여기에는 언제나 고전서사의 흔적이 남아 있다. 엄밀히 말하자면 고전서사의 상상력을 토양으로 삼아 새로운 서사를 창조하고 있는 것이다. 이것은 고전서사가 시대를 초월한 보편성의 가치, 곧 인간의 본질에 대한 탐구를 내재하고 있기 때문이다. 이러한 보편적 가치는 앞서 언급한 고전서사의 환상성과 도식성을 기반으로

---

19) 스타워즈와 반지의 제왕과 같은 작품들을 보면 오늘날 우리에 의해 새롭게 창조되는 신화의 한 단면을 포착할 수 있다.

20) 에어리언 시리즈와 같은 작품들은 인간이 우주로 영역을 확대하면서 부딪치게 되는 미지의 존재에 대한 두려움·공포를 보여주고 있다.

21) SF 공상물이나 슈퍼 히어로(Super Hero)가 등장하는 액션물의 경우를 생각해 보면 쉽게 이해된다.

22) 터미네이터 시리즈의 경우 과학의 발전과 인간의 운명에 대한 모순되면서도 비극적인 상황을 설파하고 있고, 매트릭스는 이상과 현실을 가상과 실재와 연결시켜 인간이 가진 존재의 불합리성에 대해 질문을 던지고 있다.

새로운 매체에 창조적으로 융합되어야 한다.

고전서사의 보편성은 두 가지 방식으로 오늘날의 상상력과 착종된다. 하나는 고전서사를 새로운 매체를 통해 다시 이야기하는 것이고, 다른 하나는 고전서사가 던지고 있는 문제의식을 오늘의 시각으로 재구성하는 것이다. 우리나라에서 첫 번째 경우의 대표적인 사례는 〈춘향전〉이라 할 수 있다. 문화콘텐츠는 그 속성상 산업적인 교환가치와 가치지향적인 사용가치를 동시에 추구해야 한다. 그런 의미에서 〈춘향전〉은 '만남-사랑-이별-수난-재회'라는 도식을 따라 진행되는 대중적 애정물로서 산업적 효과를 기대할 수 있고, 동시에 신분상승의 욕망, 남녀의 사랑, 사랑을 억압하는 사회적 장애, 장애를 극복하는 과정에서 나타나는 인간해방의 문제가 복합적으로 어우러져 풍부하고 다양한 의미를 생성하기 때문에 감동과 의미부여라는 측면을 만족시킬 수 있는 문제적 작품이기도 하다.

이와 같은 〈춘향전〉의 풍부한 문제의식과 흥행요소는 진작부터 주목받아 영화, TV드라마, 애니메이션, 만화,23) 창극, 오페라, 무용극 등 다양한 문화콘텐츠로 재창작되었다.24) 특히 영화의 경우에는 극장용 애니메이션을 포함하여 22편이 제작되었다.25) 이 중 2000년에 제작된 임권택 감독의 〈춘향뎐〉은 원작의 문제의식을

---

23) 일본에서 〈춘향전〉을 개작한 〈新春香傳〉이 출간되기도 하였다. CLAMP(여성으로 구성된 공동 창작집단)에 의해 개작된 〈新春香傳〉은 만화라는 매체 차이로 인해 원작과 다른 부분이 많지만 춘향, 몽룡, 변학도라는 중심인물과 갈등은 유지되고 있다.

24) 〈춘향전〉을 현대적으로 재해석한 다양한 콘텐츠에 대한 목록은 신선희, 『우리고전 다시쓰기』, 삼영사, 2005, 253~298쪽 참조.

25) 조희문, 「한국고전소설 〈춘향전〉의 영화화 과정」, 『국제학술대회 논문집』, 반교어문학회·호남사범대학, 2006, 65~67쪽.

영상매체에 재현하기 위하여 조상현의 판소리 창본을 영상과 판소리 공연을 교차하면서 영화로 재현하였다. 감독은 영화 전체를 조감할 때 판소리라는 원작의 특성상 부분이 강조되어 서사전개가 매끄럽지 못한 것을 인식하고, 이를 효과적으로 극복하면서도 춘향전 원작이 가지는 맛을 살리기 위해 영화 속에 조상현 명창의 판소리 공연을 직접 노출하는 실험적 방식을 도입하였다.

그리고 〈춘향뎐〉이 단순한 사랑이야기에서 그치는 것을 극복하기 위하여 춘향이라는 인물의 다면적 성격을 강조하였다. 기존의 영화에서 춘향은 대개 지고지순한 사랑의 화신으로 등장하는 경우가 대부분이었다. 그런데 이렇게 고정된 한 면을 가지고 살아가는 인물은 실상 외부의 시선에 의해 박제된 존재이다. 현실의 인간은 완고하면서도 너그러운 면이 있고, 모범적이지만 일탈하는 부분도 있는 하나의 잣대로 규정하기 어려운 복잡한 존재이다. 춘향도 사람인 다음에야 요부다운 면도 있고, 포악스럽게 변할 때도 있고, 열녀다운 모습도 가지고 있는 것이 당연한 것이다.[26] 오히려 복잡 미묘한 춘향의 성격은 살아 움직이는 생동하는 인물을 창조하는 힘이 되는 것이다.

---

[26] 임권택의 〈춘향뎐〉에서 춘향은 몽룡을 유혹할 때는 조숙한 여성적 매력을 드러내고, 몽룡이 한양으로 떠날 때는 임을 원망하는 인간적 모습을 보여주며, 변학도에겐 당당히 자신의 의지를 피력하고, 어사가 되어 돌아온 몽룡에게 전날 밤 자신에게 정체를 알려주지 않은 것을 따지는 당찬 여성으로 나타난다.

임권택 감독은 원작이 가지고 있는 개방적인 서사구조와 생성적인 주제의식27)에 영화라는 매체의 특성을 고려하고 오늘날의 시신을 부여하여 전통적이면서 새로운 이야기를 만들어 낸 것이다. 이것은 〈춘향전〉의 보편성이 변화하는 시대의 추이에 대응할 수 있는 생명력을 가지고 있음을 반증하는 것이고, 오늘날의 상상력을 착종한다면 시대를 초월해서 지속적으로 향유될 수 있다는 것을 보여주는 사례라 할 수 있다.

고전서사와 상상력이 착종되는 다른 방식은 원작의 문제의식을 계승하지만 이야기를 오늘의 시각으로 변형하는 것이다. 이 경우에는 '고전서사를 어떻게 해석하고 재구성하여 현대적 세계적 보편성을 획득할 것인가'28)에 초점을 맞추어야 한다. 이러한 사례는 매우 다양하게 찾아 볼 수 있는데, 여기서는 구미호 이야기를 현대적으로 재창조한 이성강 감독의 애니메이션 〈천년여우 여우비〉를 간략히 살펴보겠다. 구미호 이야기는 오래 동안 우리 민족에게 사랑을 받아온 이야기이고, 현대에 와서도 전설의 고향, 영화 〈구미호〉, 〈구미호 가족〉, 드라마 〈구미호 외전〉, 만화 〈신구미호전〉 등 다양하게 재창조되었다.

고전서사에서 오늘날의 문화콘텐츠까지 구미호 이야기의 핵심은 사람이 되고 싶은 구미호와 인간의 이야기이다. 구미호는 대부분 인간을 위협하는 부정적 존재로 인식되고, 특히 남성을 유혹하여 파멸시키는 부정적 아니마로 나타난다. 인간은 자신의 생존을

---

27) 현실과 소망, 몰락과 상승, 약한 자와 강한 자 등의 다양한 양극적 요소를 갖추고 있으며 이들 사이의 관계를 역동적으로 다루기 때문에 모든 계층의 한국인이 두루 관심을 가질 수 있는 보편적인 이야기인 것이다.
28) 정수현, 「대중매체의 설화수용 방식」, 『한국문예비평연구』 19, 한국현대문예비평학회, 2006, 249쪽.

위해서 구미호의 유혹을 이기고 구미호를 인간 세계 밖으로 몰아내야 한다. 인간에게 구미호는 공존과 어울림의 대상이 아니라 자신들의 영역에서 배제하고 퇴치해야 할 대상인 것이다. 인간 중심의 사고에서는 구미호는 주체에 대한 타자인 것이다. 그렇기 때문에 구미호는 인간이 되고 싶은 요괴이며, 남성을 유혹하는 여성으로 나타나는 것이다. 구미호가 왜 사람이 되고 싶은지에 대한 이유는 드러나지 않는다. 단지 그들은 사람이 되고 싶어서 인간을 유혹하고 인간의 질서를 파괴하는 불안과 공포의 대상일 뿐이다.

그러나 〈천년여우 여우비〉에서는 구미호가 왜 사람이 되고 싶은 것인지를 사람의 입장이 아닌 구미호의 관점에서 바라보고 있다. 여우비는 사람과 어울려 살고 싶어하고, 진정한 친구를 얻고 싶어한다. 여우비가 진정으로 원하는 것은 사람이 되는 것이 아니라 사람들과 어울려 사는 것이다. 그렇기 때문에 여우비는 함께 소

통하며 공존하는 인간을 죽여가면서 까지 사람이 되려고 하지 않는다. 여우비는 영혼을 훔쳐 사람이 되기보다는 친구와 소통하는 구미호로서 죽기를 바란다. 여우비는 인간이 일방적으로 구획지어 놓은 타자의 공간에서 벗어나 인간과 함께 공존하고 화합하고 싶어하는 구미호의 모습을 부여주고 있다.[29]

〈천년여우 여우비〉는 구미호 이야기라는 고전서사에서 제기된 주체와 타자의 문제를 오늘날의 시각으로 변형한 것이다. 이 작품

29) 이명현, 「구미호에 대한 전통적 상상력과 애니메이션으로의 재현: 〈천년여우 여우비〉를 중심으로」, 『문학과 영상』 8(3), 2007, 200~201쪽.

은 애니메이션답게 환상적 요소와 과장된 표현이 나타나고 있지만, 기본적으로 고전서사인 구미호 이야기에서 제기된 인간에 대한 문제를 놓치고 있지 않다. 오히려 인간과 자연에 대한 본질적인 통찰을 보여주고 있다. 이렇게 새로운 의미를 획득할 수 있었던 것은 고전서사의 전형적인 인물묘사에 살아있는 인물의 개성을 부여하는데 성공하였고, 고전서사의 도식성의 틀을 깨뜨리지 않으면서 이야기 전개의 지평을 확장시켰기 때문이다.

이상으로 고전서사의 보편성과 오늘날의 상상력이 착종된 문화콘텐츠를 살펴보았다. 원작이 지니는 가치를 주목하여 오늘날의 시선으로 다시 복원하는 작업은 여전히 의미 있는 일이다. 그러나 원작을 단순 반복하는 것은 박물관의 유물을 영상으로 보여주는 것과 다름없다. 중요한 것은 임권택의 〈춘향뎐〉처럼 원작의 문제의식을 오늘날 인간의 문제로 확장시키고, 시대를 초월한 가치를 찾아내는 것이다. 또한 구미호 이야기처럼 원작이 제기한 문제의식이 오늘날 설득력을 얻기 어렵다면 원작에서 제기한 문제의식을 오늘날의 시선으로 변형하여 담아 낼 필요도 있다. 이러한 변형은 원작의 훼손이라기보다는 현재의 우리의 의식을 수렴한 새로운 이본(異本)인 것이다.

2) 현실과 단절된 환상의 시공간

2000년을 경계로 하여 제작된 〈스캔들〉, 〈형사〉, 〈음란서생〉 등의 일련의 영화에서는 조선시대라는 역사적 배경을 미장센으로 활용하고 있다. 이 영화들은 과거를 배경으로 하여 이야기를 현대적 감각에 맞게 스토리텔링함으로써 한국 전통문화를 작품에 융합하는 한편 이전과 다른 새로운 형식과 스타일의 영화를 추구하였다. 하지만 이러한 영화들에 대해서 '역사의 물질성 자체를 지워버림으로써 추상적 과거를 호출하고 있을 뿐이고, 영화 속에 남는 것은 물신화된 역사, 또는 현대의 욕망이 호명된 전근대로서의 추상명사일 따름이며, 거칠게 말하면 조선시대를 빙의(憑依)한 판타지물'[30]이라는 비판도 아울러 받고 있다.

이와 같은 비판은 예술의 진정성이라는 측면에서 적절할 수도 있지만, 문화콘텐츠가 가지고 있는 대중매체로서의 성격과 환상성에 대한 시각이 결여된 측면도 있다. 이전과 다른 새로운 콘텐츠를 요구하는 대중들의 요구를 충족하기 위하여 낯선 미장센이 필요한 것이다. 이때 호명되는 과거 혹은 고전서사는 현재와의 시간적 거리만큼 '낯선' 것이면서 또 그만큼 새로운 것이기도 하다. 새로움은 미래에서만 오는 것이 아니라, 과거에서도 온다.[31] 이는 최근 판타지나 게임을 보면 쉽게 이해된다. 〈반지의 제왕〉이나 〈리니지〉는 서양 중세를 배경으로 한다. 이들은 상상력의 원천으로 중세와 고전을 활용하고 있다. 이 문화콘텐츠들은 오늘날의 상상과 욕망을 보다 자유롭게 풀어내기 위해 과거라는 낯설고 새로운 배경을 호명한 것이다. 이러한 측면에서 고전서사가 가지는 과거라는 배경은 '옛것', '고루한 것', '낡은 것'이라는 편견에서 벗어나 오늘날 현실에서 찾을 수 없는 몽환적이고 낭만적인 배경으로 전화(轉化)할 수 있다.

---

30) 박명진, 「역사드라마의 광학적 무의식, 민족서사와 재현 이미지 연구」, 『우리문학연구』 20, 우리문학회, 2006, 207~208쪽 참조.
31) 서인석, 「고전산문 연구와 국어교육」, 『고전소설 교육의 과제와 방향』, 한국고소설학회, 2005, 35쪽.

이러한 대표적인 사례가 작년에 MBC에서 방영된 〈태왕사신기〉이다. 〈태왕사신기〉는 〈단군신화〉와 광개토대왕의 일대기를 소재로 한 작품인데, 제작사인 김종학 프로덕션은 고구려 시대의 고증을 고려하지 않고 과거라는 시대를 통해 환상성을 부여하려고 하였다. 작품 기획 단계에서 제작사는 패션 디자이너 박윤정 씨에게 "이 세상에서 본 것 같지 않은 환상적인 갑옷을 만들어 달라고" 부탁했다고 한다.32) 그리고 〈태왕사신기〉의 미술제작사인 SBS 아트텍은 "〈태왕사신기〉의 경우 신화를 중심으로 서술되는 픽션인 만큼 역사적 고증은 아예 무시하고 판타지로만 작업하고 있으며, 배용준의 전투 의상은 영화 〈트로이〉에서 본 듯한 고대 로마의 갑옷 컨셉트를 적극 적용할 예정이다."라고 밝힌 바 있다.33)

〈태왕사신기〉는 고전서사인 〈단군신화〉와 광개토대왕의 일생이 지니고 있는 '영웅의 일생, 선악의 대결, 긴장과 이완의 반복' 등에 초점을 맞추었는데, 특히 고전서사의 시공간과 현실의 거리를 주목한 것이다. 오늘날 우리의 인식을 넘어서는 상상력의 세계를 복원하기 위하여 미장센에 있어서 현실과 단절된 환상의 시공

---

32) 동아일보, 2006.09.02.
33) 매거진 T 인터넷 판, 2006.09.11.
　　http://www.magazinet.co.kr/Articles/article_view.php?mm=001002004&article_id=41410

간을 보여주고 있는 것이다. 단순히 과거의 이야기를 반복하기보다는 환상성을 통해 옛것을 새로운 것으로 전화(轉化)시키려 한 것이라 할 수 있다.

이러한 시도는 이미지의 과잉이며, 역사적 진정성의 소거라는 비판을 동반하고 있다. 특히 인간의 총체적 삶을 드러내기 위해 역사적 사건을 조망하고자 하는 리얼리즘의 시각에 배치되는 것이다. 어찌 보면 〈태왕사신기〉는 사신(四神: 주작, 현무, 백호, 청룡)의 신물이라는 기표를 태왕(광개토대왕)이라는 기의 위에 얹어 놓은 '기표들의 놀이'일지도 모른다. 현실과 단절된 환상의 시공간은 필연적으로 탈역사적일 수밖에 없다. 역사성이 소거된 빈자리에는 기의와 대응하지 않는 기표들이 부유한다. 물론 이것은 표면적인 것이고, 깊은 의미를 담고 있지 않는 것이다.

하지만 대중적인 문화콘텐츠에서 환상성은 애초에 유희적 충동을 전제로 하고 있다. 이야기를 기반으로 하는 모든 문화 예술은 사실재현으로서의 모방에 대한 충동과 현실일탈을 추구하는 환상에 대한 충동이 공존하고 있다. 신성함과 사악함이 모두 제거된 비신화적 세계는 결코 인간의 경험과 합치하지 않는다.[34] 인간은 현실의 세계를 이성적으로 파악하고 합리적으로 이해하려고 하는 한편, 현실과 단절된 상상의 세계에 자신이 만든 질서를 부여하여 새로운 세계를 창조하려는 욕망을 가지고 있다. 이러한 상상과 공상은 현실이라는 억압을 벗어나기 위한 개인 내부의 은밀한 일탈이자 자유로움에 대한 갈망인 것이다.

최근 이와 같이 판타지를 새롭게 인식하기 시작한 것은 고무적

---

34) Kathryn Hume, 한창엽 역, 『환상과 미메시스』, 푸른나무, 2000, 87쪽.

인 현상이다. 판타지가 가지는 환상의 성격을 단순한 비현실적 요소나 어린이들의 취향으로 단정짓지 않고 문학과 예술의 한 측면으로 이해하려고 하는 것이다. 이러한 경향에 힘입어 과거 황당무계하고 비현실적 요소라 치부되던 고전서사의 환상성을 다시 주목하고 있다.

특히 고전문학 전공자들은 천상계, 도사, 귀신, 요괴, 용궁 등의 환상적 요소들이 새로운 문화아이콘이 될 수 있을 것이라는 낙관적인 전망을 한다. 그러나 이와 같은 희망에 찬 전망은 고전서사를 고리타분하고 재미없다는 편견으로부터는 일정정도 벗어나게 할 수 있지만 고전서사와 문화콘텐츠의 접점에 대한 보다 심도 있는 고민을 해결해 주지는 못한다. 요즘 문화콘텐츠에 환상적 요소가 인기 있으니까 우리 이야기 중에서 환상성을 가진 것들을 소재로 삼자는 주장에는 위에서 언급한 문화콘텐츠에 나타난 환상성의 성격에 대한 분석이 결여되어 있다.

고전서사의 환상적 요소가 문화콘텐츠에서 역사성을 초월한 환상적 미장센으로 재현되기 위해서는 과거의 실체로서 존재하는 고전서사의 시공간이 아닌 오늘날의 상상력이 현실화되는 창조의 시공간으로 전환되어야 한다. 오늘날의 상상력과 차종되지 않는다면 단순히 옛것에 불과할 것이고, 촌스러운 과거에서 벗어날 수 없을 것이다. 그리고 또한 유의할 것은 환상성을 고전서사의 보편성에 개성을 실어줄 수 있는 장치로 활용해한다는 것이다. 고전서사는 시대를 초월한 보편적 정서구조를 수렴하고 있는데, 이 부분만을 강조하면 자칫 몰개성적인 이야기로 변질될 우려가 있다. 이때 오늘날의 상상력이 착종된 환상성을 부여한다면 보다 풍부하고 다양한 이야기를 창조할 수 있으리라 생각한다.

3) 익숙함을 전제로 한 뒤집어보기

고전서사는 우리에게 매우 익숙한 이야기이다. 우리는 대부분 춘향이의 사랑이 이루어질 것을 알고 있고, 심청이 죽음을 극복하리라는 것을 예측하고 있다. 그런데 문화콘텐츠에서 고전서사의 예측 가능한 전개과정을 뒤집어 놓음으로써 원작이 가지고 있는 엄숙함, 진지함, 의미 있음 등의 가치를 전복하는 경우가 있다. 이러한 예로써 2002년 맥도널드 햄버거가 현지화 전략의 일환으로 한국의 고전서사를 스토리텔링한 광고가 있다.

어머니는 햄버거를 한광주리 가득 이고 길을 나선다. 호랑이는 '하나만 주면 안 잡아먹지'를 외치며 길을 가로 막는다. 하지만 어머니에게 호랑이의 무서움은 햄버거의 매력에 비하면 별 것이 아니다. 어머니는 햄버거를 지키기 위해 프로레슬링 기술을 사용하여 호랑이와 격투를 벌이고 결국 승리한다. 이 광고는 고전서사의 익숙함을 기반으로 제작된 것이기 때문에 우리 이야기를 모르는 사람이 이 광고를 봤을 때는 그다지 큰 호응을 하지 않을 수도 있다.[35]

이 광고의 창작소재가 된 고전서사는 '해와 달이 된 오누이'라는 전설이다. 이 이야기에서 오누이가 하늘에 올라가 해와 달이 되었

---

35) 맥도널드는 그 해 다른 광고에서는 심청이와 심봉사 이야기를 패러디하였다. 심청이의 손엔 500짜리 동전하나만이 있다. 심청은 그 돈으로 아버지에게 대접할 것이 없어 슬퍼하다가 맥도널드 제품이 단돈 500원이라고 씌어 있는 동네방을 본다. 심청이 그것을 사다가 아버지에게 드리니 심봉사가 눈을 뜬다는 스토리이다. 미국의 대표적인 브랜드인 맥도널드를 한국적인 이미지와 연결시키기 위하여 우리나라 사람들에게는 익숙한 고전서사를 스토리텔링하여 광고로 제작한 것이다. 즉, 우리나라 음식 문화와는 많이 다른 햄버거를 현지화하기 위한 전략으로 우리의 고전서사를 소재로 한 광고를 만들었고, 이로 인하여 우리나라 시장에서 브랜드에 대한 친근함을 높이는 결과를 얻은 것이다.

다는 해피엔딩은 초현실적인 세계의 힘을 빌려서라도 호랑이로부터 벗어나기를 희망한 당대인의 소망일 것이다.[36] 오히려 이 이야기의 문제적인 부분은 어머니가 호랑이에게 잡혀 먹히는 장면일 것이다. 호랑이는 항상 어머니에게 '떡 하나만 주면 안 잡아먹지' 하며 접근한다. 약자의 표상인 품팔이 어머니와 우리의 모습은 너무나 닮아 있다. '하나만'이라는 말에 현혹되어 목숨을 부지하기 위해 처음엔 떡을, 그리고 옷가지와 신체 일부분, 최후에는 목숨마저 호랑이에게 강탈당한다. 호랑이가 속삭이는 '하나만 주면 안 잡아먹지'라는 유혹과 위협은 '하나부터 차근차근 모두 잡아먹겠지'라는 공포로 바뀌어 버린다.

맥도널드 광고는 이와 같은 비극적 인식을 유쾌하게 뒤집는다. 어머니는 고개 마루에서 어김없이 호랑이를 만난다. 호랑이 여전히 '하나만 주면 안 잡아먹지'하며 어머니 앞에 나타난다. 하지만 어머니는 원래 이야기와 달리 '하나만'을 주는 대신 '하나도' 안주는 방법을 선택한다. 광고는 '하나만 주면'이 사실 하나만을 요구하는 것이 아니라 전부를 요구하기 위한 출발이라는 점을 역설적으로 보여준다. 따라서 나의 소중한 것을 지키기 위해서는 어떠한 위협에도 불구하고 하나도 주어서는 안 된다는 것을 이야기하고 있는 것이다.

---

36) 어머니가 죽은 후 남은 것은 아이들뿐이다. 그러나 아무런 힘이 없는 아이들이 호랑이의 마수로부터 구원 받을 현실적 길은 없다. 아이들이 호랑이의 위협으로부터 벗어나기 위해서는 동아줄이 필요하다. 우리는 일상 세계에서 항상 '새 동아줄'을 기원하면 살고 있다. 현실의 고난과 어려움을 '종교', '예술', '민족주의' 등등의 '새 동아줄'로 극복하고 싶어 한다. 하지만 현실의 사정은 동화와 다른 경우가 대부분이다. 인간이라는 존재가 현실에 내던져진 이상 혼자의 힘으로 세계 내에서 자신의 존재 의의를 찾아야 하는 것이다.

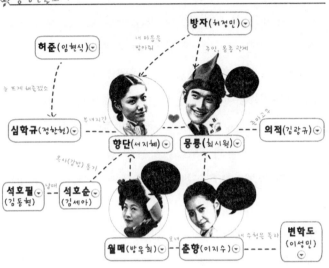

이렇게 앞선 시대나 작가의 작품이 확신하고 있는 것의 허실이 나 미처 보지 못한 것들을 흉내를 통해 깨우쳐 주는 것을 패러디 (Parody)라고 한다. 패러디의 가장 중요한 기능은 기존 이야기가 지향하는 가치를 허물어 새로운 지향가치로 전환하는 것이다. 호 랑이를 링 위에 쓰러뜨리는 어머니는 더 이상 맹목적으로 복종하 던 과거의 어머니가 아니다. 자신의 것을 지키기 위해 세상 어떤 존재와도 1:1로 맞붙을 수 있는 주체적인 존재이다.

이렇게 익숙한 이야기를 뒤집어 보는 것은 새로운 의미를 발견 하는 과정이기도 하지만 원작과 다르게 해석된 인물들을 통해 상 상력의 지평을 넓히는 즐거운 유희이기도 하다. 이러한 점을 잘 보여주는 사례가 2007년 9월 MBC에서 선보인 특집극 〈향단전〉이 다. 〈향단전〉은 춘향 대신 향단이를 주인공으로 보는 새로운 시각 을 제시하였다. 이 드라마의 기획의도[37]는 향단이와 몽룡이가 고전에서 정해진 이야기를 넘어 신분의 차이를 극복하고 사랑을 만들어 가는 과정을 유쾌하게 그려보고자 하는 것이다.

기획의도에 담긴 것처럼 〈향단전〉은 기존의 〈춘향전〉의 서사전개를 따르지 않는다. 위의 그림은 〈향단전〉의 등장인물과 인물 간의 관계를 설명한 것이다.[38] 잘생긴 이몽룡과 예쁜 향단이가 신분을 뛰어넘어 서로 사랑하고, 춘향이가 이 둘을 질투하고 심술궂은 월매는 사사건건 몽룡과 향단의 사랑을 방해한다. 춘향이는 나중에 돈 많고 권세있는 변학도를 사랑하게 되어 이몽룡에 대한 애정을 쉽게 포기한다.

〈향단전〉은 심지어 원작 〈춘향전〉에 등장하지 않는 고전서사의 주인공을 이야기 속으로 끌어들이고 있다. 홍길동은 이몽룡의 친구로 등장하여 의적과 사또 자제의 위험한 우정을 보여준다. 향단의 아버지는 〈심청전〉에 등장하는 심봉사(심학규)로 향단이가 나중에 청나라 상인에게 팔려가게 되어 몽룡과 헤어지는 원인으로 작용한다. 또한 명의 허준은 향단이가 자신의 몸을 판 공양미 삼백석을 받고 심봉사의 눈을 뜨게 해준다. 이외에도 원귀 장화홍련 자매가 등장하여 향단이에게 도움을 주고, 미국 드라마 〈프리즌 브레이크〉의 주인공 석호필(스코필드의 한국식 이름)은 감옥에 갇힌 향단이의 탈옥을 도와준다.

〈향단전〉은 기존 서사의 요소들을 이어받으면서도 교묘하게 비틀고 있다. 원작의 권위와 진정성보다 원작을 '어떻게' 바꾸었느냐에 초점을 맞추고 있다. 시청자들은 자신이 아는 어떠한 고전서사

---

37) http://www.imbc.com/broad/tv/drama/hyang/
38) 위의 그림은 MBC 〈향단전〉 공식 홈페이지를 참조한 것임.
　　http://www.imbc.com/broad/tv/drama/hyang/

의 인물들이 패러디되어 등장할 것인가에 관심을 갖는다. 익숙함을 뒤집는 반전에 묘미를 얻는 것이다. 그러면서도 향단을 통해서 〈춘향전〉이 제기하고 있는 문제의식에서조차 소외된 존재에게 시선을 돌리고 있다. 〈춘향전〉이 신분을 초월한 사랑을 지향하는데, 이러한 〈춘향전〉에서도 여전히 향단이는 신분으로부터 자유롭지 못하다는 것을 꼬집고 있는 것이다.

똑바로 눈을 뜨고 살기에는 현실은 너무 비극적이다. 가끔은 뒤집어 볼 필요가 있다. 엄숙함, 진지함, 의미 있음, 필연성 등등 우리에게 고정되어 있는 가치체계에 의해 지치고 힘들 때가 있다. 이럴 때 고전서사의 익숙함을 활용하여 '뒤집어보는 유쾌함'이 필요한 것이다.

4. 남은 문제와 전망

이상으로 문화콘텐츠의 정체성과 문화콘텐츠 스토리텔링의 창작소재로서 고전서사의 가치에 대하여 살펴보았다. 무엇보다 중요한 것은 문화콘텐츠 시대에 고전서사가 화석처럼 박제된 채로 과거의 모습을 유지한 채 박물관에 전시되는 것이 아니라 당대의 사유·인식과 접촉하여 새로움을 획득하는 것이다. 새로운 시대, 변화하는 환경을 반영하여 우리 시대만의 이본(異本)을 창조하는 현재성이 필요할 것이다. 이것은 변화하는 시대 흐름에 맞게 고전서사의 미적 가치와 흥미요소를 파악하는 작업이기도 하다.

그러나 이러한 방식의 고전서사 활용이 순탄한 것만은 아니다. 고전서사는 그 시대 인간이 자기 세계를 꾸미는 방식이며, 자기 세계에 의미를 부여하는 방식이다. 따라서 고전서사에는 당대인들이 민감하게 반응했던 신분차이, 혈통, 적서차별 등의 문제들이 나타난다. 그러나 이러한 문제들은 지금 젊은 세대에게 공감을 불러일으키지 못하고 있다. 또한 고전서사는 '천편일률적인 결말, 지루한 이야기, 전형적 인물'이라는 편견을 극복해야 한다. 게다가 현전하는 고전서사의 이질적 표기 형태와 생경한 어투는 젊은 세대에게는 이질적인 낯선 문화일 수도 있다.

그렇지만 고전서사는 넘쳐나는 이야기의 홍수 속에서 삶의 진정성과 보편성을 담지해줄 이야기의 원천이다. 고전서사가 오늘날의 콘텐츠로 재생산될 때 일정한 재해석 관점을 획득해야 한다. 이를 위해서는 작품의 문제의식과 오늘날의 인식을 두루 통찰할 수 있는 재해석의 지점이 필요하다. 단순히 고전서사의 흥미 요소를 디지털 형식 위에 재현하는 것은 우리이야기를 과거의 틀에 유폐시키는 것과 다름없는 것이다. 고전서사와 문화콘텐츠 스토리텔링의 접점을 찾을 때는 매체에 대한 이해 못지않게 고전에 대한 이해가 중요한 것이다.

이러한 인식의 전환 속에서 문화콘텐츠 시대 고전서사의 새로움을 모색해야 할 것이다. 특히 고진서사의 도식성과 환상성을 적극적으로 수렴하여 긍정적인 방향으로 재창조해야 할 것이다. 그 과정에서 고전서사가 지향하는 보편적 가치를 탐색하고, 환상을 통하여 상상력의 세계를 확장하며 기존의 관념을 뒤집어보는 유쾌함을 획득해야 할 것이다. 이것이 고전서사가 첨단 과학기술의 시대인 오늘날에도 독창적인 문화콘텐츠를 생산할 수 있는 여전히 유효한 가치일 것이다.

문화콘텐츠시대 고전소설 연구 경향과 방향

1. 기존 연구 경향과 문제의식

문화콘텐츠(culture contents)는 한국에서 새롭게 만들어진 용어이다. 콘텐츠의 사전적 의미는 '내용물'이지만, 현재의 의미는 '미디어나 플랫폼에 담기는 내용물'로 통용되고 있다. 이러한 의미 변화는 1999년 E-비지니스 열기가 고조된 이후 인터넷에서 3C(Commerce, Community, Content)가 발생하면서 촉발되었다. 콘텐츠라는 용어가 디지털미디어의 등장과 함께 보통명사화되면서 21세기 문화의 시대를 맞이하여, 문화의 중요성과 활용이 증대되면서 자연스럽게 문화콘텐츠라는 합성어가 일반화되었다.[1]

문화콘텐츠의 의미는 '문화를 콘텐츠화한다' 혹은 '디지털미디어의 문화적인 내용물'이라고 할 수 있다.[2] 일반적으로 영화, 게

---

1) 인문콘텐츠학회 편, 『문화콘텐츠 입문』, 북코리아, 2006, 14~15쪽 참조.

임, 만화, 애니메이션, 캐릭터, 음악, 공연, 에듀테인먼트, 축제 등을 통칭하여 부르고 있다. 그러나 엄밀하게 말하자면 문화산업 전반과 동일한 개념은 아니다. 문화콘텐츠라는 용어의 출현에는 디지털미디어의 등장과 그 이후 변화한 대중문화 제작, 수용 방식과 관련이 있다.

대중들은 문화콘텐츠를 이전의 문화예술과 다른 새로운 현상으로 변별적으로 인식하고 있다. 오늘날 대중문화 소비자들은 디지털 기술과 정보통신의 발전으로 인해 새로운 매체를 통해서 생산·유통되는 문화산업을 향유하고 있다. 매체와 기술의 발전은 그 내용물(콘텐츠)에 직·간접적인 영향을 미친다. 매스미디어의 발전으로 대중문화가 문화의 주류로 등장하였고, 영상매체의 발달로 인해 독서행위를 통한 이성적 감상보다는 시청각을 통한 직관적이고 감성적인 수용이 보편화되었다. 또한 컴퓨터 그래픽 기술이 발전하여 실사로 재현할 수 없는 환상의 세계를 구현할 수 있게 되었고, 인터넷의 등장으로 유저들이 상호작용하는 쌍방향 온라인 게임이 가능해졌다.[3]

이렇게 변화한 문화예술을 기존의 장르로서 명명하는 것은 새로움과 변화의 추이를 반영하지 못하는 것이다. 물론 새로운 방식으로 등장한 문화예술은 여전히 영화이고, 게임이고, 드라마이다.

---

2) 문화콘텐츠에 대해 한 때의 유행에 불과한 실체가 없는 것이라는 비난도 있고, 서로 관련성이 없는 것들을 집합적으로 묶은 편의적 개념이라는 지적도 있었다. 그럼에도 불구하고 문화콘텐츠라는 용어는 우리 사회에서 지속적으로 사용 범위를 넓히고 있고, 문화콘텐츠에 대한 개념 정의와 무관하게 사회구성원 대부분이 문화콘텐츠를 실체로 인식하고 있다.

3) 이명현, 「문화콘텐츠 스토리텔링 소재로서 고전서사의 가치」, 『우리문학연구』 25, 우리문학회, 2008, 97쪽.

그러나 오늘날 등장한 새로운 트렌드의 대중문화와 문화산업을 과거와 구분 짓기 위해서는 그 첫 단계로 새롭게 이름을 붙여야 할 필요가 있다.4) 문화콘텐츠는 이러한 변화의 경계를 명시적으로 보여주는 용어이다. 즉, 문화콘텐츠란 용어는 디지털미디어의 등장으로 인한 새로운 대중문화 현상을 표현하는 현재진행형의 개념이고, 문화콘텐츠 시대는 변화한 매체를 기반으로 문화콘텐츠가 자기정체성을 확립해가는 새로운 경향의 대중문화의 시대라 할 수 있다.

최근 문화콘텐츠에 대한 관심이 급증하고, 한편으로 IT 기술의 발전으로 IPTV, 태블릿 PC, 스마트폰 등 새로운 매체가 등장하면서, 창작소재 발굴에 대한 관심도 높아지고 있다. 특히 고전소설의 경우에는 보편적 가치 추구, 대중문화적 속성, 환상성 등의 특성을 가지고 있어 문화콘텐츠 원천소재로 주목을 받고 있다.5) 하지만 문화콘텐츠 현장에서 가지는 고전소설에 대한 관심과 학계의 연구 상황은 괴리감이 상당하다. 2000년 이후 고전소설과 문화콘텐츠 연계방안, 고전소설의 디지털 매체 전환과 스토리텔링에 대한 연구가 이루어지고 있지만, 연구 성과가 문화콘텐츠 현장에 반영되는 사례는 미미한 실정이다. 연구자들은 2000년대 초반 문화원형 사업 등 정부의 정책적 지원과 〈반지의 제왕〉, 〈대장금〉 등 고전을 소재로 한 국내외 문화콘텐츠 성공에 고무되었다. 문화콘텐츠에서 기술의 진보도 중요하지만 매체에 담을 좋은 이야기가 필수라는 인식이 보편화되면서 원천소재로서 고전소설의 가치를 주

---

4) 이명현, 위의 논문, 97~98쪽.
5) 이에 대한 자세한 논의는 이명현, 위의 논문, 95~124쪽 참조.

목하였다.

연구자들은 문화콘텐츠에선 좋은 이야기만 있으면 다양한 매체로 활용하여 무궁무진한 부가가치를 올릴 수 있기 때문에 첨단기술이나 특수효과 같은 기술적인 측면에 앞서, 매체 담긴 내용물인 콘텐츠 개발이 중요한 과제가 되었으며, 그것은 다름 아닌 이야기(스토리)의 발굴이라고 논의를 펼쳤다.6) 이러한 주장은 논의 자체의 논리로는 타당하지만 어떠한 이야기를 어떠한 방법으로 매체와 결합해야 하는가에 대한 고민이 담겨 있지는 않다. 단지 고전소설(혹은 고전문학 전반)이 가진 문학적 가치가 우수하므로 이를 오늘날에도 문화콘텐츠로 재현할 수 있다고 주장한다.7)

주지하다시피 고전소설은 민족적 정서를 이야기로 드러내는 전통적인 서사문학이고, 주제 면에서 자아와 세계의 지속적인 갈등을 표현한 보편적인 문학이면서, 인간의 삶 전반을 소재로 한 다양한 이야기이다. 그리고 오랜 시간에 거쳐 장르적 유형성을 구축하였기 때문에 예측 가능한 서사 전개로 독자들의 기대지평을 충족시키는 대중적 이야기이고, 전래동화와 학교 교육을 통해 대중들에게 익숙한 이야기이기도 하다. 그렇지만 이러한 고전소설의 보편적 가치를 문화콘텐츠에서 그대로 재현하는 것은 연구자의 희망일 뿐이다. 최근에 고전소설을 소재로 한 문화콘텐츠는 보편성,

---

6) 윤종선, 「고전문학과 문화콘텐츠 교육방법론 연구」, 『비평문학』 35, 한국비평문학회, 2010, 301쪽.

7) 필자 역시 고전소설과 문화콘텐츠 연구 초기 이러한 시각에 갇혀 있었다. 필자의 연구 중에도 기존 연구의 한계로 지적되는 고전소설과 문화콘텐츠의 병렬적 결합이 나타난다. 따라서 이 논문은 선행 연구의 한계에 대한 지적뿐만 아니라 필자의 기존 연구에 대한 반성과 방법론의 전환을 추구하고자 하는 것이기도 하다.

익숙함 등을 전복하여 낯설음과 충격을 주는 경향이 우세하다. 영화 〈전우치〉와 고전소설 〈전우치전〉의 차이, 영화 〈방자전〉과 고전소설 〈춘향전〉의 거리는 고전소설의 문화콘텐츠화는 고전소설의 내용을 매체에 재현하는 것이 아니라는 것을 보여주는 대표적인 사례이다.

고전소설의 문화콘텐츠화는 단순한 디지털화나 새로운 매체로 고전소설을 재현 또는 번역하는 것이 아니다. 고전소설은 재미와 가치를 함께 갖춘 보편적 이야기이기 때문에 이를 소재로 콘텐츠화하면 성공할 것이라는 막연한 기대는 장밋빛 환상에 불과하다. 고전소설을 소재로 문화콘텐츠를 제작하는 것은 병렬적 결합이 아니라 고전소설과 디지털 미디어를 결합하여 새로운 결과물(문화콘텐츠)을 창조하는 융합·통섭의 작업이다. 이것은 또한 텍스트 안에 고정되었던 고전소설이 새로운 매체와 결합하면서 수용·변주되는 과정이며, 오늘날의 대중과 대화하며 자신의 모습을 갱신하는 패러다임의 변화이다.

이 글에서는 이러한 관점에서 문화콘텐츠 시대 고전소설을 연구하는 방향에 대한 논의를 펼치고자 한다. 이것은 집적된 연구사를 정리하려는 것이 아니라 고전소설과 문화콘텐츠의 융합이 가지는 본질적 문제에 대한 탐구를 시도하려는 것이다.

2. 연구 현황과 융합 연구의 방향

문화콘텐츠에 대한 본격적인 논의가 진행된 2000년 이후 고전소설과 문화콘텐츠의 연계에 대한 연구는 다양하게 이루어졌다. 그

중에서 연구 현황을 정리하고 방향을 제시한 연구로는 송성욱과 윤종선의 논문이 있다.8) 송성욱9)은 고전문학 분야에서 문화산업과 관련하여 진행된 연구를 다음의 세 가지로 나누어 살펴보았다.

① 고전문학과 문화산업 장르와의 상관성 고찰
② 고전문학을 소재로 활용하여 문화상품을 개발하는 방안
③ 영화나 애니메이션 등 문화산업 장르를 분석하는 연구

위의 세 가지 분류는 고전문학과 문화콘텐츠의 연계라는 측면에서 대다수의 연구를 포괄하는 방식이라 할 수 있다. 송성욱은 위의 분류로 기존 연구 경향을 분석하고 매체적 속성, 매체미학 등 인접 학문과의 경계를 허물지 않으면 본격적인 연구가 어렵다는 것을 지적하였다. 송성욱의 지적은 고전문학과 문화콘텐츠의 연계가 둘의 단순한 연결이 아니라 학문적 영역을 해체하는 융합 연구라는 것을 이해한 언급이라 할 수 있다.

윤종선10)은 문화콘텐츠와 관련된 고전문학의 연구 성과를 '① 총론형 연구, ② 분석형 연구, ③ 개발형 연구, ④ 수업모형 연구' 네 가지로 분류하여 살펴보았다. 윤종선의 분류 중 ①~③은 송성욱이 제시한 기준을 개념화한 것이라 할 수 있다. 따라서 기존 분

---

8) 이 두 논문은 고전문학과 문화콘텐츠의 연계에 대한 연구 방향을 다루었지만 고전소설로 범위를 한정해도 그 내용이 크게 벗어나지 않기 때문에 분석 대상에 포함하였다.

9) 송성욱, 「문화산업 시대의 고전문학 연구의 방향」, 『겨레어문학』 36, 겨레어문학회, 2006, 221~238쪽.

10) 윤종선, 「문화콘텐츠로서 고전문학의 연구 현황과 전망」, 『어문학』 103, 한국어문학회, 2009, 167~196쪽.

류에 '④ 수업모형 연구'가 추가된 방식이다. 윤종선은 기존 연구를 한 편씩 살펴보면서 한계점으로 고전문학과 문화콘텐츠 현장의 상호 이해 부족, 현장의 수요를 반영하지 못한 텍스트 분석, 단순한 개발 가능성 모색 등을 제시하였고, 구체적인 사례연구와 실현가능성을 높이기 위한 산학협력을 대안으로 제시하였다.

선행연구에서 장르와의 상관성 혹은 총론형이라 언급한 연구 경향은 고전소설과 문화콘텐츠의 접점을 찾아서 하나의 연구 영역으로 통합하려는 시도이다. 이 연구들에는 이전에 서로 상이한 분야라고 여겼던 두 학문 영역을 융합하는 방식에 대한 고민이 나타난다.[11] 특히 고전소설 연구자들의 고민은 고전소설 연구의 정체성을 지키면서 두 분야를 어떻게 아우를 것인가 하는 것이다. 두 연구 영역의 교집합을 찾고자 하는 고민은 연구 초창기에 당연한 방식이지만, 정작 중요한 것은 새로운 패러다임을 수용하는 것이다. 즉, 두 영역의 교집합뿐만 아니라 둘의 융합으로 발생한 새로운 영역이 존재하는 것을 인정하고, 이를 수용하여 고전소설의 새로운 가능성을 모색해야만 한다. 변화를 수용하는 것은 기존 연구 영역을 훼손하는 것이 아니라 연구 영역을 확장하는 것이다. 현재 발생하고 있는 고전소설과 문화콘텐츠의 융합 현상을 이해하기 위해서라도 연구 관점에 대한 논의는 지속적으로 수행되어

---

11) 이에 대한 대표적인 논의는 다음과 같다.
　　김탁환, 「고소설과 이야기 문학의 미래」, 『고소설연구』 17, 한국고소설학회, 2004, 5~28쪽; 조혜란, 「다매체 환경 속에서 고소설 연구 전략」, 『고소설연구』 17, 한국고소설학회, 2004, 29~52쪽; 이지양, 「문화콘텐츠의 시각으로 고전텍스트 읽기: 〈춘향전〉의 '춘당대시과' 대목을 중심으로」, 『고전문학연구』 30, 한국고전문학회, 2006, 89~115쪽; 이명현, 「문화콘텐츠 스토리텔링 소재로서 고전서사의 가치」, 『우리문학연구』 25, 우리문학회, 2008, 95~124쪽.

야 한다.

문화콘텐츠 개발 방안에 대한 연구는 보다 신중한 접근이 필요하다. 개발 방안 연구의 대부분은 앞부분에서 고전소설의 소재적 가치 혹은 모티브의 유형화를 분석하고, 뒤에서 이러한 요소를 활용한 콘텐츠화 방안을 제시한다. 그러나 연구의 속성 상 결과물(콘텐츠)이 실재하지 않으면 가정에 의한 결론이 도출될 수밖에 없다. 물론 개발 방안이 획기적인 아이디어일수도 있다. 그렇지만 개발 방안의 표준적 모델, 스토리텔링의 구조화 등 이론화를 지향하지 않는다면 현장의 개발 기획서와의 변별력을 갖기 힘들다. 더구나 방안에 대한 논의는 실천을 담보하지 못할 경우 하나의 아이디어 수준에 머물 확률도 높다.

개발 방안에 대한 연구가 본격적으로 진행되려면 실제로 산학협력 사업에 참여하여 그 사례를 제시하는 것이 바람직하다. 기존 연구 중에는 한국콘텐츠진흥원의 문화원형사업 및 실제 콘텐츠 제작에 참여한 후 개발사례를 보고한 연구성과 등이 해당된다.[12] 이 연구들은 연구자가 기획부터 제작과정에 참여하였기 때문에 개별 사례에 나타나는 성과, 문제점, 한계 등을 면밀히 분석할 수 있고, 이를 통해 다음의 연구와 개발에 시사점을 줄 수 있다. 그런데 정작 문제는 이렇게 연구자가 콘텐츠 제작에 참여하는 경우가

---

12) 개발 사례를 보고한 연구 성과 중에서 고전소설과 관련된 논문은 다음과 같다. 구본기·송성욱, 「고전문학과 문화콘텐츠 연계방안 사례 발표: 조선시대 대하소설을 통한 시나리오 창작소재 및 시각자료 개발」, 『고전문학연구』 25, 한국고전문학회, 2004, 53~75쪽; 김광욱, 「문화콘텐츠 창작소재화의 문제점과 대안: 용궁콘텐츠를 중심으로」, 『한국고전연구』 14, 한국고전연구학회, 2006, 343~369쪽; 김풍기, 「고전문학 작품의 정체성과 그 현대적 변용: 〈옥루몽〉 애니메이션 제작 과정에서의 문제점」, 『고전문학연구』 30, 한국고전문학회, 2006, 13~35쪽.

일반적이지 않다는 것이다. 연구자들이 보다 전향적인 자세로 현장과의 협력과 연구를 진행해야 할 필요가 있다.

고전소설을 소재로 한 문화콘텐츠에 대한 분석은 현재도 다양한 작품을 대상으로 진행되고 있지만13) 앞으로 더욱 관심을 가져야 할 분야이다. 특히 새로운 매체 방식과 결합한 고전소설의 변주와 수용 과정에 주목할 필요가 있다. 기존의 연구에서 주로 관심을 갖는 것은 서사구조의 비교이다. 원작 고전소설과 문화콘텐츠의 내용을 비교하고, 변화한 시대적 요인을 분석하는 것이다. 이러한 연구는 고전소설과 문화콘텐츠를 이해하는데 당연히 필요한 것이다. 하지만 여기에서 멈추어서는 병렬적 비교에 그치고 만다. 매체의 특성, 콘텐츠 창작과 수용, 향유 방식 등 다양한 요소를 함께

---

13) 고전소설의 영화화, 드라마화, 애니메이션화, 광고화 등에 대한 논의는 최근에 집중적으로 이루어지고 있다. 여기에서는 매체 전환의 관점에서 고전소설과 문화콘텐츠를 분석한 대표적 논의를 제시하였다.

　송성욱, 「고전소설과 TV드라마: TV드라마의 한국적 아이콘 창출을 위한 시론」, 『국어국문학』 137, 국어국문학회, 2004, 91~108쪽; 신선희, 「고전 서사문학과 게임 시나리오」, 『고소설연구』 17, 한국고소설학회, 2004, 75~106쪽; 정병설, 「고소설과 텔레비전 드라마의 비교」, 『고소설연구』 18, 한국고소설학회, 2004, 221~246쪽; 조현설, 「고소설의 영화화 작업을 통해 본 고소설 연구의 과제」, 『고소설연구』 17, 한국고소설학회, 2004, 53~73쪽; 심치열, 「고전소설을 수용한 장편 애니메이션: 〈왕후 심청〉 스크립트를 중심으로」, 『고소설연구』 23, 한국고소설학회, 2007, 207~236쪽; 정창권, 「고전을 활용한 광고 콘텐츠 연구」, 『인문콘텐츠연구』 14, 인문콘텐츠학회, 2009, 7~26쪽; 신원선, 「한국고전소설의 영상콘텐츠화 성공방안 연구: 영화 〈전우치〉와 〈방자전〉을 중심으로」, 『민족문화논총』 46, 영남대 민족문화연구소, 2010, 365~402쪽; 고훈, 「고전문학과 만화의 결합 양상 연구」, 『대중서사연구』 25, 대중서사학회, 2011, 129~156쪽; 정선경, 「고전의 현대적 변용:영화 〈전우치〉의 공간 읽기」, 『도교문화연구』 35, 한국도교문화학회, 2011, 143~169쪽; 조도현, 「〈춘향전〉 변이의 영상텍스트적 모색과 전망: 영화 〈방자전〉을 중심으로」, 『우리말글』 51, 우리말글학회, 2011, 179~199쪽; 황혜진, 「〈변강쇠가〉의 영화적 변용과 문화적 의미」, 『고소설연구』 31, 한국고소설학회, 2011, 359~392쪽.

분석해야 고전소설이 파생·변주되는 과정을 포착할 수 있다.

고전소설의 매체전환 과정에서는 반드시 매체특성에 따른 스토리텔링의 변화가 나타난다. 드라마는 여러 회에 걸쳐 이야기가 전개되어야 하기 때문에 회별 연결에 따른 사건과 갈등이 필요하고, 또한 한 회 안에서도 사건과 갈등을 통한 흥미유발이 있어야 한다. 애니메이션은 실사와 다른 이미지의 과장과 판타지 세계 구현이 가능하고, 웹툰은 수직적 공간 확장에 따른 이야기 전개와 표현방식이 나타난다. 이야기의 변화는 시대적 요인도 작용하지만 매체의 장르적 관습도 중요한 영향을 끼친다.

매체특성과 더불어 매체 향유과정과 소비자 역시 분석해야 한다. 웹툰을 예로 들자면, 웹(Web)이라는 새로운 공간에서 콘텐츠의 창작과 수용이 이루어진다. 웹은 다양한 매체를 기술적으로 통합시키는 핵심 네트워크이자, 젊은 세대 자신이 주체가 되어 그들의 감수성을 생산하고 소비하는 문화 공간이다. 웹과 함께 성장한 20~30대는 웹을 통해서 자신의 정체성을 확인하고 외부와 소통한다. 따라서 웹툰에서 수용되고 변주되는 고전소설은 단순한 옛날 이야기가 아니라 웹 세대의 감수성에 의해 변용된 새로운 문화 현상인 것이다.

이와 같이 고전소설과 문화콘텐츠의 연계는 기존의 학제로 분석하기 곤란한 융합 연구 영역이다. 따라서 기존과 다른 새로운 연구 방법론과 분석 방법이 필요하다. 우선 고전소설과 영상매체의 상호작용을 분석하기 위해서 트랜스미디어 스토리텔링(transmedia storytelling)[14] 관점을 적용할 수 있다. 트랜스미디어 스토리텔링은

---

14) 헨리 젠킨스, 김정희원 외 역, 『컨버전스 문화(Convergence Culture)』, 비즈앤비즈, 2006.

여러 개의 미디어 플랫폼을 통해 하나로 이해될 수 있는 이야기를 전달하고 이를 경험하는 것을 말한다. 이 관점에서 보면 문화콘텐츠는 고전소설에서 파생된 독립적 이야기이자 고전소설과 상호작용하면서 하나의 이야기를 확장한 전체의 부분이기도 하다. 따라서 이야기의 파생 과정과 매체 전환을 통합해서 분석해야 전체와 부분을 동시에 파악할 수 있고, 그럴 때 고전소설과 문화콘텐츠의 상호작용을 이해하고 서사적 맥락과 의미 체계를 용이하게 파악할 수 있다.

그리고 고전소설의 영상매체의 전환과정에서 나타나는 시각적 이미지에 대한 분석 방법이 요구된다. 영상콘텐츠는 서사와 시각적 이미지가 결합하기 때문에 캐릭터, 시공간 등이 실체적인 이미지로 형상화되어 나타난다. 이러한 이미지를 분석하고 매체의 특성에 따른 스토리텔링 변화를 연구하기 위해서 아이코놀로지(Iconology) 개념을 적용할 수 있다. 아이코놀로지는 도상해석학으로 번역되기도 하는데, 도상이 내포하고 있는 주제와 의미를 해석해주는 방법론이다.[15] 이 개념을 적용하여 문화콘텐츠를 분석하면 고전소설을 이미지화하는 과정에 나타나는 문화적·정치적 무의식을 추출할 수 있다.

'고전소설(인문학)+매체+기술(IT)'의 융합 연구는 고전소설에 대한 문화콘텐츠적인 시각을 요청하는 것이고, 연구 대상에 대한 접근과 해석의 근본적인 변화를 전제로 하는 것이다. 이러한 연구는 융합의 관점을 기술융합(technical convergence)에서 문화융합(cultural convergence)으로 전환하는데 중요한 시사점을 줄 수 있을 것이다.

---

15) W. J. T. 미첼, 임산 역, 『아이코놀로지: 이미지 텍스트 이데올로기』, 시지락, 2005.

고전소설과 문화콘텐츠의 융합 연구는 한국적 문화융합 사례를 제시할 수 있을 것이고, 대중문화의 소재와 지평을 확장하는 원동력이 될 수 있을 것이다.

3. 현재성을 강조한 텍스트 읽기

앞에서 논의한 고전소설과 문화콘텐츠의 융합 연구를 위해서는 고전소설 텍스트에 대한 열린 해석이 필요하다. 대중들은 고전소설에 대해서 '천편일률적인 결말, 지루한 이야기, 전형적 인물'이라는 편견을 가지고 있다. 게다가 고전소설의 이질적 표기 형태와 생경한 어투는 고전소설을 더욱 멀리하게 되는 원인이 된다. 젊은 세대에게는 외국소설보다 낯선, 완전한 번역이 필요한 낯선 문화일 수도 있다.[16] 이를 극복하기 위해서는 고전소설의 현대역 등 대중화 작업과 더불어 현재성을 강조한 작품 해석이 필요하다.

기존의 고전소설 연구는 작품의 소재와 주제, 장르적 특성, 장르의 형성요인, 역사적 변모양상, 사회적 배경, 유형적 특징, 중심사상, 작가의 생애 등을 탐구하여 문학적 의의와 가치를 드러내는데 초점이 맞추어져 있었다. 이러한 연구는 고전소설 개별 작품에 대한 감상과 비평에서 출발하여 다른 작품과의 관련성, 인접 장르와의 장르교섭, 나아가 문학사의 총체적 구조를 파악하고자 하는 것이다. 즉, 고전소설의 고유한 문학적 가치와 문학과 사회의 관계를 총체적으로 규명하고자 하는 것이다.

---

16) 정병설, 「대학 고전소설 교육의 현실, 방향, 과제」, 『고전소설 교육의 과제와 방향』, 한국고소설학회, 2005, 396쪽.

이러한 전통적인 분과 학문의 연구 방식은 민족 문화 유산으로서의 가치는 밝힐 수 있지만, 젊은 세대의 감수성과 대중문화의 관점에서 고전소설의 현재적 가치를 탐구하기는 어렵다. 텍스트는 고정 불변한 것이 아니라 시대의 변화와 수용자의 해석에 따라 새로운 가치를 생산하는 대화의 장이라는 인식의 변화가 필요하다.[17]

따라서 대중들의 감수성에 부합할 만한 고전소설의 특성들을 개발하고, 이를 오늘날의 매체환경을 활용하여 적극적으로 살려내는 일이 시급하다. 고전소설 연구의 대중화를 위해서 현재 단계에서 가장 우선적으로 대중과의 소통지점을 찾는 방법을 모색할 필요가 있다.[18] 즉, 고전소설과 오늘날 대중문화의 상상력이 만나는 창조의 지점을 찾는 작업이 수행되어야 한다. 이를 위해서 고전소설의 중세적 상상력이 근대적 상상력을 전복할 수 있는 가능성을 가지고 있으며, 중세적 상상력을 재해석했을 때 일상에 갇힌 현대인들은 도저히 상상할 수도 없는 세계[19]를 보여줄 수 있다는 인식의 전환이 필요하다.

〈구운몽〉의 경우 '현실-꿈-현실'의 환몽구조는 현대사회의 가상현실, 현실과 무의식의 해체 등과 접점을 이루어 이성 중심 세계를 전복하는 대안의 상상력으로 작용할 수 있다. 인터넷을 일상적으로 사용하는 젊은 세대는 〈구운몽〉의 환몽구조와 사이버 공간

---

17) 이와 같은 관점에서 고전소설을 분석한 대표적 선행연구로는 다음의 논의가 있다. 김탁환, 앞의 논문, 5~28쪽; 조현우, 「〈옹고집전〉과 자아 동일성의 문제」, 『어문연구』 36(1), 한국어문교육연구회, 2008, 231~253쪽; 한길연, 「〈매트릭스〉와의 비교를 통해서 본 〈숙향전〉의 의미와 가능성」, 『고소설연구』 33, 한국고소설학회, 2012, 333~367쪽.

18) 한길연, 「고전소설 연구의 대중화 방안」, 『어문학』 115, 한국어문학회, 2012, 255~256쪽 참조.

19) 김탁환, 앞의 논문, 17쪽.

의 가상현실을 유사하게 연상한다. 〈구운몽〉의 '성진과 양소유'의 관계는 게임의 '현실의 유저와 게임 속의 캐릭터'로 치환하여 상호관계를 분석할 수 있을 것이다. 이 경우 〈구운몽〉이 지향하는 초월적 가치와 현실의 유저가 게임을 통해 삶을 대하는 태도 등에 대한 비교가 가능할 것이고, 〈구운몽〉 해석을 통해서 '현실의 일탈과 현실로의 귀환'이라는 이중적 태도의 통합에 대한 단서를 얻을 수도 있을 것이다.

〈구운몽〉의 환몽구조는 현실과 가상세계의 문제를 다룬 워쇼스키 감독, 키아누 리브스 주연의 영화 〈매트릭스〉, 꿈과 현실의 경계를 해체한 크리스토퍼 놀란 감독, 레오나르도 디카프리오 주연의 〈인셉션〉과의 비교를 통해서 의미를 확장할 수도 있을 것이다. 〈구운몽〉의 꿈의 세계, 〈매트릭스〉의 가상현실, 〈인셉션〉의 타인의 꿈에 침입은 상호텍스트의 관계[20]로 분석할 수 있다. 〈구운몽〉의 이해를 심화하기 위해서 텍스트의 유사성을 기반으로 〈매트릭스〉와 〈인셉션〉을 상호텍스트의 자장 안에서 '현실/비현실(꿈, 가상세계)'의 해체[21], 주체의 분열, 의식과 무의식의 층위 등을 분석할 수 있을 것이다. 이와 같이 오늘날 사회문화적 맥락 속에서 〈구운몽〉을 해석하는 것은 작품의 본질을 훼손하는 것이 아니라 해석의 확장을 추구하는 것이다.

이러한 해석의 확장과 더불어 현대적 감수성으로 작품을 분석

---

20) 문학 텍스트와 미디어 텍스트의 유사성을 중심으로 텍스트 이해를 위한 상호텍스트를 어떻게 활용할 것인지에 대한 논의는 다음의 논문을 참조.
　　박지윤, 「텍스트 이해를 위한 상호텍스트 활용의 실제」, 『한민족어문학』 64집, 한민족어문학회, 2013, 99~125쪽.
21) 김탁환(2004)은 이러한 점에 착안하여 〈구운몽〉과 영화 〈토탈리콜〉의 가상현실의 세계를 비교하여 고전소설의 상상력이 미래의 상상력일 수 있음을 지적하였다.

하는 것도 필요하다. 대학 강의에서 고전소설 작품론, 혹은 고전소설의 현대적 해석에 대한 과제를 제시할 때 많은 여학생들이 주목하는 여성영웅소설이 〈박씨전〉이다.22) 그 이유는 오늘날 20대 여성들이 〈박씨전〉에서 자신들이 처한 현실적 고민과 문제를 포착했기 때문이다. 〈박씨전〉에는 여성의 외모가 중요한 문제로 나타난다. 박씨가 추녀일 때, 비록 뛰어난 능력이 있지만 남편의 이유 없는 미움을 받고, 가족 구성원에게도 박대 받는다. 그러나 박씨가 피화당에서 미녀로 탈갑하자 상황은 180도 변하게 된다. 박씨의 아름다운 외모는 가족 내에서 권력(헤게모니)을 획득하는 중요한 요인이 된다. 이시백은 아내에게 용서를 구하고, 가족들도 박씨를 존중한다. 젊은 여성들에게 박씨의 탈갑은 자신의 사회적 위치를 격상하는 판타지이다.

현대 사회에서 여성들은 외모의 아름다움을 권력이라 생각한다. 실제 연구에서 외모가 아름다운 사람은 외모로 인해 타인으로부터 긍정적 평가를 얻고, 또한 다른 사람의 긍정적 상호작용을 유발한다고 한다.23) 그러나 아름다운 외모를 가진 사람은 한정적이다. 대다수의 여성은 자신이 아름답지 않다고 여기고 아름다운 외모를 동경한다. 여성들의 외모지상주의24)에 대한 스트레스는 〈박씨전〉

---

22) 여성영웅을 소재로 한 과제를 제시할 때 여학생들이 〈홍계월전〉의 홍계월, 〈방한림전〉의 방관주 등 남녀관계에서 우위를 차지하는 여성을 선호할 것이라는 예측을 하지만, 실제 과제를 수행한 결과를 보면 〈박씨전〉을 보다 매력적으로 느끼는 결과가 나타난다.

23) 성영신 등의 연구에서는 이러한 효과를 아름다운 외모의 권력이라 명명하고, 그 영향이 삶의 전반에 걸쳐 나타는 것을 분석하였다(성영신·박은아·이주원·김운섭, 「아름다움의 심리적 권력: 성별, 영역별 미(美)권력 차이를 중심으로」, 『한국심리학회지 소비자·광고』 10(3), 한국심리학회, 2009, 463~467쪽).

24) 이 용어는 루키즘(lookism)의 번역이다. 이 용어는 ≪뉴욕 타임스≫의 칼럼니스

의 탈갑과 같은 현실을 초월한 판타지에 대한 공감으로 나타난다.

이러한 현대여성들의 외모에 대한 욕망을 〈박씨전〉과 영화 〈미녀는 괴로워〉 두 작품을 대상으로 상호텍스트의 관계에서 분석할 수도 있을 것이다. 〈미녀는 괴로워〉는 만화를 원작으로 한 영화다. 원작은 일본의 스즈키 유미코(鈴木由美子)의 〈칸나상 다이세코데스(カンナさん大成功です!: 칸나씨 대성공입니다)〉이다. 만화 제목의 번역에도 보이듯이 한국에서는 '미녀'로의 변신에 초점을 맞추었다. 영화에서는 미녀에 대한 판타지와 욕망이 더욱 강하게 나타난다.

판타지에는 문화적 속박으로부터 야기된 결핍을 보상하려는 욕망이 있다. 판타지는 부재와 상실로 경험되는 것들을 추구하면서 동시에 실재의 본질에 가장 강력한 의문을 제기하고 그것과의 화해를 거부한다.25) 이 때문에 판타지에는 결핍에 대한 욕망 안에 은폐된 진실이 숨어 있기 마련이다. 오늘날 젊은 여성들이 〈박씨전〉의 판타지를 선호하는 이면에도 이와 같은 불편한 현실의 문제가 있다.

박씨는 여성의식이라는 측면에서 음조형 여성영웅이라고 평가된다.26) 박씨는 초월적 능력을 가지고 있지만 직접 사회로 진출해서 자신의 능력을 발휘하지 않는다. 박씨는 집 안의 존재로 머물면서 남편 이시백을 내조하는데 그친다. 조선이라는 당대의 시대적

트인 새파이어(William Safire)가 2000년 8월 인종·성별·종교·이념 등에 이어 새롭게 등장한 차별 요소로 지목하면서 부각되기 시작하였다. 외모(용모)가 개인 간의 우열뿐 아니라 인생의 성패까지 좌우한다고 믿어 외모에 지나치게 집착하는 경향 또는 그러한 사회 풍조를 말한다. 곧 외모가 연애·결혼 등과 같은 사생활은 물론, 취업·승진 등 사회생활 전반까지 좌우하기 때문에 외모를 가꾸는 데 많은 시간과 노력을 기울이게 된다는 것이다.

25) 로지 잭슨, 서강여성문학연구회 역, 『환상성』, 문학동네, 2001, 12~19쪽 참조.
26) 전용문, 『한국 여성영웅 소설의 연구』, 목원대학교 출판부, 1996, 25~26쪽 참조.

배경을 고려할 때 박씨의 내조는 남성 중심적 사회에서의 여성의식의 한계라고도 할 수 있다. 이와 같은 박씨의 한계는 오늘날 여성들의 '사회적 성취와 한계'에 대한 현실적 고민과 접점을 이룬다. 현대 여성들은 유리천장에 갇혀 있다고 한다. 유리천장은 눈에 보이지는 않지만 결코 깨뜨릴 수 없는 장벽이라는 뜻으로 쓰이는 용어이다. 보통 여성들은 조직의 관행을 깬다든가, 여성을 안 좋게 본다든가 하는 이유 때문에 사회나 조직에서 고위직으로 승진하기가 어렵다. 그래서 남성에 못지않은 능력과 자격을 갖추었음에도 조직 내의 관행과 여성에 대한 부정적 인식으로 인해 고위직으로의 승진이 차단되는 상황을 유리천장으로 비유한다.

능력이 뛰어나지만 집 안에서 남편을 내조하는 박씨와 유리천정을 인정할 수밖에 없는 20대 여성들은 본질적으로 지배가치를 내면화한 여성이라는 점에서 연장선상에 있다. 여성으로서의 정체성과 사회적 성공을 동시에 추구하고 싶지만 현실 규범을 전면적으로 부정하지 못하는 한계를 인정할 수밖에 없을 때, 비범한 능력을 가지고 있지만 남편을 내조하는 박씨의 상황이 공감되는 것이다.

박씨에 대한 공감은 단순한 현실타협이 아니다. 20대 여성들은 일과 사랑이라는 두 가지 목표를 모두 성취하고 싶어 한다. 문제는 이 둘을 함께 이루기 위한 과정이 힘들다는 것이다. 여기에서 힘들지만 도전할 것인가 편안한 길에 안주할 것인가 하는 선택이 발생하게 된다. 20대 여성들은 입시와 취업이라는 경쟁의 연속에서 이성적으로(혹은 표면적으로) 주체적인 삶을 살기 위해 기존의 관습에 도전하겠다고 하지만, 무의식에서는 더 이상의 경쟁을 피하고 싶은 심리적 갈등이 내재되어 있는지도 모른다. 이 지점에서 20대

여성들이 유리천장이라는 보이지 않는 장벽을 극복하기 위해 수행해야 하는 고난과 역경을 피하고 싶은 욕망이 무의식적으로 박씨전에 대한 호감으로 작용하는 것은 아닌지 진지하게 살펴볼 필요가 있다. 그리고 오늘날 젊은 여성들에게 신자유주의와 자본주의 체제가 의식/무의식의 층위에 어떠한 영향을 주고 있는지 분석할 수도 있을 것이다.

고전소설을 과거의 텍스트로 한정시키면 새로움을 얻을 수 없다. 고전소설의 문화적 가치는 실체화된 텍스트라기보다는 그 안에 담긴 정신적 가치이다. 그 가치가 생명력을 얻기 위해서는 끊임없이 현재와 상호작용하면서 새로운 해석의 가능성을 모색해야 한다. 고전소설과 문화콘텐츠의 융합을 연구하기 위해서는 바로 이러한 현재성을 강조한 고전소설 해석부터 가능한 것이다.

4. 텍스트의 확장과 매체 전환에 따른 스토리텔링 연구

고전소설과 문화콘텐츠의 융합 연구를 위한 첫 단계로 현재성을 강조한 고전소설 텍스트 해석에 대하여 살펴보았다. 다음으로 고려할 사항은 텍스트의 확장이다. 문자로 기록된 고전소설뿐만 아니라 고전소설이 수용되고 변주된 문화콘텐츠 텍스트도 연구 범위에 포함시켜야 한다. 기존처럼 고전문학 연구, 영화 연구, 애니메이션 연구 등 개별 분과 학문으로는 고전소설과 문화콘텐츠의 융합을 총체적으로 드러내기 어렵다. 무엇보다 고전소설이 디지털 매체에 수용되고 변주되는 새로운 변화를 포착하고 분석하기 위해서는 텍스트의 확장이 시급히 요청된다.

텍스트의 확장이라는 측면에서 보면 다음의 세 가지 경우를 연구 범위에 포함시킬 수 있을 것이다. 첫째, 극적 흥미를 강화하기 위한 부분 개작이다. 애니메이션 〈왕후 심청〉 등의 작품이 해당한다. 〈왕후 심청〉은 〈심청전〉의 서사전개를 수용했지만 애니메이션의 특성 상 어린이의 눈높이에 맞추기 위해 심봉사를 누명을 쓴 충신으로 설정하고, 심청과 바다 동물들의 모험이 나타난다.27) 부분 개작의 경우는 고전소설의 세계관을 기반으로 하고 있기 때문에 연구 범위에 포함하는 데 거부감이 크지 않을 것이다.

둘째, 원작의 모티브 혹은 캐릭터만을 차용하는 전면 개작이다. 이 경우는 고전소설에서 필요한 캐릭터와 모티프만을 선택해서 작가의 상상력과 결합하여 새로운 스토리를 만들어 내는 것이다. 예를 들면 영화 〈장화, 홍련〉이 그렇다. 영화는 원작 〈장화홍련전〉에서 계모와 전실 자식의 갈등, 아버지의 무관심 등의 요소만을 차용하였고, 주된 내용도 원작의 원귀의 해원(解冤)과 달리 이중인격과 강박관념이 만들어내는 가족 내의 공포에 대한 것이었다. 전면 개작의 경우 고전소설의 연구 범위에 포함할 수 있느냐는 문제가 제기될 수도 있다.28) 그러나 다른 시각으로 보면 전면 개작한 콘텐츠는 고전소설의 인물, 배경 등이 변형되고 해체되는 과정을

---

27) 김용범, 「고전소설 〈심청전〉과의 대비를 통해서 본 〈왕후 심청〉의 내러티브 분석」, 『한국언어문화』 27, 한국언어문화학회, 2005, 373~399쪽; 심치열, 「고전소설을 수용한 장편 애니메이션: 〈왕후 심청〉 스크립트를 중심으로」, 『고소설연구』 23, 한국고소설학회, 2007, 207~236쪽.

28) 이에 대한 영화 〈장화 홍련〉에 대한 논쟁은 다음의 글과 논문을 참조.
이효인, 「〈장화,홍련〉 전래동화와는 아무 상관없네! 반칙이다」(2003년 7월 1일 씨네 21 인터넷 기사, http://www.cine21.com/news/view/mag_id/19666); 조현설, 「고소설의 영화화 작업을 통해 본 고소설 연구의 과제」, 『고소설연구』 17, 한국고소설학회, 2004, 53~73쪽.

보여주기 때문에 고전소설을 연구의 출발점으로 삼아야 그 전모를 분석할 수 있다. 따라서 표면적으로 인물, 배경, 모티프 등이 이질적이라도 고전소설의 요소가 수용된다면 연구대상으로 포함해야 할 것이다.

셋째, 캐릭터나 특정 포맷을 독립시켜 이야기를 파생하는 스핀오프(spin-off) 방식이다. 현재 우리나라에서 고전 캐릭터 중 스핀오프가 활발하게 이루어지는 소재는 구미호[29]이다. 1977년 전설의 고향 〈구미호〉는 설화를 수용·변주하여 설화에는 없는 '사람이되고 싶지만 실패하는 구미호'를 만들었다. 이 이야기는 다시 파생되어 2008년 전설의 고향 〈구미호〉에서는 사람이 되고 싶은 구미호를 배신한 남성의 후손이 등장하고, 2010년에 방영된 납량 미니시리즈 〈구미호 여우누이뎐〉에서는 인간에게 배신당한 구미호와그 딸이 나타난다. 이렇게 구미호 이야기는 설화와 고전소설에 고정되어 있지 않고, 원작의 상상력에 기대어 새로운 이야기로 파생되고 분화되어 간다. 스핀오프는 새로운 이야기이지만 캐릭터 설정과 최초 상황 설정이 고전문학의 상상력을 기반으로 하고, 고전문학과 상호작용하면서 스토리텔링을 확장하였기 때문에 연구의

---

29) 구미호에 대한 이야기는 고전소설보다 설화에서 원형을 찾는 것이 타당하다. 고전소설에 구미호가 등장하는 작품은 〈이화전〉, 〈장인결전〉, 〈전우치전〉, 〈소현성록〉, 〈태원지〉 등이 있지만 여우퇴치담을 수용하였거나, 주인공의 영웅성을 강조하는 삽화인 경우가 대부분이다. 설화는 〈여우변신설화〉, 〈여우누이〉, 〈여우구슬〉, 〈여우아내〉, 〈강감찬 출생 설화〉, 〈이성계의 건국을 도운 여우〉 등 이야기가 양적·질적으로 풍부하여 구미호에 대한 원형성을 찾아내기 용이하다. 따라서 구미호에 대한 언급은 고전소설과 문화콘텐츠 융합의 범위 밖이라 할 수도 있지만, 여기에서는 원작의 파생과 분화라는 측면을 설명하기 위해서 대표적 사례인 구미호를 예로 든 것이다. 비록 설화와 고전소설이라는 장르적 차이가 있기는 하지만 고전에서 출발한 캐릭터라는 동질성이 있고, 구미호의 사례를 적용하여 고전소설의 스핀오프를 분석할 수도 있다.

대상으로 삼는 것이 타당하다.

아래의 표는 텍스트의 확장이라는 시각에서 고전소설 연구 범위30)에 포함시킬 수 있는 문화콘텐츠 텍스트 목록을 예시한 것이다.

제목	매체	원천자료	감독/연출	주연배우	제작연도	특이사항
돌아온 홍길동	애니메이션	홍길동전	신동우		1995	일본과 합작, 드래곤볼과 유사하여 비판을 받음
성춘향	애니메이션	춘향전	앤디 킴		1999	현대적 감각으로 춘향전을 시각화
별주부 해로	애니메이션	토끼전	김덕호		2001	별주부 해로와 토끼 토레미의 우정을 그림
장화 홍련	영화	장화 홍련전	김지운	임수정, 문근영	2003	정신질환을 소재로 삼음.
왕후심청	애니메이션	심청전	넬슨 신		2005	아버지를 찾는 심청 이야기
쾌걸 춘향	드라마(KBS)	춘향전	전기상, 지병현	한채영, 재희	2005	춘향전의 현대적 해석
쾌도 홍길동	드라마(KBS)	홍길동전	김영조, 이정섭	강지환, 성유리	2008	퓨전 코믹사극을 표방
도사 전우치	영화	전우치전	최동훈	강동원, 김윤석	2009	봉인된 전우치가 오늘 서울에 등장함
홍길동의 후예	영화	홍길동	정용기	이범수, 김수로	2009	홍길동의 후예들이 대를 이어 의적활동을 함
방자전	영화	춘향전	김대우	조여정, 김주혁	2010	조역이었던 방자를 주인공으로 한 영화
전우치	드라마(KBS)	전우치전	강일수, 박진석	차태현, 유이	2012-3	전우치전을 소재로 한 퓨전사극

고전소설과 문화콘텐츠 융합의 관점에서 텍스트를 확장하면 필

---

30) 원작의 대상을 고전소설에서 고전서사(설화, 고전소설, 판소리, 야담 등)로 넓힐 경우 목록에 해당하는 문화콘텐츠 텍스트는 더욱 늘어날 것이다.

연적으로 매체 전환에 따른 스토리텔링 분석이 요청된다. 이것은 앞에서 언급한 고전소설을 소재로 한 문화콘텐츠 분석의 연장선상에 있는 논의이다. 앞에서 언급했지만, 융합 연구를 지향하기 위해서는 원작과 문화콘텐츠 텍스트의 병렬적 비교에 그쳐서는 안 된다. 매체 특성과 수용과 변주에 따른 향유층에 대한 분석이 동반되어야 진정한 의미의 스토리텔링 분석이라 할 수 있을 것이다.

이러한 연구를 수행하기 위해서는 첫째, 문화콘텐츠에 수용된 고전소설의 모티프, 캐릭터, 스토리텔링 방식을 분석해야 한다. 이를 통해 문화콘텐츠에 수용된 고전소설의 스토리텔링 요소를 찾아낼 수 있다. 개별 작품만을 분석하면 원작의 모티프가 어떻게 수용되는지 확인할 수 있지만, 다양한 작품을 분석하면 문화콘텐츠에 수용되는 고전소설의 연관성 혹은 특정 요소를 찾을 수 있을 것이다. 이러한 분석을 통해 문화콘텐츠 향유층의 감수성에 부합하는 고전소설의 스토리텔링 요소를 파악할 수 있을 것이다. 또한 분석 결과를 기반으로 대중에게 널리 알려지지 않았지만 현대적 감수성을 내재한 고전소설 작품을 발굴할 수 있을 것이다.

둘째, 문화콘텐츠에 변주된 고전소설의 모티브, 캐릭터, 스토리텔링 방식을 분석해야 한다. 이것은 문화콘텐츠에 변주된 고전소설의 스토리텔링 요소를 분석하여 현대적 재해석의 양상과 원인을 살펴보는 것이다. 문화콘텐츠에 새로운 생명을 불어넣기 위해서는 전면 개작, 스핀오프 등의 방식으로 원작을 변형하여 스토리텔링 할 수밖에 없다. 그 과정에서 오늘날 대중의 정서와 취향에 맞추어 시각적 이미지와 결합하는 '재조직화'가 발생한다. 먼저 이러한 변형과 재조직화의 양상을 분석하고, 재해석의 원인을 탐구해야 한다. 이를 통해 대중의 취향과 흥미 요소의 변화, 윤리적 가치와 판단 기준 변화, 세계에 대한 인식론적 변화 등을 밝힐 수 있을 것이다.

셋째, 문화콘텐츠에서 새롭게 창조된 캐릭터 및 스토리텔링 방식을 분석해야 한다. 문화콘텐츠에서는 현대적 재해석과 에피소드의 확장을 위해 원작에 없는 캐릭터를 창조하기도 한다. 이러한 캐릭터는 고전소설과 무관한 창작의 결과물로 보일 수도 있지만, 작가의 상상력과 고전소설이 상호작용하면서 원작을 확장한 사례라고 할 수 있다. 이를 분석하면 고전소설에 대한 작가의 해석, 작가가 추구하는 새로운 방향 등을 연구할 수 있을 것이다.

이러한 고전소설과 문화콘텐츠의 상호작용은 텍스트의 확장을 논의할 때 스핀오프에서 간략히 언급한 트랜스미디어 스토리텔링(transmedia storytelling)을 적용할 수 있다. 트랜스미디어 스토리텔링으로 원작이 파생·분화하는 과정을 분석할 경우 미디어 기술, 미디어 산업, 소비자, 생산자 등이 서로 연계되면서 새로운 창의성이 만들어지는 문화 융합을 보다 명확하게 설명할 수 있다. 위와 마찬가지로 구미호의 콘텐츠화 사례를 예로 들어보겠다.

고전문학에 나타나는 구미호의 양상은 다양하다. 그 중 요괴의 성격을 가진 대표적 이야기는 〈여우변신설화〉, 〈여우구슬〉, 〈여우누이〉, 〈이화전〉 등이다. 이 이야기들에서 구미호는 인간으로 변신하여 인간 세계에 침입하고, 남성을 유혹하여 정기를 빼앗기도 하고, 가축과 이웃을 죽음으로 몰아간다. 〈전설의 고향〉 '구미호'에서는 원작에 나타난 경계 밖의 요괴 구미호에 '인간이 되고 싶은 구미호'라는 새로운 상황을 설정한다.[31] 인간과 대립하는 구미호

---

31) 설화와 고전소설부터 '인간이 되고 싶은 구미호'가 등장하는 것은 아니다. 1977년 〈전설의 고향〉 '구미호' 이후 인간이 되고 싶은 구미호가 본격적으로 등장한

가 사람이 되고 싶은 모순된 상황은 비극으로 끝날 수밖에 없다. 〈전설의 고향〉 '구미호'는 납량물(공포)의 외피를 쓴 부부관계의 비극적 멜로드라마이다. 이것은 〈전설의 고향〉이 대중적인 TV 드라마이고, 산업화가 급속히 진행되던 1970~80년대 큰 인기를 얻었으며, 사람이 되고 싶은 구미호는 항상 여성으로 등장한다는 것과 긴밀한 관계를 가진다. 즉, 〈전설의 고향〉은 원작의 상상력을 기반으로 매체, 산업, 창작·수용과 결합되면서 원작에서 파생된 또 하나의 구미호 이야기인 것이다.[32]

이후 영화, 드라마, 애니메이션, 게임 등에서 지속적으로 구미호 이야기의 파생·분화가 이루어지고 있다. 구미호를 가족 단위로 등장시킨 영화 〈구미호가족〉, 구미호를 성장하는 존재로 설정하여 10대 소녀에 해당하는 오미호(五尾狐) 여우비의 우정과 성장을 다룬 애니메이션 〈천년여우 여우비〉, 〈전설의 고향〉 '구미호'의 마지막 장면을 최초 상황으로 설정하여 인간과 요괴의 관계를 다룬 2008 〈전설의 고향〉과 〈구미호 여우누이뎐〉, 구미호와 인간 친구의 모험과 여행을 다룬 만화 〈신구미호전〉, 인간을 사랑하고 요마를 배신한 죄로 영원한 겨울의 지옥 속에 고통받은 구미호를 구출하는 게임 〈구미호:유혹의 탑〉 등이 그러하다.[33]

것이다(이명현, 「〈전설의 고향〉에 나타난 구미호 이야기의 확장과 변주」, 우리문학연구 28, 우리문학회, 2009, 72~81쪽 참조).

32) 〈전설의 고향〉의 '인간이 되고 싶은 구미호'의 이미지가 강렬하였기 때문에 구미호에 대한 대표적 이미지로 고정된 것이다. 이로 인해 다음과 같은 구미호에 대한 인식이 일반화되었을 것이다. "한국의 구미호전설은 여우가 인간이 되려고 온갖 처절한 노력을 하지만 결국은 인간이 되지 못하고 새벽이슬처럼 아스라하게 사라지고 만다는 이야기이다."(김휘영, 「구미호 전설과 포송령의 요제지이에 나타난 의식의 원형」, 『인물과사상』 93, 인물과사상사, 2006, 106쪽)

33) 이 콘텐츠들은 각각 재현되는 매체와 장르, 이미지 구현을 위한 영상 기술, 제작

이 이야기들은 원작과 〈전설의 고향〉에서 구축한 구미호에 대한 상상력을 기반으로 새로운 이야기를 만들어내는 동시에 기존의 구미호에 대한 이미지를 해체하고 확장한다. 즉, 각각은 독립적인 이야기이지만 여러 가지 다른 이야기를 합쳐서 커다란 하나의 이야기를 완성해가는 것이기도 하다. 구미호 이야기는 고전문학에서 출발하였지만 매체 전환, 새로운 상황 설정, 시공간 배경의 확장, 이야기의 파생·분화에 의해 지속적으로 자신의 영역을 키워나가고 있는 것이다. 매체 전환(transmedia)에 의해 확장된 영역은 고전문학과 별개의 영역이 아니라, 고전문학을 한 부분으로 포함한 전체의 '구미호 서사'인 것이다.34)

이렇게 고전소설은 문화 현장에서 대중과 호흡하며 자신의 모습을 갱신하고 있다. 이를 개별 분과 학문의 영역이 아니라고 연구 범위에서 배제해서는 곤란하다. 고전소설이 현재적 생명력을 갖고 수용·변주되고 있음을 인정하고, 그 가치를 탐구하는 것이 시대 변화를 수용하는 연구자의 자세일 것이다.

5. 패러다임의 변화와 고전소설 연구 확장

이 글은 디지털미디어의 발전으로 도래한 문화콘텐츠 시대를

당시의 문화산업 상황, 기존 이야기의 수용과 재해석, 사회문화적 맥락에 따른 변화 요인 등이 작용하고 있다. 그러나 이 글은 새로운 연구 경향을 제시하는데 목표가 있기 때문에 구체적인 트랜스미디어 스토리텔링 과정을 분석하지는 않고, 추후 연구 과제로 남겨두기로 한다.

34) 그렇기 때문에 원작에 대한 연구가 필요하고, 원작을 이해해야만 새롭게 형성된 전체의 서사를 파악할 수 있다.

맞이하여 고전소설의 새로운 연구 방향을 제시하고자 한 시론적
(試論的) 성격의 글이다. 그래서 명칭, 용어 등의 논쟁이나 집적된
연구사를 정리하지 않고, 고전소설과 문화콘텐츠의 융합이 가지
는 본질적 문제에 대한 탐구를 시도하였다. 기존의 고전소설과 문
화콘텐츠 연계에 대한 연구는 '연계'라는 말에서 나타나듯이 고전
소설의 영역을 훼손하지 않으면서 문화콘텐츠와의 결합을 시도한
것이다. 이러한 논의는 미개척분야를 선도한 의의를 갖지만, 고전
소설의 정체성 유지와 문화콘텐츠로의 활용 사이에서 어정쩡하게
걸쳐있거나 소재적 차원에서 고전소설과 문화콘텐츠를 병렬적으
로 결합하는데 그치고 말았다.

고전소설의 문화콘텐츠화는 단순한 디지털화나 새로운 매체에
고전소설을 반복적으로 재현하는 것이 아니다. 디지털 미디어 안
에서 고전소설이 재창조되는 화학적 결합을 창조하는 작업이다.
즉, '고전소설+매체+기술(IT)'의 융합이라는 연구 관점의 변화가
필요하다. 이러한 융합의 관점을 전제해야만 고전소설이 새로운
매체와 결합하면서 수용·변주되고, 오늘날의 대중과 대화하며 자
신의 모습을 갱신하는 과정을 포착할 수 있다.

이 글에서는 패러다임의 변화라는 관점에서 새로운 고전소설
연구 방향을 '현재성을 강조한 텍스트 해석', '연구 범위의 확장',
'매체전환에 따른 고전소설 스토리텔링' 등으로 제시하였다. 현재
성을 강조하기 위해서는 고전소설의 상상력이 이성 중심의 근대
적 상상력의 대안이 될 수 있음을 인정하는 인식의 변화가 요구된
다. 그리고 고전소설과 오늘날 젊은 세대의 감성이 접점을 이룰
수 있는 요소를 적극적으로 해석할 필요가 있다.

이렇게 고전소설을 끊임없이 현재와 상호작용하면서 생명력을

가진 텍스트로 바라보면 부분 개작, 전면 개작, 스핀오프 등으로 재해석한 문화콘텐츠도 고전소설의 연구범위에 포함시킬 수 있다. 장르적 차이에서 문화콘텐츠와 고전소설의 경계를 강조하면 고전 소설의 상상력이 오늘날 대중과 상호작용하며 변형되는 과정을 드러낼 수 없다. 고전소설 연구 범위 설정에 대한 전향적인 태도가 필요하다.

고전소설과 문화콘텐츠를 융합의 관점에서 연구하기 위해서는 매체 전환에 따른 스토리텔링 분석을 해야만 한다. 융합 연구를 지향하기 위해서는 원작과 문화콘텐츠 텍스트의 병렬적 비교에 그쳐서는 안 된다. 매체 특성과 수용과 변주에 따른 향유층에 대한 분석이 동반되어야 진정한 의미의 스토리텔링의 수용과 변주 분 석이라 할 수 있을 것이다. 사회문화적 맥락에서 이러한 스토리텔 링 과정을 분석하기 위해서는 트랜스미디어 스토리텔링(transmedia storytelling)을 이해해야 한다. 트랜스미디어 스토리텔링으로 고전 소설과 문화콘텐츠의 융합을 분석하면 원작의 파생과 분화, 미디 어와 결합, 창작과 수용 과정에 나타나는 다양한 상호작용을 파악 할 수 있다.

이 글에서 제안한 연구 방향이 성공적으로 수행되면 문화 현장 에서 대중과 호흡하며 자신의 모습을 갱신하는 현재적 생명력을 가진 고전소설을 포착할 수 있고, 오늘날에도 유효한 고전소설의 서사적 매력을 분석함으로써 고전소설을 해석하는 지평을 넓힐 수 있을 것이다.

멀티미디어 시대의 고전소설 교육의 모색과 전환

1. 멀티미디어 시대의 개막과 문화콘텐츠 산업의 동향

최근 우리는 혁명적이라고 할 만큼 급속한 과학 기술의 진보를 경험하고 있다. 특히 디지털 기술과 정보통신망의 발전으로 매체 환경이 급변하고 있다. DMB 폰, IPTV 등 과학 기술의 진보에 의한 새로운 매체가 하루가 다르게 등장하고 있다. 매체 환경에 대한 기술적 발전과 매체간의 통합으로 본격적인 멀티미디어 시대를 맞이하고 있는 것이다.

멀티미디어가 기존의 미디어와 변별되는 가장 뚜렷한 요소는 '상호작용성'이다. 상호작용성은 매체 이용자들이 매체가 일방적으로 전달해주는 정보만을 획득하는 것이 아니라 자신이 원하는 정보를 선별적으로 접할 수 있는 선택성을 제공한다. 더욱 궁극적으로 매체 이용자와 이용자 상호간, 혹은 매체 이용자와 매체 시스템 간의 '즉각적이고도 상호작용적인 피드백'이 가능하다.[1] 새로운 매체 환경에서의 상호작용성은 다수의 사람이 동시에 쌍방향 커뮤니케이션을 할 수 있는 다중적 상호작용(Multiple Interaction)이 가능하다.

이러한 쌍방향적 속성으로 소비자들은 단순한 수용자에서 벗어나 적극적인 참여 주체로 변화하고 있다. 이러한 현상으로 인해 멀티미디어에 담기는 내용물, 즉 콘텐츠를 소비자들의 다양한 욕구에 부합하도록 제작하는 것이 중요하게 부각되고 있다.

이와 같이 멀티미디어 시대의 개막은 기술력의 진보뿐만 아니라 필연적으로 새로운 미디어에 담길 콘텐츠를 요구한다. 대중은 기술의 진보로 다양한 매체를 용이하게 접근할 수 있게 되자 기존의 식상한 콘텐츠로는 만족하지 못하고 새로운 흥밋거리를 찾게 된다. 이는 최근 급증한 문화콘텐츠산업의 현황을 통해서 알 수 있다.

〈표 1〉 문화콘텐츠산업 시장현황 및 동향(한국문화콘텐츠진흥원, 단위 $)

구분	2005년	2006년	2007년
세계시장	1조 3400억	1조 4530억	1조 5570억
아시아시장	2760억	3130억	3530억
구분	2008년	2009년	Carg(05~09)
세계시장	1조 6770억	1조 7780억	7.3%
아시아시장	3950억	4320억	11.6%

---

1) 김영석, 『멀티미디어와 정보사회』, 나남출판, 1997, 52~55쪽.

〈표 2〉세계 문화콘텐츠산업 시장규모(한국문화콘텐츠진흥원, 2005년, 단위 $)

순위	국가	시장규모
1위	미국	4486억(39.8%)
2위	일본	950억(8.4%)
3위	영국	789억(7.0%)
4위	독일	655억(5.8%)
5위	중국	606억(5.4%)
6위	프랑스	484억(4.3%)
7위	이탈리아	338억(3.0%)
8위	스페인	290억(2.6%)
9위	캐나다	237억(2.1%)
10위	한국	203억(1.8%)

이와 같은 추세를 반영하듯 각 선진국들은 콘텐츠에 문화적 요소를 결합하는데 국가적 역량을 집중하고 있다.[2] 멀티미디어 시대에 문화콘텐츠 산업은 고부가 가치를 창출하는 산업이다. 특히 하나의 콘텐츠를 다양한 유통창구에 활용할 수 있는 '원소스-멀티유즈(One Sourse-Multy Use)'의 성격[3]은 하나의 콘텐츠를 영화, 애니메이션, 비디오, 드라마, 음반, 게임, 캐릭터 산업 등에 연쇄적으로 활용하여 고부가 가치를 창출하게 한다.[4]

---

2) 미국에서는 Culture Industry라고 하여 문화산업을 군수산업과 함께 미래의 2대 산업으로 육성하고 있고, 영국은 Creative Industry라고 하여 국가적 역량을 집중하고 있다. 그리고 중국은 2001년부터 통신, 방송, 정보산업 융합(三網合一)을 통한 문화 산업을 적극 육성하여 현재, 2005년에 발표된 중국 문화산업 5개년 육성계획을 바탕으로 북경, 상해 등지에 7개 '문화산업기지'를 조성하고 있다.

3) 문화콘텐츠산업의 '원소스-멀티유즈(One Sourse-Multy Use)'의 성격은 실제 사례를 보면 명확히 알 수 있다. '스타워즈 에피소드 I'의 경우를 보면 최초 극장판 영화에서 7억 3000만 달러의 수익을 올린 후, 비디오, TV방영 및 판권 사업, 캐릭터, 영화음악 등의 분야에서 연쇄적으로 활용하여 39억 9100만 달러의 수익을 창출하였다.

4) 이찬욱·이명현, 『문화원형과 영상콘텐츠』, 중앙대학교 출판부, 2006, 10~12쪽.

멀티미디어 시대 문화콘텐츠 산업에 대한 관심은 우리나라 역시 지대하다. 정부는 1999년도에 문화산업 기본진흥법을 제정하고, 2001년도에는 한국문화콘텐츠진흥원(KOCCA)을 설립하여 꾸준히 문화 콘텐츠 산업의 육성에 힘써 왔다. 그러나 한류(韓流)의 붐을 타고 일부 TV드라마가 아시아권에서 호평을 얻고 있을 뿐 전체적으로 보아서 현재 우리의 문화콘텐츠 산업의 수준은 걸음마 단계라 할 수 있다.5) 특히 현재 우리의 문제는 매체 환경과 콘텐츠를 제작하는 기술력이 아니라 멀티미디어에 담아야 할 내용물의 부족이다. 담는 그릇이 아무리 좋더라도 그 내용물이 좋지 않으면 당연히 가치가 하락하는 것이다.6) 따라서 멀티미디어에 맞는 새로운 문화콘텐츠의 개발이 시급히 요청된다.

그렇다면 우리는 어떠한 새로운 문화콘텐츠를 개발해야 하는가? 이에 대한 답으로 우리 전통문화에서 문화콘텐츠의 창작소재를 찾아야 한다는 답변이 힘을 얻고 있다.7) 한국의 고유문화라고 하면 한국의 역사, 전통, 풍물, 생활, 예술, 문학, 지리 등 매우 다양한 분야를 포함한다. 이러한 소재들을 바탕으로 방송영상, 영화, 애니메이션, 출판, E-book, 만화, 캐릭터, 게임, 모바일, 에듀테인먼트, 인터넷 문화콘텐츠 등의 콘텐츠를 제작하는 것은 한국적 전

---

5) 우리나라의 문화콘텐츠 산업 세계시장 점유율은 2005년 현재 1.8%로 전체 규모로 볼 때 미흡한 실정이라 할 수 있다.
6) 최근 몇 년간 세계 시장을 겨냥하여 만든 '성춘향', '돌아온 홍길동', '황후 심청', 등의 한국 애니메이션은 뛰어난 기술력에도 불구하고 현대적 감각에 부합하는 스토리를 개발하지 못하여 실패하였다. 이와 같은 실패는 앞으로 문화콘텐츠산업에서 어느 부분에 중점을 두어 육성할 것인가에 대하여 시사하는 바가 크다.
7) 한국문화콘텐츠진흥원에서는 2002년 우리 문화원형을 디지털 기술을 이용, 콘텐츠화하여 문화산업의 발전에 필요한 창작소재로 제공하여 경쟁력을 높이고자 우리문화원형 디지털콘텐츠화사업을 공모하였다.

통을 멀티미디어 시대에 복원하는 긍정적 의미를 가진다.

그런데 전통문화를 원형자료로 활용하여 문화콘텐츠를 제작하는 것은 문화적 차원에서나 창작소재의 다양화라는 관점에서는 의의를 가지지만 산업을 전제로 한 상품화의 측면에서는 기대만큼 효과를 나타내지 못하였다.8) 이러한 점을 보완하기 위해서 전통문화를 원형으로 개발한 문화콘텐츠에 소비자들의 흥미를 유발시킬 수 있는 다양한 내러티브를 결합시킬 필요성이 제기되어 있다. 단순히 문화콘텐츠를 제공하고 보여주는 것에서 그칠 것이 아니라, 소비자와 유기적으로 호흡하는 완성된 서사물을 지향하여야 하는 것이다.9)

2. 문화콘텐츠 산업의 소재로서 고전소설의 가치

문화콘텐츠를 제작할 때 전통문화에서 추출한 원형자료와 내러티브(Narrative)10)의 결합은 이야기, 즉 스토리라는 중심축을 바탕

---

8) 우리문화원형 디지털콘텐츠화 공모에 선정된 국악 산조, 전통 건축물, 화성의궤, 고려 복식, 전통 놀이, 팔관회, 단청, 천문 등의 과제들은 과거 전통문화 유산을 디지털 매체에 맞게 정리한 것으로 산업적 활용을 위한 기초 작업의 의의는 가지지만 그 자체로 상품화되기는 곤란한 것들이다.

9) 최근 몇 년간 개봉한 '스캔들', '왕의 남자', '음란서생' 등의 영화에서 현대적 감각에 맞는 스토리를 개발하여 한국 전통문화를 작품에 융합한 것은 문화콘텐츠에서 이야기의 요소가 얼마나 중요한 지를 보여주는 사례라 할 수 있다.

10) 내러티브(Narrative)는 일반적으로 시간과 공간에서 발생하는 인과관계로 엮어진 실제 혹은 허구적인 사건들의 연결을 의미한다. 소설 속에서는 오직 문자언어로만 이루어지지만 영상분야에서는 이미지, 대사, 문자, 음향 그리고 음악 등으로 이루어진 것들을 포함한다. 흔히 이는 스토리텔링(storytelling)과 동일한 개념으로 간주되기도 하지만, 실제 이보다 더 큰 범위를 의미하는 것이다.

으로 다양한 문화원형을 융합하려는 것이다. 스토리가 여러 미디어를 통해 구현되는 문화콘텐츠의 원천소스로서 적용될 때만 그 콘텐츠가 소비재로서 진정한 역할을 할 수 있다. 이때 스토리는 새로 창작할 수도 있고, 기존의 이야기를 적용하거나 재창조할 수도 있다. 여기서 새로 창작하는 경우는 논외로 하고, 기존의 이야기를 활용하는 경우에 고전소설을 주목해야 한다.11) 고전소설은 대중문화적 속성12)을 가진 우리 문화원형의 내러티브로서 적절한 대상이라 할 수 있다.

고전소설의 향유자들은 바로 일반 대중이다. 고전소설은 대중들에 의해 오랜 기간을 거쳐 축적되고 취사선택된 텍스트이기 때문에 한국인의 정서에 부합하는 이야기이다. 그리고 익숙한 서사 구조를 바탕으로 다양한 장르로 전환이 용이하다. 〈춘향전〉의 예를 보면, 〈춘향전〉은 창극, 영화, TV 드라마, 애니메이션, 오페라, 마당놀이 등 다양한 장르로 대중에게 새롭게 선보였다.

또한 상상력을 바탕으로 고전소설을 리메이크하면 대중들에게 현실적인 공감대를 얻기 용이하다. 〈춘향전〉의 경우에는 먼저 현대적으로 변용되어 소설화한 경우로는 최인훈의 〈춘향뎐〉, 김주영의 〈외설 춘향전〉, 임철우 〈옥중가〉 등이 있다. 그리고 영화로는

---

11) 최근 문화콘텐츠의 창작소재 혹은 시나리오의 원천소스로서 고전소설에 대한 관심과 연구가 증대하고 있다.
　　김용범, 「문화컨텐츠 산업의 창작소재로서 고전소설의 활용가능성에 대한 연구」, 『민족학연구』 4집, 한국민족학회, 2000; 김탁환, 「고소설과 이야기문학의 미래」, 『고소설연구』 17, 한국고소설학회, 2004; 조혜란, 「다매체 환경 속에서의 고소설 연구 전략」, 『고소설연구』 17, 한국고소설학회, 2004; 신선희, 「고전 서사문학과 게임 시나리오」, 『고소설연구』 17, 한국고소설학회, 2004; 백성과, 「문화콘텐츠시나리오 창작유형에 관한 연구」, 중앙대학교 석사논문, 2004.
12) 김용범, 「문화콘텐츠 창작소재로서의 고전문학의 가치에 관한 연구」, 『한국언어문학』 22, 한국언어문학회, 2002, 58~59쪽.

이경춘 감독의 '탈선 춘향전', 이동훈 감독의 '한양에서 온 성춘향', 이형표 감독의 '방자와 향단이' 등이 있고, 최근 방영된 TV 드라마 '쾌걸 춘향'도 예로 들 수 있다.13) 고전소설의 내러티브에는 대중의 취향과 문화가 녹아들어 있기 때문에 대중에게 익숙하면서도 재미있는 이야기로 수용될 수 있으며 새로운 매체 환경에 신속하게 적응할 수 있는 것이다.

이렇게 고전소설의 내러티브가 오늘날에도 유효한 것은 고전소설의 중요한 특징 중 하나인 환상성에서 찾아 볼 수 있다. 오늘날 대중이 원하는 문화콘텐츠는 현대인의 요구와 감각에 맞게 창조되어 현대인의 감성을 자극하는 것들이다. 대중들이 시간을 투자하고, 경제적 지출을 감내하면서 문화콘텐츠를 소비하는 것은 일상의 현실에서 일탈하여 여가를 즐겁게 보낼 수 있는 장치를 필요로 하기 때문이다.

이러한 소비 대중의 욕구에 부합하는 것이 환상(Fantasy)이다. 환상에 대한 충동은 권태로부터의 탈출, 놀이, 환영(幻影), 결핍된 것에 대한 갈망 등을 통해 현실에서 주어진 것을 변화시키려는 욕구에서 기인한다.14) 즉, 환상이란 사실적이고 정상적인 것들이 갖는 제약에 대한 의도적인 일탈인 것이다. 환상의 세계에서는 현실에서 불가능한 일들이 존재할 수 있다. 단순히 우리가 살고 있는 세계관이 아닌 보다 다차원적 세계관을 그릴 수 있고, 상상할 수 있는 힘. 그것이 바로 고전소설에서 찾아 볼 수 있는 환상의 세계15)

---

13) 춘향전의 현대적 해석은 남한뿐만 아니라 북한에서도 이루어졌다. 대표작으로는 조령출 윤색 〈춘향전〉과 국립민족예술단의 민족가극 '춘향전'을 들 수 있다. 전영선, 「고전소설의 현대적 전승과 변용」, 한양대학교 박사논문, 2000, 94~136쪽 참조.

14) 최기숙, 『환상』, 연세대학교 출판부, 2003, 22쪽 참조.

이다.

고전소설은 현재와의 시간적 거리만큼 '낯선' 것이면서 또 그만큼 새로운 것이기도 할 것이다. 새로움은 미래에서만 오는 것이 아니라, 과거에서도 온다.16) 이는 최근 '스캔들', '왕의 남자', '음란서생' 등의 영화를 보면 쉽게 이해된다. 이 영화들은 오늘날의 상상과 욕망을 보다 자유롭게 풀어내기 위해 과거라는 낯설고 새로운 배경을 호명한 것이다. 이러한 측면에서 고전소설이 가지는 과거라는 배경은 '옛것', '고루한 것', '낡은 것'이라는 편견에서 벗어나 오늘날 현실에서 찾을 수 없는 몽환적이고 낭만적인 배경으로 전화(轉化)할 수 있다.17)

오늘날은 서사의 시대라고 할 만큼 이야기가 과잉 공급되는 시대이다. 그러나 문화콘텐츠의 내러티브로 적당한 이야기는 부족한 실정이다. 그렇기 때문에 다양한 서사의 기원으로서 고전소설이 지니는 원형성에 관심을 가져야 되고, 수많은 이야기의 난립 속에 우리의 정체성을 찾을 수 있는 고전소설의 가치에 주목해야 되는 것이다.

---

15) 세계에 대한 인식 행위의 문학적 형상화 방식으로 동원되는 환상의 내역은 역사적으로 재생산되었으며, 때에 따라서는 양식화된 형태가 문학의 하위 장르로 정착하기도 했다. 고대의 신화와 전설, 민담을 비롯하여 이것에 상상력의 뿌리를 두고 있는 각종 동화들, 서양에서의 고딕, 추리, SF, 경이와 괴기의 장르들, 중국의 志怪, 傳奇, 神魔, 한국에서의 神仙과 異人談, 傳奇, 夢遊錄, 英雄小說, 환타지 소설 등이 그 예이다(최기숙, 『환상』, 연세대학교 출판부, 2003, 34~35쪽).

16) 서인석, 「고전산문 연구와 국어교육」, 『고전소설 교육의 과제와 방향』, 한국고소설학회, 2005, 35쪽.

17) 최근 환타지 소설이나 게임에서 서양 중세를 배경으로 한 것들이 늘고 있는 추세이다. 분명 '반지의 제왕'이나 '리니지'는 상상력의 원천으로 중세와 고전을 활용하고 있다.

3. 오늘날 고전소설 교육의 상황과 전환의 방향

현재 대학에서의 교육은 전적으로 이론 중심의 일방적인 지식 전달 방식을 통해 전수되고 있는 실정이다. 21세기를 맞이하여 급변하는 세계정세와 산업구조 등에 비추어 볼 때, 이론 중심의 지식 습득 방법은 대학생으로 하여금 새로운 시대 변화에 능동적이고 효율적으로 참여하게 하는데 많은 문제점이 있다. 특히 인문학 계통은 자연 과학 계통에 비해 상대적으로 실습이 없는 이론 중심의 교육으로 이루어지고 있다.[18] 기존의 고전소설 교육 역시 이론 중심 교육의 범주를 벗어나지 못하고 있는 실정이다.

대학에서 고전소설 교육은 설화(說話)와 '전(傳)' 등 인접 장르와의 관련성을 통해 고전소설의 형성요인, 역사적 변모양상, 유형적 특징, 중심사상, 작가의 생애 등을 탐구하여 고전소설의 문학적 의의와 가치를 드러낼 수 있는 기본지식을 쌓는 것을 목적으로 한다. 이를 위해 기본 작업으로서 작품 강독을 하고, 작품에 대한 배경지식(사회적 배경, 작가, 유통구조 등)을 학습하고, 이를 토대로 작품에 대한 감상과 비평한 후, 한 작품이 다른 작품과 어떠한 관계를 형성하는가 하는 문학사의 총체적 구조를 파악하는 과정을[19]

---

18) 이찬욱, 「고전문학과 문화콘텐츠의 연계방안 연구」, 『우리문학연구』 18, 우리문학회, 2005, 242~243쪽.
19) 수용자를 중심으로 한 반응 중심 교수-학습 모형의 수업단계는 다음과 같다(경규진, 「반응 중심 문학교육의 방법 연구」, 서울대학교 박사논문, 168~169쪽).
　　1단계: 텍스트와 학생의 거래 → 반응의 형성
　　　　(1) 작품읽기
　　2단계: 학생과 학생 사이의 거래 → 반응의 명료화
　　　　(1) 반응의 기록
　　　　(2) 반응에 대한 질문
　　　　(3) 반응에 대한 토의(또는 역할 놀이)

수행한다. 이것은 그동안 학계에서 합의한 고전소설 교육의 위상20)
과 맞물린 교육방식이다. 실제 대부분의 대학의 국어국문학과에서
는 고전소설강의21)를 이와 같은 방식으로 진행하고 있다.

그러나 이론 중심의 고전소설 강의는 고전소설이 가지는 이야기
로서의 매력을 드러내기에 적절치 못하다. 오히려 고전소설이 가지
는 표기상의 이질감과 과도한 '고전(古典)'과 '인문주의(人文主義)'에
대한 강조로 인하여 학생들에게 낯설고 어려운 분야라는 선입견을
조장한다. 고전소설의 생동감 있는 내러티브를 부각시키고, 이를

---

      (4) 반응의 반성적 쓰기
   3단계: 텍스트와 텍스트의 상호관련 → 반응의 심화
      (1) 작품의 연결
      (2) 텍스트 상호성의 확대
   * 태도 측정

20) 고전소설 교육의 위상으로는 아래의 5가지를 들 수 있다(김종철, 『고전소설 교육
    의 과제와 방향』, 한국고소설학회, 2005, 22~23쪽).
    ① 근대 교육으로서의 고전소설교육
    ② 인문교육으로서의 고전소설교육
    ③ 민족문화교육으로서의 고전소설교육
    ④ 문학예술교육으로서의 고전소설교육
    ⑤ 국어교육으로서의 고전소설교육

21) 고전소설 관련 교과목 개설 현황(김기형, 「대학 고전소설 교육의 현황과 전망」,
    『고전소설 교육의 과제와 방향』, 한국고소설학회, 2005, 411쪽)은 다음과 같다.

교과목명	개설학교 수
고전소설론	55
고전소설강독	24
고전소설의 이해	13
한국고전소설연구	2
한국고전소설	2
한국고전소설사	2
한국고전소설 찾아가기	1
고소설 산책	1
고소설 작가론	1
한국고전소설작품론	1
한국고소설의 탐구	1
고전소설 바로알기	1

현재적 관심으로 전환시키는 것이 멀티미디어 시대 문화콘텐츠 산업의 소재로서 고전소설 교육에 시급하게 요청되는 것이다.

고전소설을 이론 중심의 학적 연구대상에서 이야기가 있는 문학이라고 인식을 변화시키는 것은 일차적으로는 학생들에게 문학을 향유하는 즐거움을 주는 것이다. 여기서 수용자인 학생들이 고전소설이 가지는 이야기의 현재성을 발견하고 한국적인 전통문화를 융합하는 중심축으로 활용하는 것은 이차적으로 수용자가 창작자로 전환하여 고전소설을 멀티미디어에 싣기 적합한 상태로 재가공하는 것이다.

사실 고전소설의 다양한 이본(異本)의 존재를 생각해보면 이러한 방식으로 소설을 향유하는 것은 낯선 일이 아니다. 고전소설의 다양한 이본은 원전을 왜곡·변형하여 작품을 훼손시키는 것이 아니라 이본의 개작자가 수용자이면서 비평가로 그리고 다시 작가로 거듭나며 작품을 재창조하는 적극적인 향유방식인 것이다.[22]

이렇게 고전소설을 향유하는 것은 자기화를 중심으로 한 읽기의 과정으로 문학 작품을 자기 자신 내부로 내면화하는 방법이기도 하다.[23] 즉, 고전소설을 내러티브 위주로 교육하는 것은 즐겁게 작품을 읽으면서 작품 이해를 심화하는 방법이자 고전소설에서 문화원형 소재를 발굴하여 변화하는 시대의 흐름에 부합하는 것이다.

---

22) 고전소설의 이본처럼 독자 혹은 향유자가 적극적으로 작품에 개입하는 것은 방식은 오늘날 시청자의 요청으로 인해 드라마의 결말이 바뀐다든가 인터넷 소설에서 이어쓰기 방식 혹은 공모에 의한 결말맺기 방식을 취하는 것과 상통하는 것이라 할 수 있다.

23) 자기화 과정으로서의 문학 작품 읽기는 끊임없이 자기 자신과 문학 작품 사이의 거리를 조율하고, 자신을 둘러싼 문화 현실과 문학 작품을 조응시키는 과정이기도 하다(서유경, 『고전소설교육 탐구』, 박이정, 2002, 228~229쪽).

4. 멀티미디어 시대에 부합한 고전소설 교육의 새로운 모색

1) 현재성을 강조한 텍스트 읽기

고전소설을 박제화된 것으로 인식하지 않고 생동하는 이야기로 재인식하기 위해서는 뒤집어 보기를 통해 소설의 배경과 설정이 가지는 의미를 이해시키는 것이 중요하다. 특히 인물, 갈등, 사건 등을 현대적 시각에서 재해석하는 것은 소설의 의미를 심층적으로 이해하는 방식이다. 아래의 〈표 3〉[24]은 실제 중앙대학교 국어국문학과 고전소설론 강의에서 학생들에게 과제로 제시된 사항이다.

〈표 3〉 작품분석에 현재적 시각을 부여하기 위한 다양한 방식의 텍스트 읽기

〈숙향전〉 일일드라마를 가정한 시놉시스
〈구운몽〉 영화화를 가정한 인물 캐스팅
〈사씨남정기〉 이혼 소송
〈창선감의록〉 악인의 일기
〈춘향전〉 방자의 편지
작중 인물에게 편지 보내기
연애하고 싶은 남자/여자, 결혼하고 싶은 남자/여자
작중 인물이 다른 작중 인물에게 편지쓰기
(예: 이생규장전의 이생이 구운몽의 양소유에게)
옹녀와 이몽룡은 사랑할 수 없을까!!
(혹은 유충렬과 홍계월이 만나 사랑을 이룰 수 있을까? 등)
익숙한 서양 인물이 우리 고전소설에 등장한다면…
(예: 로빈훗이 홍길동전에 등장한다면)

---

24) 아래의 과제와 같은 고전소설의 개작과 재해석은 이전에 권순긍에 의해 시도된 바 있다. 이러한 시도는 고전소설의 현재성에 대하여 재조명하는 것으로 지속적으로 논의를 확장할 필요가 있다고 여겨진다(권순긍, 『우리소설 토론해봅시다』, 새날, 1997).

위의 과제들은 오늘날의 시각으로 작품을 다시 읽는 것을 목적으로 한 것이다. 〈사씨남정기〉 이혼소송을 예를 들면 다음과 같다. 이혼법정 드라마 '사랑과 전쟁'처럼 〈사씨남정기〉 작중 인물 각각의 입장에서 이혼 소송을 한다. 사씨가 유연수에게 소송을 제기할 수도 있고, 유연수가 교씨에게 이혼을 요구할 수도 있을 것이다. 이러한 선택은 전적으로 학생들의 몫이다. 학생들은 재해석을 통해 작중인물을 자기화함으로써 작중 인물이 벌이는 사건과 행위에 대한 이해를 심화할 수 있다.

〈창선감의록〉의 경우는 악인의 입장에서 일기를 써오라는 과제를 부여하였다. 〈창선감의록〉은 선한 주인공과 악한 반동 인물 간의 윤리적 갈등이 일어나는 작품이다. 학생들은 반동인물인 화춘, 조녀, 범한, 장평 등의 입장에서 왜 악행을 저지를 수밖에 없었는지 자신이 그 인물이 되어 일기를 쓰는 것이다. 이러한 과정을 통해 악인이 저지르는 악행에 대한 당위성과 인간이 제도를 통해 규정한 선악(善惡)에 대해 고민하게 된다.

국어국문학과 학생 및 국어국문학 관련 교과에 관심이 많은 학생들 대부분은 TV드라마, 영화 등 영상 서사물의 시나리오에도 지대한 관심을 가지고 있다. 또한 고전소설의 서사적 특성 상 TV드라마, 영화 등 영상 서사물의 소재로 적합하다. 따라서 고전소설을 소재로 시나리오 및 시놉시스 작성 혹은 제작에 대한 기획 제안서를 프리젠테이션하는 과제를 부여하였다. 그 중 〈숙향전〉, 〈최척전〉 등 사랑과 이별을 소재로 한 고전소설을 현대적으로 각색하여 일일드라마의 시놉시스를 작성하는 과제와 〈구운몽〉의 작중인물을 영화화를 가정하여 최근 인기 있는 배우들로 캐스팅하는 과제는 학생들의 큰 호응을 얻고 있다(〈표 4〉25)).

〈표 4〉 영화화를 가정한 〈구운몽〉 인물의 캐스팅

작중인물	배우	작중인물	배우
양소유	차승원		
정경패	이영애	이소화	한가인
진채봉	전도연	가춘운	박은혜
계섬월	김민정	적경홍	하지원
심요원	하지원	백능파	구혜선

위의 결과를 보면 학생들이 가지는 구운몽의 주요 등장인물에 대한 이미지를 한눈에 알 수 있다. 요즘 학생들은 바람둥이 기질이 다분한 양소유 역에는 건들거리면서도 진지한 이미지를 가진 배우 차승원이, 정경패, 이소화 역에는 단아하면서도 고급스러운 분위기의 이영애, 한가인이 적당하다고 생각한 것이다. 그 외에 여주인공 곁에서 보조적인 역할을 하는 착한 여자 가춘운 역에는 '대장금'에서 연생이 역을 맡았던 박은혜를 떠올렸고, 낙양 명기 계섬월 역에는 음란서생'에서 요염한 자태를 선보였던 김민정을 선택하였다. 그리고 학생들은 '다모'에서 여자 검객으로 출연한 하지원의 이미지를 작중 여자 자객인 심요원 역에 적합하다고 여겼다.

이와 같이 과거 고전소설의 인물을 오늘날의 배우의 이미지를 통해서 파악하는 것은 학생들이 작품에 보다 쉽게 접근할 수 있게 하고, 작중인물의 성격을 외부의 편견 없이 주체적으로 파악할 수 있게 한다. 또한 고전소설에 등장하는 인물들에게 현재성을 부여하여 과거의 박제된 인물이 아닌 우리 주변에서 살아 숨 쉬는 인물이라는 것을 느낄 수 있도록 한다. 이러한 방식은 아래와 같은 방식의

---

25) 이 통계는 2005년과 2006년 중앙대학교 고전소설론 수강생을 대상으로 한 과제를 분석한 것이다.

설문과 과제를 통해서 더욱 확장할 수 있다(〈표 5〉26)와 〈표 6〉27)).

〈표 5〉 고전소설에 등장하는 인물의 매력도

구분	인물	이유
결혼하고 싶은 이성	이생	한 여자에 대한 지고지순한 사랑
연애하고 싶은 이성	양소유	매력적인 바람둥이
친한 친구−동성	홍계월	적극적이고 당당함
최고의 직장상사는	홍계월	능력 있고, 추진력이 뛰어남
필요한 부하직원은	자라	맹목적인 충성심
환생한다면 누구로	숙영	아름다운 사랑을 소망함
인간관계 맺기 싫은 동성	애랑	자신의 이익에 따라 친구를 이용할지 모름
인간관계 맺기 싫은 이성	변강쇠	게으르고 남에 대한 배려 부족, 터무니없는 저주

〈표 6〉 고전소설에 등장하는 인물의 매력도 순위

구분	작중 인물(득표)		
결혼하고 싶은 이성	이생(9)	이몽룡(7)	백선군(6)
연애하고 싶은 이성	양소유(11)	이몽룡(8)	이생(7)
친한 친구−동성	홍계월(6)	배도(5)	가춘운(4)
최고의 직장상사는	홍계월(6)	유충렬(5)	임경업(4)
필요한 부하직원은	자라(13)	화진(5)	심요원(4)
환생한다면 누구로	숙영(6)	정경패(5)	춘향(5)
인간관계 맺기 싫은 동성	애랑(9)	옹녀(6)	선화(5)
인간관계 맺기 싫은 이성	변강쇠(17)	양소유(5)	배비장(3)

고전소설론에 등장하는 인물을 학생들의 눈높이와 오늘날의 상

---

26) 이 설문을 2006년도에 중앙대학교 국어국문학과 고전소설론을 수강한 학생들을 대상으로 한 것이다.

27) 이 설문의 결과는 여학생의 응답 결과만을 가지고 분석한 것이다. 남학생을 대상으로 한 통계가 빠진 까닭은 2006년 현재 중앙대학교 국어국문학과 고전소설론을 수강 학생들 중 여학생이 다수이고, 남학생의 설문 결과가 통계 결과로 정리하기 곤란하게 분포되었기 때문이다.

황에 맞추어 평가하는 것은 그 인물들의 성격이 현재에도 유효하다는 것을 전제로 한 것이다. 이러한 인물에 대한 분석은 학생들이 고전소설에 등장하는 인물을 보다 친숙한 방식으로 이해하는 방법이다. 또한 다양한 인간(人間) 군상(群像)에 대해 탐구하도록 자극하여 하나로 재단하기 어려운 인간의 다층적 성격을 고민하도록 유도하는 것이다.

이와 같은 방식으로 고전소설을 감상하는 것은 작품에 대한 심도있는 이해와 더불어 시대의 변화에 관계없이 작품이 가지는 변하지 않는 갈등요인과 흥미요소를 파악하기 위해서이다. 강의 종료 이후 학생들과의 상담을 통해 과제를 수행하기 위해 학생들이 작품을 여러 번 읽었음을 실제로 확인할 수 있었고, 고전소설의 가치와 재미에 대해 새롭게 인식하였음을 알 수 있었다.

2) 다양한 매체에 부합할 수 있도록 스토리텔링하기

멀티미디어 시대에 부합한 고전소설 교육의 새로운 모색을 위해서 앞서 현재성을 강조한 텍스트 읽기에 대해 살펴보았다. 이는 변화하는 시대 흐름에 맞게 고전소설이 가지는 미적 가치와 흥미요소를 파악하기 위한 작업의 일환이라 할 수 있다. 그렇다면 본격적으로 변화한 매체환경에 맞도록 고전소설을 교육하기 위한 방법에 대해 고민해야 할 것이다. 이에 대해서는 이론적인 측면보다는 실습과 실기를 위주로 한 교육이 병행되는 것이 그 해답이라 생각한다.

그러나 현실의 상황은 결코 녹록치 않다. 대학에서 학부제의 실시와 전공필수과목의 폐지, 전공이수학점의 하향 조정(54학점에서

36학점으로) 등으로 고전소설 관련과목은 위축된 것이 현실이다. 더욱이 실습과 실기를 병행하기 위해서는 적절한 규모로 수업인원이 제한되어야 하지만 현재로서는 요원한 일이다.

이러한 현실에서 선택한 방법이 모둠별 발표이다. 각 모둠별로 작품은 선정해주고 멀티미디어시대에 맞게 고전소설을 재해석하여 드라마 대본, 영화 시나리오 시놉시스, 뮤직비디오 시나리오, 연극 대본, 게임시나리오(보드게임 포함), 광고 아이템 등으로 만들어오도록 하였다. 학생들이 수업시간에 발표하고 과제로 제출한 대표적인 사례를 제시하면 다음과 같다.

〈그림 1〉 만화로 재해석한 사씨남정기

〈그림 2〉 흥부전을 소재로 광고 기획

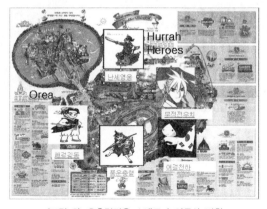

〈그림 3〉 유충렬전을 소재로 놀이동산 기획

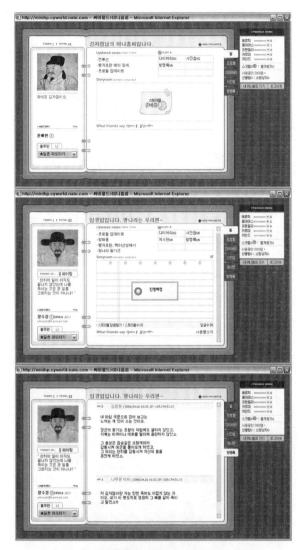

〈그림 4〉 임경업전 등장인물의 싸이월드 미니홈피

〈그림 1〉은 〈사씨남정기〉를 만화로 재해석한 것이다. 〈사씨남
정기〉에서 사씨가 아이를 갖지 못하자 남편 유연수에게 첩을 권하
는 부분을 '대리모'라는 현대적 장치로 바꾸어 만화라는 매체로

표현한 것이다. 〈그림 2〉는 〈흥부전〉에서 흥부가 놀부 아내에게 주걱으로 뺨을 맞는 장면을 모티브로 하여 광고를 기획한 것이다. 얼마 전 〈토끼전〉을 모티브로 한 간에 좋은 요구르트 광고가 실제 제작되어 좋은 반응을 얻었다. 이러한 고전소설을 재해석한 광고 기획은 지금 당장 광고시장에서 호응을 받을 수 있는 콘텐츠라는 것을 알 수 있다.

〈그림 3〉은 영웅소설을 소재로 놀이동산을 기획한 것이다. 우리가 잘 아는 〈홍길동전〉, 〈전우치전〉, 〈유충렬전〉, 〈홍계월전〉의 이야기를 놀이동산의 소재로 삼은 것이다. 현재 지방자치단체에서 고전소설을 관광자원화하려는 시도가 있다. 이러한 기획과 발상은 산업적으로 충분히 활용가능한 것이라 할 수 있다. 〈그림 4〉는 〈임경업전〉 등장인물의 싸이월드 미니홈피이다. 〈임경업전〉의 주요 등장인물인 임경업과 김자점의 미니홈피를 실제 제작한 것이다. 이 미니홈피에는 각 인물들의 프로필, 사진첩, 일기, 방명록이 작품의 상황과 관련되어 작성되어 있다. 특히 방명록은 당대 독자들이 〈임경업전〉 이본(異本)의 후기(後記)에 자신의 감정을 토로한 것을 바탕으로 재구성되어 있다.

이와 같이 학생들이 직접 고전소설을 소재로 하여 새로운 문화 콘텐츠를 제작하여 다양한 매체에 구현하는 것28)은 고전소설 자체에 대한 이해를 심화하는 효과와 더불어 문화적 감각의 체득과 진로개발에도 도움이 된다. 특히 고전소설을 기반으로 인터넷, 동영상, 애니메이션 등 새로운 매체를 통해 콘텐츠를 구현하는 것은

---

28) 위에 예시한 것 외에도 뮤직비디오, 드라마, 영화의 시나리오 및 시놉시스 등 여러 편이 제출되었으나 영상매체인 관계로 지면에서 설명하기 곤란하여 생략하였다.

인문학을 기반으로 예술, 문화, 정보기술 등 다양한 인접학문을 융합하는 것이다. 이는 새로운 시대가 요구하는 통합지향형 교육이며 고전소설이라는 전통을 토대로 새로움을 추구하는 긍정적 발전방향이라 할 수 있다.

5. 한계, 그리고 전망

지금까지 멀티미디어 시대에 부합하는 문화콘텐츠의 창작소재로서 고전소설을 재인식하기 위한 고전소설교육방법의 모색과 전환에 대하여 살펴보았다. 새로운 시대, 변화하는 환경에 적응하기 위하여 우선 고전소설의 현재성을 강조하는 텍스트 읽기 방법을 개발해야 한다. 이는 변화하는 시대 흐름에 맞게 고전소설이 가지는 미적 가치와 흥미요소를 파악하기 위한 작업의 일환이라 할 수 있다. 다음으로 이를 토대로 변화한 매체환경에 맞도록 실습과 실기를 위주로 한 고전소설 교육으로 전환하여야 한다.

그러나 이러한 고전소설 교육이 순탄한 것만은 아니다. 소설은 인간이 자기 세계를 꾸미는 방식이며, 자기 세계에 의미를 부여하는 방식이다. 따라서 고전소설에는 조선 사람들이 민감하게 반응했던 여러 문제들이 나타난다. 고전소설 속에 보이는 당대인들이 절실하게 느낀 문제는 신분차이, 혈통, 적서차별 등이다. 그러나 이러한 문제들은 지금 젊은 세대에게 공감을 불러일으키지 못하고 있다.

또한 많은 학생들이 고전소설론 강의 전에 고전소설은 '천편일률적인 결말, 지루한 이야기, 전형적 인물'이라는 편견을 가지고 있다. 게다가 수업이 진행되면서 접하는 고전소설의 이질적 표기 형태와 생경한 어투는 고전소설을 더욱 멀리하게 되는 원인이 된다. 일부 젊은 학생들에게는 외국소설보다 낯선, 완전한 번역이 필요한 낯선 문화29)일 수도 있다. 더욱이 대학에서 고전소설 교육의 축소 경향이 나타나고, 강독 과목의 경우에는 탈락한 예가 많다. 고전소설에 대한 오해를 불식시키고 새로운 가치를 부여할 기회 자체가 줄어들고 있는 것이다.

그렇지만 넘쳐나는 이야기의 홍수 속에서 삶의 진정성과 보편성을 담지해줄 이야기의 원천으로 고전소설의 가치는 사라지지 않는다. 따라서 학생들과 대중들이 보다 용이하게 고전소설에 접근할 수 있도록 하는 것이 필요하다. 원전에 대한 주석과 강독뿐만 아니라 현대역과 본 내용을 벗어나지 않는 한도에서의 윤색과 각색이 필요한 것이다. 이러한 작업들이 진행된다면 고전소설이 가지는 가치와 흥미가 문화콘텐츠의 소재로 활용되어 다양한 매체를 통해 구현될 것이다.

---

29) 정병설, 「대학 고전소설 교육의 현실, 방향, 과제」, 『고전소설 교육의 과제와 방향』, 한국고소설학회, 2005, 396쪽.

제2부

자연과 생명에 대한 새로운 신화 애니메이션 〈오늘이〉

1. 〈원천강본풀이〉를 소재로 한 애니메이션 〈오늘이〉

이성강 감독의 애니메이션 〈오늘이〉는 제주도 무속신화인 〈원천강본풀이〉를 원작으로 삼아 새롭게 스토리텔링 한 작품이다. 〈원천강본풀이〉는 현재 제주도 굿의 의례에서 연행되지 않고 채록된 자료도 빈약한 이유로 활발히 연구되지 않고 있는 무속신화이다. 그렇지만 〈원천강본풀이〉에 나타나는 구복여행담과 사계절이 공존하는 '원천강'이라는 독특한 공간 설정은 오늘날에도 매력적인 소재로 여겨져 동화, 애니메이션, 음악극 등으로 활발하게 변용되고 있다.1)

---

1) 〈원천강본풀이〉를 소재로 한 동화로는 『우리가 꼭 알아야 할 우리 신화』(서종오, 현암사, 2003), 『계절을 여는 아이, 오늘이』(초록인, 교학사, 2005), 『오늘이』(서종오 글, 조수진 그림, 봄봄, 2007), 『오늘이』(허난희 글, 정승환 그림, 키움, 2008), 『사계절의 신, 오늘이』(유영소, 한겨레아이들, 2009) 등이 있고, 공연 작품으로는 어린이 음악극 〈춘하추동 오늘이〉(극단 신화세상, 2004), 〈오늘이〉(조태준 극복,

애니메이션 〈오늘이〉는 신화에서 모티브를 차용했지만 현대의 시각에서 그 내용을 새롭게 재해석하였다. 이 작품은 비록 16분이라는 짧은 내용이지만 오늘날 현대인들이 상실한 선험적 고향을 '원천강'으로 형상화하고 인간이 추구해야 할 행복의 가치를 드러내고자 하였다.

최근 들어 〈오늘이〉의 가치를 주목하는 연구가 지속적으로 발표되고 있다. 조미라는 〈오늘이〉를 중심으로 신화적 모티브를 소재로 한 애니메이션에서 신화적 소재의 이미지화 보다 신화가 지닌 '인류 보편성'의 주제를 현대적 시각으로 재해석 하는 작가의식이 중요하다고 주장하였고, 〈오늘이〉에는 영원성과 순환성이라는 신화적 세계관이 현대적 가치와 접목되면서 신화적 상상력을 보여주고 있다고 하였다.[2]

김명석은 영상매체를 활용한 문학논술 지도 방안을 논하면서 〈오늘이〉를 감상한 사례를 제시하였다. 여기에서 원전인 신화가 그렇듯 원천강을 찾아가는 여행의 서사는 자기의 근원을 찾아가는 이야기로서 여행의 목적지가 중요한 것이 아니라 여행이 과정에서 자신을 발견하는데 그 의미가 있다고 분석하였다.[3]

김유진은 〈오늘이〉는 신화의 핵심적 의미와 상징을 깊이 있게 이해한 후 현대적으로 해석해 낸 작품으로 신화와 근대적 인식이 만난 새로운 지점을 형성했다고 평가하였다. 〈오늘이〉는 이야기

이병훈 연출, 2009), 창작발레 〈시간의 꽃, 오늘〉(김순정 발레단, 2008) 등이 대표적이다.

2) 조미라, 「애니메이션에 나타난 신화적 상상력: 애니메이션 〈오늘이〉를 중심으로」, 『한국콘텐츠학회논문지』 7(2), 한국콘텐츠학회, 2007, 237~245쪽.

3) 김명석, 「영상매체를 활용한 문학논술 지도 전략」, 『우리문학연구』 28, 우리문학회, 2009, 233~259쪽.

주제를 '행복'이라는 현대에 걸맞는 코드로 치환시키고 자기희생이 행복의 열쇠라는 사실을 전하고 있으며, 욕심을 버린 자기희생이 문제를 해결할 수 있는 방법이라는 이야기의 핵심 내용은 전통적 인간관에서 벗어나 근대적 인간관을 제시한 것이라고 주장하였다.[4]

이종호는 〈원천강본풀이〉와 〈오늘이〉는 차이화를 통해 반복되는 우리의 이야기라는 점에 주목하였다. 그는 굿과 계열화하여 궁극적으로는 신과 접속하고, 이를 통해 인간계의 제재초복(除災招福)을 발원하고자 하는 무가 〈원천강본풀이〉와 이를 다시 다양하게 차이화하여 관객 지향적인 애니메이션과 계열화함으로써 오락과 인간적 가치의 생성을 꾀하는 영상예술 〈오늘이〉는 각기 다른 의미를 생성한다고 하였다. 즉, 〈원천강본풀이〉는 무(巫)를 세습하는 입무의례인 강신제의 내림굿에서 구연되었을 개연성이 높은 서사무가이고, 〈오늘이〉는 인간적 가치의 기원과 현대의 과학적 신화를 회의하게 하는 애니메이션이라는 것이다.[5]

이와 같은 〈오늘이〉에 대한 기존 연구는 원작인 〈원천강본풀이〉가 지닌 신화적 세계관이 어떻게 애니메이션에 수용되었고, 〈오늘이〉에 새롭게 재현된 원천강과 행복의 의미가 무엇인지 밝히고자 한 것이었다. 선행 연구의 논의는 〈오늘이〉의 서사적 가치를 드러내고 신화적 세계관이 현대 사회에도 유효하다는 시각을 드러낸 의의를 가진다. 그러나 〈오늘이〉에 나타난 인간과 자연의

---

4) 김유진, 「〈원천강본풀이〉의 신화적 성격과 현대적 변용 양상」, 『아동청소년문학연구』, 한국아동청소년문학학회, 2010, 375~402쪽.

5) 이종호, 「서사무가 〈원천강본푸리〉와 애니메이션 〈오늘이〉 비교 연구」, 『온지논총』 27집, 온지학회, 2011, 193~230쪽.

관계, 자연과 생명의 의미에 주목한 연구는 없었다. 선험적 고향으로 형상화된 원천강, 원천강의 파괴와 회복 과정은 물질문명을 중시하고 자연을 탐욕의 대상으로 바라보는 오늘날 우리에게 많은 시사점을 던진다.

〈오늘이〉에 나타난 자연과 생명에 대한 문제의식을 탐구하기 위하여 우선 원작인 〈원천강본풀이〉의 서사적 특징과 오늘날에도 유효한 가치를 분석한다. 그리고 원작 신화가 애니메이션으로 수용되면서 변화하는 지점을 살펴보고, 애니메이션 〈오늘이〉에 나타난 자연과 생명을 고찰하고자 한다. 이를 통해서 〈오늘이〉가 인간과 자연이 분리되고, 독점과 소유의 비대칭적인 현대 사회의 삶을 극복하고자 하는 새로운 신화적 대안임을 밝히고자 한다.

2. 〈원천강본풀이〉의 서사적 특징과 가치

애니메이션 〈오늘이〉의 원작인 〈원천강본풀이〉[6]는 제주도 무

---

6) 〈원천강본풀이〉라는 제목으로 전승하는 자료는 두 가지가 있다. 하나는 赤松智城·와 秋葉隆에 의해 채록된 〈박봉춘본〉과 1950년 진성기에 의해 채록된 〈조술생본〉이다. 그런데 이 두 자료는 같은 작품의 각 편이라 하기에는 내용이 상이하다. 이 글의 논지는 신화의 재해석에 초점이 맞추어져 있기 때문에 자료에 대한 자세한 분석은 생략하고 애니메이션의 원작인 〈박봉춘본〉을 대상으로 논의를 진행한다.
  〈박봉춘본〉과 〈조술생본〉에 대한 자세한 연구는 아래 논문을 참조.
  강권용, 「제주도 특수본풀이 연구」, 경기대학교 석사논문, 2002, 1~85쪽; 고은임, 「원천강본풀이 연구」, 『관악어문연구』 35집, 서울대 국어국문학과, 2010, 203~205쪽; 김혜정, 「제주도 특수본풀이 〈원천강본풀이〉 연구」, 『한국무속학』 20, 한국무속학회, 2010, 251~277쪽; 이수자, 「무속신화 원천강본풀이의 신화적 의미와 위상」, 『남도민속학의 진전』, 태학사, 1998, 796~798쪽.

속신화로 적송지성(赤松智城)·추엽융(秋葉隆)이 채록하고 소개하였다.[7] 애니메이션 〈오늘이〉가 신화를 어떻게 수용하고 변용하였는지 분석하기 위하여 순차단락을 자세히 서술한다.

① 강림들에서 옥 같은 계집애가 나타났는데, 학이 보호하여 살았다.
② 세상 사람들이 소녀에게 이름과 나이를 물었으나 알지 못하여 '오늘'이라는 이름을 지어준다.
③ 오늘이가 이리저리 떠돌다가 박이왕의 어머니인 백씨부인에게 자신의 부모국이 원천강이라는 말을 듣고 원천강을 찾아갈 방법을 물으니 백씨부인이 백사가의 별층당 위에 홀로 글을 읽는 장상을 찾아가서 방법을 물어보라고 한다.
④ 오늘이가 별층당의 장상이에게 원천강으로 가는 길을 인도 받고, 한편으로 장상이가 왜 자신이 밤낮 글만 읽고 외출하지 못하는지 이유를 물어봐 달라고 부탁받는다.
⑤ 오늘이가 연화못가의 연꽃나무에게 원천강으로 가는 길을 묻자, 연꽃나무는 상가지에만 꽃이 피고, 다른 가지에는 피지 않는지 물어 달라고 하면서 청수와당이라는 큰물에 있는 천하대사(天下大蛇)에게 물어보라고 가르쳐 준다.
⑥ 오늘이가 청수아당가에서 천하대사(天下大蛇)를 만나 원천강으로 가는 길을 묻자, 큰 뱀이 오늘이에게 다른 뱀들은 야광주를 하나만 물어도 용이 되어 승천하는데 자신은 야광주를 셋이나 물어도 용이 되지 못하는 이유를 물어달라고 하며, 오늘이를 등에 태워 청수바다를 건넌다. 매일에게 원천강 가는 길을 물어보라고 알려준다.

---

7) 赤松智城·秋葉隆, 심우성 역, 『조선 무속의 연구』, 동문선, 1991, 292~299쪽.

⑦ 오늘이가 매일이를 만나 원천강으로 가는 길을 알려달라고 하자 매일이가 울고 있는 시녀에게 물어보라고 하면서 원천강에 가서 항상 글만 읽고 있는 자신의 팔자를 물어달라고 부탁한다.

⑧ 오늘이가 시녀들을 만나 울고 있는 이유를 물으니 그들은 자신들이 옥황의 시녀로 죄를 지어 물을 다 퍼내야 옥황으로 올라갈 수가 있는데, 바가지에 큰 구멍이 나 물을 퍼낼 수가 없다고 하소연한다.

⑨ 오늘이가 옥정당풀과 송진을 이용하여 바가지의 구멍을 막고 옥황상제에게 축도한 후, 물을 푸니 순간에 그 물이 말라붙는다. 시녀들이 기뻐하며 오늘이를 원천강으로 인도한다.

⑩ 오늘이가 원천강에 도착하지만 문지기가 문을 열어주지 않는다. 오늘이가 자신의 처지를 한탄하며 운다.

⑪ 문지기가 오늘이의 처지를 동정하여 부모궁으로 올라가 이 사실을 알리자 오늘이의 부모가 오늘이를 들어오게 한다.

⑫ 오늘이는 학과 함께 자라던 내력과 원천강까지 오게 된 경위를 말하자 오늘이의 부모는 자기 자식이 분명하다고 한다.

⑬ 부모는 오늘이를 낳던 날 옥황상제가 원천강을 지키라는 명을 내려 어쩔 수 없이 이곳에 오게 된 것이라고 사연을 이야기하고, 춘하추동 사계절이 모두 있는 선계(仙界)인 원천강을 구경시켜 준다.

⑭ 오늘이는 돌아가겠다고 말하며 도중에 부탁받은 일을 말하니, 부모는 장상이와 매일이는 부부가 되면 만년영화를 누릴 것이고, 연꽃나무는 상가지의 꽃을 따서 처음 만나는 사람에게 주면 다른 가지도 만발할 것이며 큰 뱀은 야광주 두 개를 버리고 하나만 가지면 용이 될 수 있으며, 오늘이는 연꽃나무의 상가지 꽃과 큰 뱀의 야광주를 받으면 신녀(神女)가 되리라는 것을 알려준다.

⑮ 오늘이가 부모가 일러준 대로 해결 방법들을 알려주어 부탁받은 일

들을 해결한다.

⑯ 오늘이가 백씨 부인을 찾아가 감사의 인사를 올린 다음, 그 보답으로 야광주 하나를 선사하고 옥황의 신녀가 되어 승천한다.

⑰ 승천한 오늘이는 상제의 명을 받들어 인간 세상으로 다시 내려와 절마다 다니면서 원천강의 목판을 등사하는 일을 맡는다.

〈원천강본풀이〉는 오늘이가 원천강이라는 신계(神界)로 부모를 찾아 떠나는 탐색담이다.8) 그 과정에서 장상이, 연꽃, 큰 뱀[大蛇], 매일이, 선녀 등을 만나며 원천강으로 가는 길을 묻고, 그들의 고민을 들으며 자신의 정체성을 찾아간다. 〈원천강본풀이〉 서사의 독특함과 매력은 첫째 부모찾기를 통한 자아찾기의 서사이고, 둘째 주인공과 원조자의 상생의 서사이며, 셋째 원천강이란 공간의 신비로움을 지적할 수 있다.

오늘이의 탐색담은 다른 이야기들과 차이를 가진다. 대부분의 탐색담에서는 주인공이 보물이나 복을 구하기 위한 미지의 세계로 떠나지만, 〈원천강본풀이〉에서는 오늘이가 자신의 근본을 찾아가는 여행이다. 오늘이는 자신이 어떻게 태어났는지 알지 못한다. 적막한 강림 들판에 외로이 솟아났을 뿐이다. 오늘이는 자신이 어디로부터 왔는지 알지 못하기 때문에 앞으로 어디로 갈지도 알 수 없다. 다만 오늘, 현재의 나만이 있는 것이다.9) 이러한 근본의

---

8) 탐색담은 주인공에게 결핍된 것을 찾기 위해 갖가지 시련을 극복해야만 하는 여행을 말한다. 일반적으로 '주인공이-결실물을 찾아-여행하는 도중-시련을 겪게 되지만-원조자의 도움으로 성공하는 구조를 지닌다(조희웅, 「설화와 탐색 모티프」, 『어문학논총』 5집, 국민대 어문학회, 1985, 53~65쪽).

9) 주인공의 이름이 '오늘'이라는 것은 바로 이러한 단절된 현재성을 상징적으로 보여주는 것이라 할 수 있다.

부재, 정체성 상실은 오늘이가 풀어야 할 과제이자 진정한 나를 찾는 과정이다. 그렇기 때문에 백씨부인이 오늘이에게 부모국은 원천강이라고 알려주자 오늘이는 주저 없이 부모를 찾아 길을 떠난다.

근대 이후 인간은 존재 근원에 대하여 회의하고 의심하였다. 더 이상 신의 섭리로 인간을 설명하기 어려워지면서 나의 근원은 어디이고, 앞으로 우리의 미래는 어디로 나갈 것인지 대답하지 못하게 되었다. 인간 존재에 대한 불안과 미래에 대한 불확실은 현재의 우리에게 결핍을 주지만, 반대로 결핍을 채우기 위한 여행을 떠날 수 있는 동력으로 작용하기도 한다. 인간은 어떠한 존재이고, 나는 누구인지 말 할 수 없을 때 자아를 찾는 여행에 대한 동경과 열망은 커질 수밖에 없다. 이러한 측면에서 오늘이의 자아찾기 여행은 현재의 우리에게도 절실한 여행이기에 현재적 가치를 지닌다고 할 수 있다.

〈원천강본풀이〉에 등장하는 원조자는 신의 세계인 원천강으로 가는 길을 알고 있는 신이한 존재이지만, 자신이 처한 문제 상황을 스스로 해결하지 못하는 불완전한 존재이기도 하다. 장상이는 자신이 밤낮 글만 읽으며 성 밖으로 나가지 못하는 이유를 알지 못하고, 상가지에만 꽃이 피는 연꽃은 가지마다 꽃을 피우지 못하는 것을 걱정하고, 큰 뱀은 여의주를 세 개나 가지고 있는데도 용이 되지 못하는 이유를 알고 싶어 하고, 매일이는 장상이처럼 글만 읽는 자신의 팔자를 궁금해 한다. 그리고 선녀들은 물을 풀 수 없는 구멍 난 바가지로 물을 퍼야하는 상황에 좌절하고 있다. 오늘이는 길을 인도받는 대가로 원천강에서 이들의 고민을 물어달라는 부탁을 받는다.

오늘이가 원천강에 도착하기 위해서는 장상이, 연꽃, 큰 뱀, 매일이, 선녀의 도움을 받아야 한다. 그런데 이 원조자들은 자신의 결핍된 상황을 해결하기 위해서는 오늘이의 신탁을 필요로 하는 존재들이다. 정체성이 결여된 오늘이와 각기 문제를 지닌 원조자들은 서로 돕고 협력하며 도움을 주는 관계를 형성한다.

이것은 문제 해결 방안에서도 나타난다. 홀로 책만 읽고 있던 장상이와 매일이는 서로 혼인하는 것으로 문제를 해결한다. 장상이와 매일이는 타인과 관계를 맺지 못하고 고립된 삶을 사는 개인을 상징적으로 보여주는 존재들이다. 이들이 행복해지기 위해서는 다른 사람과 관계 맺으면서 사람 속에서 행복을 찾아야 한다. 결국 이들의 혼인은 개인적 차원의 문제 해결을 넘어서 고립된 개인과 개인의 연대를 통한 상생의 삶을 지향하는 것이다.

연꽃과 큰 뱀의 문제 해결 방안은 가지고 있는 것을 버려야 하는 것이다. 연꽃이 가지마다 꽃을 피우기 위해서는 상가지의 꽃을 꺾어야 하고, 큰 뱀이 용이 되기 위해서는 구슬을 하나만 물고 나머지 둘은 버려야 한다. 연꽃과 큰 뱀이 버려야 하는 큰 꽃봉오리와 구슬 두 개는 무의미하게 버려지는 것이 아니다. 오늘이는 구슬 하나는 백씨부인에게 감사의 선물로 주고 연꽃과 나머지 구슬을 얻어 신녀가 된다.

〈원천강본풀이〉의 상생에는 희생과 나눔이 전제되어 있다. 큰 뱀이 자기 몫 이상의 구슬을 소유하고, 상가지의 꽃봉오리 하나가 나머지 꽃봉오리의 영양분을 독차지하는 것은 비정상적인 독점의 상태이다. 나의 욕심을 충족시키기 위해서 남이 사용해야 할 몫을 빼앗는 것이다. 서로가 공존하는 상생의 가치를 추구하기 위해서는 내 것이라고 여기는 것이 실상 다른 이들과 나누어야 할 공동의 소유라는 것을 깨달아야 한다. 〈원천강본풀이〉에서 보여주는 상생과 나눔의 미학은 물질에 대한 욕망이 과잉된 오늘날 우리에게 많은 시사점을 던지고 있다.

〈원천강본풀이〉에서 오늘이가 도달하고자 하는 '원천강'은 사계절이 모여 있는 시간의 근원이다.[10] 이는 사계가 존재하는 신의 공간을 의미하며, 반복의 원리가 존재하는 공간으로 인간과 동식물의 운명을 예측할 수 있는 공간이다.[11]

　　이리하야 구경이나 하라고 허니
　　만리장성 둘러 싸혼 곳에
　　곳곳마다 문을 열어 보앗다
　　보니 춘하추동 사시절이 모다 잇는 것이엇다[12]

원천강은 만리장성에 둘러싸여서 인간이 닿을 수 없는 곳이다. 그곳에는 사계절이 모두 함께 있다. 계절이 한 곳에 모여 있다는 것은 봄, 여름, 가을, 겨울이라는 시간의 흐름, 즉 인간이 시간에게 질서를 부여하기 이전의 태고의 시간임을 의미한다. 이렇게 시간을 품고 있는 공간은 인간의 영역이 아니라 신의 영역이다. 인간은 시간 앞에서 유한하고, 오로지 신만이 시간의 제약을 뛰어넘을 수 있다.

---

10) 〈원천강본풀이〉는 서사적으로 그 근거를 시간의 근원 '원천강'에 당도하여 시간의 비밀을 엿본 오늘의 여정에 둠으로써 단순한 무조신화가 아닌, '시간의 신'·'운명의 신'에 대한 신화로 확장될 수 있다(조흥윤, 「〈원천강본풀이〉의 서사에 나타난 '시간'의 의미 연구」, 『남도민속연구』 23집, 남도민속학회, 2011, 431쪽).

11) 김혜정, 앞의 논문, 256~258쪽.

12) 赤松智城·秋葉隆, 앞의 책, 298쪽.

'원천강'이라는 공간의 환상성은 도달할 수 없는 세계에 대한 인간의 열망이 표출된 것이고, 시간의 제약을 극복하고 인간의 운명이라는 신의 비밀13)을 알고자 하는 인간의 욕망의 표현이라 할 수 있다. 환상은 대중의 욕망과 관련을 가진다. 환상에 대한 충동은 권태로부터의 탈출, 놀이, 환영(幻影), 결핍된 것에 대한 갈망 등을 통해 현실에서 주어진 것을 변화시키려는 욕구에서 기인한다.14) 즉, 환상이란 현실의 제약에 대한 의도적인 일탈이자 유희인 것이다. 인간은 그 자신의 모순으로 인한 불완전성을 내재하고 있는 존재이다. 인간의 유한성은 항상 자신을 불안하게 만든다. '원천강'이라는 시간을 품은 공간에 대한 환상은 바로 시간의 한계라는 인간의 불완전성을 해소하려는 신화적 표현이라 할 수 있다.

〈원천강본풀이〉에 나타난 자아찾기의 서사, 상생의 서사, 공간의 환상성은 부계 중심의 건국신화와 다른 독특한 서사적 매력을 갖고 있으며, 신화적 상상력을 기반으로 현대 사회에서도 유효한 의미를 생성하고 있다. 이러한 〈원천강본풀이〉의 서사적 가치로 인해 오늘날에도 이 작품을 새롭게 스토리텔링한 다양한 문화콘텐츠가 등장하고 있는 것이다.

---

13) 무속경전인 원천강과 사계절의 근원인 원천강의 의미가 '시간'에 의해 서로 통한다. 시간이 모르는 일이 있을 리 없다. 아득한 옛일도 먼 훗날의 일도 시간의 품 안에 있다. 그러니 자연히 예언의 힘을 가지게 되는 것이다(신동흔, 『살아있는 우리신화』, 한겨레출판, 2007, 123쪽).

14) Hume, Kathryn, 한창엽 역, 『환상과 미메시스』, 푸른나무, 2000, 55쪽.

3. 신화의 수용과 변용

〈오늘이〉는 〈마리 이야기〉, 〈천년여우 여우비〉 등을 연출한 이성강 감독이 2003년 제작한 애니메이션이다. 이 작품은 자그레브 애니메이션 영화제 특별상(2004년), 동아·LG 애니메이션 단편 부분 대상(2004년)을 수상하였고, 안시 페스티벌, 브라질 국제 애니메이션 영화제, 대만 금마장 영화제 등에 초청되어 그 작품성을 인정받았다.

〈오늘이〉는 16분 정도의 짧은 분량이지만, 신화적 상상력과 현대적 가치를 접목시킨 탁월한 작품이라 할 수 있다. 〈오늘이〉의 서사 단위를 시퀀스 별로 나누어 보면 아래와 같이 정리할 수 있다.

① 원천강에서 행복한 오늘이
② 원천강에서 분리되는 오늘이
③ 오늘이와 매일이의 만남
④ 오늘이와 연꽃의 만남
⑤ 오늘이와 구름동자의 만남
⑥ 오늘이와 이무기의 만남
⑦ 이무기의 자기희생과 용으로 변신
⑧ 용이 불을 뿜어 얼어붙은 원천강을 녹임
⑨ 불이 번진 원천강이 자연의 순환으로 회복
⑩ 용의 승천과 다시 행복해진 원천강

애니메이션 〈오늘이〉는 〈원천강본풀이〉로부터 원천강으로의 탐색이라는 기본적인 서사구조를 수용하고 있지만 원천강의 성격,

탐색의 목적과 결과가 다르고, 등장인물도 부분적으로 차이가 난다.

〈원천강본풀이〉와 〈오늘이〉에서 원천강은 주인공이 찾고자 하는 공간이지만, 구체적인 설정은 다르다. 신화에서 원천강은 사계절이 모여 있는 시간의 근원이지만 〈오늘이〉에서는 행복한 삶의 원형을 간직한 반드시 회귀해야 할 공간으로 나타난다.15)

〈그림 1〉 프롤로그

계절의 향기와 바람이 시작되는 곳을 사람들은 원천강이라 불렀습니다. 원천강에는 한 여자아이가 살고 있었는데, 아무도 그 아이가 어디서 태어났는지 알지 못했습니다. 아이는 '야아'라 부르는 학, 그리고 보라색 여의주와 함께 행복하게 살았답니다. 그러던 어느날 ……

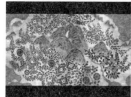
〈그림 2〉 원천강의 모습

〈그림 3〉 오늘이와 야아

〈그림 4〉 오늘이의 모습

위의 〈그림 1〉은 〈오늘이〉의 배경과 세계관을 설명해주는 프롤로그 화면이다. 위 화면의 설명을 통해서 원천강이 신화적 공간임을 알 수 있다. 원천강은 '계절의 향기와 바람'으로 상징되는 자연의 시원이고, 인간과 동물과 자연이 서로 분리되지 않고 함께 공존하는 태초의 공간이다. 원천강의 구체적인 모습은 〈그림 2~4〉에서

---

15) 김유진, 앞의 논문, 392쪽.

보여지듯이 바다 위의 섬으로 꽃과 나무가 만발하고 생명의 기운이 가득한 곳이다. 이곳에는 어린 소녀 오늘이와 '야아'라는 학, 그리고 보라색 여의주가 함께 살고 있다. 〈그림 3〉을 보면 야아가 오늘이를 감싸고 있다. 야아는 어린 생명을 보호하는 원초적 어머니로 형상화되고 있다. 오늘이 역시 옷을 입지 않은 자연 그대로의 모습으로 학과 여의주와 함께 원천강에서 행복하게 뛰어놀고 있다.

〈오늘이〉에서는 신화에 나타나는 원천강이라는 환상적 공간을 인간과 자연이 분리되지 않은 근원적 세계로 변용하고 있다. 신화에서 원천강은 신의 영역으로 인간이 접근할 수 없는 신성의 공간이지만 애니메이션에서는 바다로 둘러싸인 고립된 섬으로 인간이 침범할 수 있는 곳이다.

〈오늘이〉에서 뱃사람들은 원천강에서 오늘이가 '야아', 여의주와 함께 뛰노는 것을 목격한다. 뱃사람들이 여의주를 탐내면서 원천강의 행복은 파괴된다. 뱃사람들은 탐욕 때문에 여의주를 훔치고 오늘이를 납치한다. 오늘이를 뒤쫓던 야아는 침입자들이 쏜 화살에 맞고 원천강은 얼어붙는다. 인간의 탐욕이 인간과 자연을 분리시키고, 역동적으로 살아 움직이는 자연의 생명을 파괴한 것이다.

원작과 달리 원천강의 성격이 변화하면서 탐색을 통해 찾고자 하는 목적도 변화하였다. 〈원천강본풀이〉에서는 오늘이가 부모를 찾아가면서 자신의 정체성을 탐색하지만, 〈오늘이〉에서는 잃어버린 근원적 고향, 즉 인간과 자연이 분리되지 않았던 원초적 생명의 세계를 찾아간다. 오늘이는 자연 속에서 모든 생명과 더불어 행복했던 원초적 삶을 회복하고 싶어 하는 것이다.

오늘이는 원천강을 찾아가기 위해 길을 알려주는 여러 원조자를 만난다. 애니메이션에서 오늘이가 원조자를 만나는 과정은 〈원

천강본풀이〉의 탐색 과정을 수용한 것이다. 그러나 〈오늘이〉에는
'행복'이라는 가치를 중심으로 원조자들이 상호관계를 형성하지
못하는 상황을 다양하게 제시한다. 〈원천강본풀이〉와 〈오늘이〉의
탐색과정에 등장하는 원조자를 순서대로 도표화하면 아래와 같이
정리할 수 있다.

탐색과정에 등장하는 원조자 순서

〈원천강본풀이〉	〈오늘이〉
책만 읽는 장상이(남)	책만 읽는 매일이(여)
상가지만 꽃이 핀 연꽃나무	상가지만 꽃이 핀 연꽃나무
구슬이 세 개인 큰 뱀	사막에 홀로 있는 구름동자(남)
책만 읽는 매일이(여)	여의주가 아홉 개인 이무기
구멍 난 바가지로 물을 푸는 시녀	없음

　애니메이션에서 오늘이가 처음에 만나는 원조자는 매일이다.
그녀는 고립된 자기만의 공간에서 책만 읽는 여자이다. 〈오늘이〉
의 매일이는 〈원천강본풀이〉의 별당에서 책만 읽는 팔자를 가진
장상이와 매일이의 성격을 수용한 인물이다. 〈원천강본풀이〉에서
두 인물은 자신들의 목적 때문에 책을 읽는 것이 아니라 책을 읽어
야만 하는 운명에 억압되어 있지만, 〈오늘이〉에서 매일이는 행복
이 알고 싶어서 자신의 선택으로 책을 읽는다.
　그녀는 현재 사천오백칠만 팔백이십오 권을 읽었지만 아직도
남아 있는 책은 구천사백칠십육만 사십칠 권이다. 매일이는 이 책
을 더 읽어야 하는 상황에 좌절하고 있다. 더욱이 남은 책을 다
읽었다고 해서 행복이 무엇인지 알 수 있다고 확신하기 어렵다.
행복은 지식을 통해 얻을 수 있는 것이 아니기 때문이다. 매일이는

행복을 찾고 싶지만 어떻게 행복을 찾을 수 있는지 알지 못하는 인간인 것이다. 이러한 매일이의 모습은 반복되는 일상(매일) 때문에 삶의 목적을 잃어버리고 있는 현대인을 떠올리게 한다.

매일이는 책을 통해 행복을 찾겠다는 목적 때문에 스스로 책 속에 고립시켰고, 이로 인해 외로움이란 결핍을 가지게 되었다. 그러나 매일이는 타인에 대한 배려라는 인간성을 잃지 않고 있다. 매일이는 오늘이가 찾고자 하는 원천강이 어디인지 같이 찾으려고 책을 뒤지고, 책 속의 지도가 찢겨져 있자 연꽃나무에게 길을 물어보라고 알려준다.

오늘이는 매일이의 도움으로 연꽃나무를 만나게 된다. 이 탐색 과정은 〈원천강본풀이〉의 내용을 그대로 수용한 것이다. 연화못의 연꽃나무는 '난 슬퍼'라는 말을 반복한다. 연꽃나무가 슬픈 이유는 맨 위의 꽃봉오리를 제외하고 나머지 꽃이 피지 않기 때문이다. 지금 연꽃나무에 다른 꽃이 피지 않는 이유는 한 꽃이 모든 양분을 가지고 있기 때문이다. 크고 아름다운 꽃에 집착하여 하나의 꽃에 양분을 집중하는 방식으로는 모든 꽃을 피울 수 없다. 이러한 연꽃의 상황은 선택과 집중이라는 경쟁 원리에 의해 다른 생명을 배려하지 않고, 모든 자원을 독점하는 인간 중심의 자연 생태계를 연상하게 한다. 경쟁에 승리한 단 하나의 꽃봉오리가 다른 꽃들의 양분과 생명을 빼앗는 비대칭적 상황 때문에 연꽃나무는 슬플 수밖에 없는 것이다.

연꽃나무는 자신의 슬픔과는 별개로 오늘이에게 원천강으로 가는 길을 알려주고, 사막에 사는 구름동자에게 연잎을 가져다주라고 자신의 잎 하나를 건네준다. 연꽃나무의 이타적 행위는 자신의 슬픔을 해결할 실마리이다. 나의 문제에만 집착하는 것이 아니라 타인의 어려움에 시선을 돌리는 것은 그 자체로 독점과 집중의 문제를 해결할 가능성을 내재하고 있는 것이다.

오늘이가 연꽃나무 다음에 만나는 구름동자는 〈원천강본풀이〉의 장상이에 해당하지만 그 모습은 다르게 나타난다. 구름 동자는 머리 위에 비구름이 있어 항상 비를 맞고 있는 아이이다. 사막이란 황폐한 공간에서 홀로 비를 맞는 구름 동자는 단절된 공간에서 고립된 개인의 우울을 상징적으로 보여준다. 구름동자는 오늘이에게서 받은 연잎으로 우산을 만든 후 함께 사막을 건넌다. 이것은 사막에 고립된 구름동자가 오늘이를 위해서 해 줄 수 있는 가장 큰 배려라고 할 수 있다.

오늘이는 구름 동자의 안내로 이무기를 만나게 된다. 이무기는 〈원천강본풀이〉의 용이 되지 못한 큰 뱀을 수용한 캐릭터이지만 성격이 다르게 나타난다.[16] 이무기는 모든 상황을 자신의 이익에 따라서 판단하는 존재이다. 이무기는 늑대 무리에게 쫓기는 오늘이를 구해주지만, 이것은 오늘이를 불쌍히 여겨서 그런 것이 아니다. 이무기에게 늑대는 사냥감이고, 인간 아이는 비린내가 나는 맛없는 대상이기 때문에 살려둔 것일 뿐이다. 이무기는 절대로 손해를 보려고 하지 않는다. 원천강에 가고 싶다는 오늘이에게도 "정 가고 싶다면야. 좋아… 하지만 나도 뭔가 얻는 게 있어야지. 잘 알겠지만 세상이 그런거거든. 그러니까 널 원천강에 데려다 주고, 난 그 여의주를 갖고. 어때?"라며 흥정을 한다.

---

16) 이무기의 성격이 변모한 것은 애니메이션에서 문제해결 방식과 결말이 변화했기 때문이다. 〈원천강본풀이〉에서는 원조자의 문제를 오늘이가 신탁을 받아 해결하지만, 〈오늘이〉에서는 이무기가 용으로 변신한 이후 연쇄적인 반응에 의해 해결되기 때문이다.

이무기가 여의주를 아홉 개나 가지고 있지만 아직 용이 되지 못한 이유는 이렇게 자신의 것을 지키려고 하고, 다른 것을 더 얻으려고 하기 때문이다. 용으로 승천하기 위해서는 소유와 집착을 초월한 그 이상의 것이 필요하다. 〈오늘이〉에서는 이것을 자신의 것을 버리는 자기희생이라고 이야기한다. 이무기는 오늘이가 위기에 처하자 여의주를 놓아버리고 오늘이를 품는다. 결국 이무기는 자신을 버리면서 타인의 생명을 지키려는 희생을 통해 용이라는 새로운 존재로 갱신하게 된다. 결국 존재의 변화를 가능하게 하는 것은 나를 희생해 다른 사람을 살리려는 이타적 생명관에서 비롯되는 것이다.

가득 찬 것이 곧 결핍이고 그것을 버려야 새로운 것을 얻을 수 있다는 사실은 모순처럼 보이지만 일종의 역설로서 우리가 진정 풍요로운 삶을 살기 위해서는 잊지 말아야 할 진리이자 지혜이다.[17] 〈오늘이〉는 신화로부터 삶에 대한 통찰을 수용하여 자기중심적 사고에서 벗어나 이타적 생명관을 지향할 것을 이야기하고 있는 것이다.

이 부분에서 〈오늘이〉는 원작과 전혀 다른 방향으로 이야기를 마무리한다. 원작에서는 오늘이가 탐색의 과정에서 부탁받은 문제를 하나하나 해결하고, 결국엔 옥황의 신녀가 되어 절마다 다니면서 원천강의 목판을 등사하는 일을 맡는다. 그러나 〈오늘이〉에는 신(神)과 신탁이 나타나지 않고 등장인물들의 행동이 연쇄반응을 일으켜서 세계 내에서 문제가 해결된다. 절대적 존재에 의해 주어진 운명이 아니라 세계 내의 존재들이 직접 문제를 해결하고

---

17) 고은임, 앞의 논문, 213쪽.

이상적 세계를 만들어 가는 것이다. 그리고 마지막에 회복된 원천 강을 통해서 우리가 도달해야 할 근원적 고향과 진정한 행복의 가치가 무엇인가를 보여주는 것이다.

4. 자연과 생명에 대한 신화적 대안

애니메이션에서 오늘이가 가장 행복했던 시절은 원천강에서 벌거벗은 몸으로 뛰어놀던 때이다. 그러나 낯선 땅에 도달한 순간 오늘이를 돌봐주는 학도 없고, 그의 놀이터였던 자연도 오히려 위험의 대상이다. 이것은 오늘이가 사막을 지나 울창한 숲으로 갈 때 숲 속의 늑대들이 오늘이를 공격하는 장면을 통해 알 수 있다. 자연은 더 이상 인간과 분리되지 않은 어머니와 같은 공간이 아니라 경계 밖의 불안과 공포의 영역이다.

오늘이는 원천강에서 분리된 이후 원천강을 그리워하고 찾고자 한다. 오늘이는 왜 잃어버린 세계를 찾고자 하는 것일까? 이에 대한 해답의 실마리는 오늘이가 낯선 땅에서 처음으로 만난 매일이와의 대화를 살펴보면 나타난다. 매일이는 오늘이를 보자 '너는 누구니?'라고 묻는다. 오늘이는 대답을 못한다. 원천강에서 오늘이와 세계는 분리되어 있지 않고, '야아', 자연과 더불어 함께 존재했다. 이 때문에 오늘이는 내가 누구인지 알 필요가 없었다. 오늘이가 대답하지 못하자 매일이는 관찰을 통해 실증적으로 접근한다. 얼굴 생김새와 치아 구조 등을 살펴 인종적 특징을 파악한다. 매일이는 '누구인가?'라는 정체성에 대한 질문에 과학적으로 접근한다.

오늘이는 매일이의 질문에 직접적으로 대답하지 못한다. 대신 "난 원천강에서 행복했는데…"라고 말한다. 오늘이는 자신의 정체성이 외부에서 보이는 객관화된 실체에 있는 것이 아니라 증명할 수 없는 내면에 있다고 답한다. 그런데 이 내면의 정신세계를 만족시켜 줄 수 있는 것은 근대적 이성과 과학이 아니라 잃어버린 정신의 근원이다. 그렇기 때문에 지금 이 자리에 만족하지 못하고 우리가 상실한 그 세계로 돌아가고자 하는 것이다. 오늘이의 원천강 탐색은 근대 이후 내가 누구인지를 과학적으로 대답하려는 이성 중심주의에 대한 신화적 대안이라 할 수 있다.

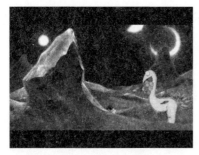

〈그림 5〉 얼어붙은 원천강

그러나 문제는 돌아가고자 하는 그 세계가 이전 그대로의 모습이 아니라는 것이다. 〈오늘이〉에서 찾고자 하는 원천강은 인간과 자연이 분리되기 이전의 이상적 공간이지만, 현재는 〈그림 5〉와 같이 인간의 탐욕으로 아무도 살지 않고 얼어붙은 곳이다. 오늘이가 이무기와 함께 원천강에 도착했을 때 이미 그곳은 예전의 원천강이 아니다. 사계절 꽃으로 만발하던 원천강은 얼음으로 뒤덮이고 그리워하던 학마저 얼음 속에 박제가 되어버렸다. 원천강은 더 이상 인간이 되돌아가고자 하는 원초적 자연이 아니라 생명이 얼어붙은 땅일 뿐이다.

얼어붙은 원천강을 회복하고 오늘이를 '야야'의 품에 돌려보내고, 모두가 행복해지기 위해서는 무엇이 필요할까? 애니메이션에서는 그것을 위해서는 인간이 파괴한 신화시대의 가치를 회복해야 한다고 말한다. 신화시대는 인간의 인지 발달 단계에서 인간과 자연이 분리되지 않은 고대인의 동질적 세계를 선험적으로 규정한 것이다.[18] 신화시대는 인류 문화 초기에 보편적으로 드러나는 총체적인 문화를 하나의 시대로 범주화한 것으로 인간과 자연을 조화시켜 인간이 우주와 조화를 이루며 살아가게 하는 신화적 세계관이 작동하는 시대이다.[19]

신화적 세계관은 인간과 자연의 대칭성을 지향한다. 대칭성은 자연계의 어떠한 존재도 홀로 존재할 수 없고, 하나만이 우세하지 않은 상호연관성을 의미한다.[20] 대칭적 사고는 신화적 상상력으로 인간과 자연의 공존을 이야기하고 자연스럽게 인간과 세계의 경계를 허물어뜨린다. 오늘날 대칭성이 요구되는 까닭은 현실이 비대칭이기 때문이다. 비대칭은 일부분이 과도한 권력과 소유로 전체의 균형을 무너뜨린 상황이다.

〈오늘이〉에서는 비대칭을 극복하기 위해서는 독점 상황을 해소해야 한다고 이야기한다. 이무기가 오늘이를 구하기 위해 손에 쥔 여의주를 포기하고, 연꽃나무의 상가지가 바람에 날려 온 구름동자에게 꺾이는 것은 비대칭의 상황이 해결되는 것을 상징적으로 보여주는 것이다. 이러한 반전을 이룰 수 있는 시발점은 자기희생이다. 이무기가 오늘이의 생명을 구하기 위해 자신의 몸으로 오늘이를 감싸는 것처럼 타인을 위하여 자신을 희생하는 이타적 생명관이 필요하다.

이타적 생명관은 남을 배려하는 인간성에서 출발한다. 앞서 살펴본 것처럼 〈오늘이〉에 등장하는 원조자들은 결핍된 상황임에도

---

18) Lukács, György, 반성완 역, 『소설의 이론』, 심설당, 1985, 34~36쪽 참조.
19) Campbell, Joseph, 이진구 역, 『신의 가면 1』, 까치, 2003, 15~34쪽 참조.
20) 中澤新一, 김옥희 역, 『대칭성 인류학』, 동아시아, 2005, 83쪽 참조.

타인을 위한 배려에 인색하지 않다. 자신의 처지가 불행하고 슬프더라도 타인이 행복을 찾아가는 길에 도움을 준다. 이러한 타인에 대한 배려와 실천은 원천강이라는 신화적 공간을 회복하는 실마리이고, 비대칭적인 현실을 극복할 단초가 되는 것이다.

〈오늘이〉에는 이무기의 자기희생 이후 자연이 가지는 상생과 순환의 가치를 통해 자연스럽게 비대칭적 상황이 해결되는 과정이 나타난다. 이무기가 용으로 승천하자 용은 얼음 속의 야아를 구하기 위해 불을 내뿜는다. 용의 불은 얼음을 녹였지만 그 열기가 너무 강해서 원천강마저 불길에 휩싸이게 된다. 용은 불을 끄기 위해 구름 동자의 머리 위에 있는 구름을 채가고, 이 덕분에 구름 동자는 바람에 날려 연꽃나무의 꽃봉오리를 꺾게 된다. 큰 꽃봉오리가 사라지자 모든 가지의 꽃이 활짝 핀다. 구름 동자는 꽃봉오리를 타고 매일이가 사는 책으로 고립된 성으로 날아간다. 구름 동자가 연꽃을 매일이에게 주자 매일이는 구름 동자와 사랑에 빠지고 행복이란 감정을 느끼게 된다.

불이 얼음을 녹이고, 비구름으로 불을 끄는 과정은 자연의 순환을 보여주는 것이다. 이 과정에서 구름 동자, 연꽃, 매일이의 문제는 순리대로 자연스럽게 해결된다. 누가 인위적인 해결책을 내놓기보다는 서로가 유기적 관계를 가지면서 상보적으로 문제의 원인을 해결한다. 〈원천강본풀이〉처럼 신이 해답을 내려주는 것이 아니라 자연의 존재들이 서로 서로를 보완하면서 조화를 이루고 있다.

〈오늘이〉의 문제해결에 나타나는 상생과 균형의 관계는 상실된 연관성을 회복시키고자 하는 신화의 본질적 가치를 드러낸 것이라 할 수 있다. 신화는 상호관계의 균형이 심하게 깨진 것에 대해 대칭성을 회복시키고자 노력하는 것이며, 현실 세계에서는 양립이 불가능해진 것에 대해 공생의 가능성을 논리적으로 찾아내고자 하는 것이기 때문이다.[21)

오늘이는 탐색을 통해 자신의 목적만을 달성하는 것이 아니라 자신과 관계를 맺는 다른 존재들과 상생하면서 함께 공존하는 미덕을 보여주고 있다. 이것은 자아와 타인의 관계에서 타인을 자아의 의식의 대상인 현상이 아니라, 현현(顯現)하는 존재로 인정하는 것이다.[22) 즉, 〈오늘이〉의 원조자는 주체의 의식이 대상화한 타자가 아니라, 그 스스로 존재하면서 주체에게 작용하는 상호 수용성의 관계를 형성하는 존재이다. 이러한 상호관계를 바탕으로 한 상생의 서사는 오늘날 인간(주체) 중심의 근대적 사고를 전복할 수 있는 실마리를 제공한다.

〈오늘이〉에서 상생과 균형은 순환을 통해서 이루어진다. 순환은 이분법적인 사고로 구분할 수 없는 자연의 작용이다. 용이 내뿜는 불은 얼어붙은 원천강을 녹이는 새 생명의 열기이지만 그것이 과할 때는 원천강을 불태울 수도 있는 파괴의 화염이기도 하다. 비구름은 구름 동자를 우울하게 만드는 원인이지만 원천강의 불을 끄고 생명을 회복하는 빗줄기이기도 하다. 이렇게 볼 때 어느 것이 절대적으로 유용하고 어느 것이 유해한 것이 아니라 모든 것이 상호보완적인 상생의 가치를 지니고 있는 것이다.

상생의 관계는 구름동자와 비구름도 마찬가지이다. 비구름은 구름동자를 우울하게 만들지만 사막에 새싹을 돋게 해준다. 비구

---

21) 中澤新一, 김욱희 역, 『신화, 인류 최고의 철학』, 동아시아, 2002, 30쪽.
22) 김연숙, 『레비나스 타자윤리학』, 인간사랑, 2001, 14쪽.

름이 지나는 자리에는 풀이 자라고 새로운 생명이 돋아난다. 이것은 실제 자연에서 태풍에도 해당되는 것이다. 태풍이 지나가면 폭우와 강풍으로 인명과 재산 피해를 보지만 바닷물을 뒤집어서 생태계의 순환에 도움을 준다. 인간의 입장에서 보면 태풍은 재해이지만 자연 생태계의 관점으로 보면 생명의 순환 과정인 것이다.

〈오늘이〉는 오늘날 인간이 파괴한 자연을 생명의 순환에 맡겨 회복해야 한다고 말하고 있다. 자연 안에서 모든 존재는 서로 공존하고 상생하는 가치를 지향해야 한다. 자연의 순환과 균형은 인간의 탐욕에 의해 파괴된 자연과 생명을 회복시킬 수 있는 대안이자 어쩌면 현재의 우리가 도달해야 할 신화적 대안일지도 모른다.

〈그림 6〉 회복된 원천강

〈오늘이〉에서는 이러한 신화적 세계의 회복을 엔딩 장면인 〈그림 6〉과 같이 형상화하고 있다. 이 장면에는 세 개의 달이 떠 있다. 초승달, 반달, 보름달은 시간의 '처음-중간-끝'을 상징한다. 세 개의 달이 같은 공간에 떠 있는 것은 원천강이 처음부터 끝까지 모든 시간에 존재하는 공간이라는 해석이 가능하다. 단지 태초에만 존재한 이상향이 아니라 인간이 살아 온 시간 전체에 함께 존재했던 곳이라는 것이다. 다만 그 곳을 우리가 찾으려 하지 않았기 때문에 도달할 수 없었을 뿐 언제나 우리의 삶 한편에 함께 있었던 것이다.[23]

---

23) 세 개의 달은 〈그림 5〉와 같이 얼어붙은 원천강에서도 떠 있다. 파괴된 이상향과 회복된 이상향은 따로 존재하는 것이 아니라 항상 우리 곁에 존재한다. 단지 인간이 어떠한 세계를 추구하는가에 따라 그 모습이 다르게 나타나는 것이다.

이것은 오늘이의 차림새를 통해서도 알 수 있다. 최초에 오늘이는 원천강에서 벌거벗은 태고의 모습이지만, 다시 회복된 원천강에서는 문명을 상징하는 옷을 입고 있다. 오늘이는 옷을 입고 있지만 원천강의 한 구성원으로 전체 안에서 조화를 이루고 있다. 〈오늘이〉의 엔딩 장면은 자연과 인간이 분리된 시대의 새로운 신화적 공간을 제시한 것이고, 인간과 자연이 대칭성을 회복하는 우리 시대의 신화적 대안이다.

5. 신화적 대안의 가치

이상으로 이성강 감독의 애니메이션 〈오늘이〉에 나타난 자연과 생명에 대하여 살펴보았다. 〈오늘이〉는 제주도 무속신화인 〈원천강본풀이〉를 원작으로 삼아 새롭게 스토리텔링 한 작품이다. 〈오늘이〉는 여러 연구자에 의해 신화적 세계관과 서사적 가치가 논의되었다. 그러나 이 작품이 자연과 생명에 대한 신화적 대안이라는 지점에는 도달하지 못하였다. 이 글에서는 〈오늘이〉에 나타나는 인간과 자연의 관계, 이타적 생명관, 자연의 순환과 균형 등에 주목하여 인간 중심의 사고를 극복할 실마리를 찾고자 하였다.

우선 〈오늘이〉의 원작 〈원천강본풀이〉의 서사적 특징과 현재적 가치를 분석하였다. 〈원천강본풀이〉는 자아찾기의 서사, 상생의 서사, 공간의 환상성이라는 서사적 특징을 갖고 있다. 이러한 서사적 요소는 결핍에 대한 탐색, 상생과 나눔의 미학, 불완전을 해소하려는 환상이라는 현대 사회에서도 유효한 의미를 생성한다.

〈오늘이〉는 원작의 서사 구조와 의미를 변용하여 새로운 신화적 상상력을 발휘한다. 〈오늘이〉에는 선험적 고향으로 형상화된 원천강, 원천강의 파괴와 회복 과정이 나타나는데, 이를 통해서 물질문명을 중시하고 자연을 탐욕의 대상으로 바라보는 오늘날 우리에게 많은 시사점을 준다.

또한 〈오늘이〉에는 원조자의 등장 순서와 문제해결 방법에서 부분적인 변용이 일어난다. 신화에서 원천강은 사계절이 모여 있는 시간의 근원으로 인간의 접근을 불허하는 신의 영역이다. 하지만 애니메이션에서 원천강은 인간과 자연이 분리되지 않은 근원적 세계로 형상화되는 동시에 인간이 침범할 수 있는 섬이기도 하다.

이러한 원천강의 성격 변화는 탐색의 목적과 관계를 가진다. 〈원천강본풀이〉에서는 오늘이가 부모를 찾아가면서 자신의 정체성을 탐색하지만, 〈오늘이〉에서는 잃어버린 근원적 고향, 즉 인간과 자연이 분리되지 않았던 원초적 생명의 세계를 찾아간다. 그리고 원천강으로의 탐색과정도 부분적으로 변화되어 상호관계와 이타적 생명관을 강조하는 방향으로 변용된다. 〈오늘이〉는 신화로부터 삶에 대한 통찰을 수용하여 자기중심적 사고에서 벗어나 이타적 생명관을 지향하고 있는 것이다.

〈오늘이〉에 나타나는 원작의 변용은 새로운 결말을 창조한다. 〈원천강본풀이〉에서는 오늘이가 탐색의 과정에서 부탁받은 문제를 해결하고, 결국엔 옥황의 신녀가 된다. 그러나 〈오늘이〉에는 신(神)과 신탁이 나타나지 않고 등장인물들의 행동이 연쇄반응을 일으켜서 세계 내에서 문제가 해결된다. 그리고 문제해결 과정과 회복된 원천강을 통해 인간과 자연이 대칭적으로 상호보완하는 이상적 세계를 제시하고 있다.

〈오늘이〉의 문제해결 과정과 결말에 나타나는 상생과 균형의 관계는 상실된 연관성을 회복시키고자 하는 신화적 상상력을 드러낸 것이다. 〈오늘이〉에는 인간과 자연이 분리 이전의 세계로 돌아가야 하고, 이를 위해서 부분이 독점한 전체의 균형을 회복해야 한다고 말하고 있다. 〈오늘이〉에서 보여주는 인간과 자연의 관계, 이타적 생명관은 인간·과학·이성 중심의 근대적 사고를 전복하고 인간과 자연의 대칭성을 회복하고자 하는 신화적 대안이다. 〈오늘이〉에 나타나는 자연의 순환과 균형은 인간의 탐욕에 의해 파괴된 자연과 생명을 회복시킬 수 있는 실마리인 것이다.

웹툰 〈신과 함께〉의 스토리텔링 방식과 신화적 대안

1. 웹툰 〈신과 함께〉의 가치

주호민의 〈신과 함께〉는 무속신화와 저승관을 소재로 한 웹툰으로 저승편, 이승편, 신화편으로 구성되어 있다. 〈신과 함께〉는 네이버에서 2010년 1월 8일부터 연재되어 2012년 8월에 종료되었고, 8권의 단행본으로 출판되었다. 이 작품은 대중에게 잘 알려져 있지 않던 무속신화를 소재로 한국의 전통 신(神)과 저승관을 현대적으로 재해석하여 상업성과 작품성을 모두 인정받았다.[1]

〈신과 함께〉의 성공은 신화의 대중화라는 측면에서 시사하는 바가 크다. 무속신화의 이야기로서의 가치와 풍부함은 학계에서

---

[1] 〈신과 함께〉는 2010년 독자만화대상, 2011년 부천만화대상 우수이야기 만화상, 2011 대한민국 콘텐츠 어워드 만화부분 대통령상 등을 수상하였다. 또한 일본에 판권이 수출되어 미와 요시유키가 리메이크 하여 영간간에서 연재하였고, 현재 영화화 작업이 진행 중으로 김태용 감독이 연출을 맡고 있다.

는 이미 널리 알려져 있었지만, 이를 대중에게 알리는 것은 또 다른 문제였다. 무속신화를 풀어 쓴 해설서와 무속신화를 소재로 한 동화 출간 등이 있었지만 대중적인 관심을 불러일으키지는 못하였다.

〈신과 함께〉는 무속신화 모티브의 현대적 해석, 신과 인간이 공존하고 상호 영향을 주는 배경 설정, 현실에 대한 비판과 풍자, 신격의 계보화 등 이전보다 과감하게 신화를 재해석하여 대중의 공감을 얻었고, 신화를 소재로 한 문화콘텐츠 스토리텔링의 방향을 제시하였다. 최근에는 이러한 〈신과 함께〉의 가치에 주목하여 연재 종료 이후 몇 편의 연구가 이루어졌다.

강미선은 〈신과 함께〉의 성공요인을 신화적 상상력의 현대적 재해석으로 파악하였다.[2] 사후 세계에 대한 두려움과 공포를 한국의 전통 신화를 재해석함으로써 친근하게 해소하고 만화라는 시각적 즐거움과 만화적 상상력, 현대를 살아가는 사람들의 모습을 잘 버무려 흡입력 있는 스토리를 제공한 성공적인 콘텐츠 사례라고 분석하였다. 이 연구는 〈신과 함께〉에 대한 본격적인 연구로 신화를 소재로 한 웹툰의 현대적 가치를 탐구한 의의를 가진다. 그러나 원작인 신화에 대한 이해와 분석이 미흡하고, 신화적 요소가 웹툰에 수용되고 변주되는 과정을 치밀하게 드러내지 못한 한계를 지닌다.

허수정의 연구는 본격적인 학술연구라기보다는 비평의 성격을 지닌 것이다. 〈신과 함께〉에 나타난 불교적 생사관과 전통적 세계관을 이야기하고, 사회 현실을 풍자한 작품의 가치를 드러내었

---

2) 강미선, 「웹툰에 나타난 신화적 상상력: 웹툰 〈신과 함께〉를 중심으로」, 『디지털 콘텐츠와 문화정책』 5호, 가톨릭대학교 문화정책연구소, 2011, 89~115쪽.

다.3) 〈신과 함께〉를 분석하여 사회적 의미를 성찰하려는 의의를 가지지만, 전통적 세계관에 대한 깊이 있는 이해가 부족하고, 서사 전개에 대한 체계적 분석이 미흡하다.

정수희는 〈신과 함께〉 중에서 이승편을 대상으로 하여 민간신 앙의 현대적 변용과 활용을 분석하였다.4) 이 연구에서는 가택신 (성주, 조왕, 측, 철륭 등)을 현대적으로 재해석하여 전통적 민속개념 을 현재의 민속으로 확장한 의의를 분석하고, 가택신의 소멸과정 을 통해 전통적 공동체의식의 해체 과정을 탐구하였다. 이 논문은 전통문화 원형의 성공적인 문화콘텐츠화를 분석한 의의를 가진다. 그러나 원작과 웹툰의 서사에 대한 분석이 소략하고, 성공요인으 로 스토리텔링 방식의 특징을 명확히 규명하지 못하였다.

위에서 검토한 기존 연구는 〈신과 함께〉 3부작 중 저승편과 이 승편에 주목하여 성공적인 콘텐츠의 요인, 전통문화를 소재로 한 콘텐츠화 전략에 초점을 맞추고 있다. 이 글에서는 이러한 접근 방식 대신 '신화의 수용과 변주'라는 시각에서 〈신과 함께〉 신화 편5)을 분석하여 신화의 대중화를 위해서 어떠한 방식의 재해석과 스토리텔링이 필요한지를 살펴보고자 한다.

---

3) 허수정, 「죽음의 세계를 통해 현재를 보다: 작가 주호민의 웹툰 〈신과 함께-저승 편〉 비평」, 『글로벌문화콘텐츠』 통권 7호, 한국글로벌문화콘텐츠학회, 2011, 275 ~283쪽.

4) 정수희, 「전통문화콘텐츠의 현대적 활용: 웹툰 〈신과 함께-이승편〉을 중심으로」, 『문화콘텐츠연구』 2호, 건국대학교 글로컬문화전략연구소, 2012, 69~98쪽.

5) 본래 이 작품은 웹툰으로 창작되었지만 단행본 출판 이후 유료화되면서 후반부 가 인터넷에서 제공되지 않기 때문에 출판된 만화를 기준으로 논의를 진행하고 자 한다. 이후 인용에서는 논의의 편의상 작품명과 인용면만을 제시한다.

2. 개별 신화의 유기적 연결과 질서화

〈신과 함께〉 신화편은 6편의 신화를 옴니버스 형식으로 구성하여 저승편과 이승편에 등장하는 신(神)들의 기원과 계보를 보여주는 프리퀄(Prequel)이다. 프리퀄은 본편보다 시간상으로 앞선 이야기를 다루는 속편이다. 프리퀄은 본편의 원인과 배경을 설명하기 위해서 등장인물의 과거를 다루기 때문에 독자의 호기심을 충족시켜주고, 본편의 인물과 사건을 중심으로 배경과 세계관을 확장하는 효과를 얻을 수 있다.

신과 함께-신화편	원전	주요 신격
대별소별전	천지왕본풀이	천지왕, 대별왕, 소별왕, 염라대왕
차사전	창작6)	일직차사(해원맥), 월직차사(이덕춘)
할락궁이전	이공본풀이	꽃감관(사라도령, 할락궁이)
성주전	성주풀이	성주신(황우양), 터주신(막막부인)
녹두생이전	문전본풀이	조왕신(여산부인), 문신(일곱형제), 측신(노일부인)
강림전	차사본풀이	강림차사

〈신과 함께〉 신화편에 수록된 신화들의 원전은 본래 개별적으로 전승되었기 때문에 작품 내용이 이어지는 서사적 연결 고리가 없으며, 시간과 공간의 배경 역시 동일하지 않다. 그러나 웹툰에서는 6편의 에피소드를 하나의 연결된 이야기로 만들기 위해 〈천지왕본풀이〉를 중심으로 서로 다른 신화에 등장하는 신격을 하나의

---

6) 주호민은 저자후기에서 차사편은 저승편의 프리퀄로 원전 신화를 소재로 한 것이라 아니라 창작한 것이라고 밝히고 있다. 차사편은 일직차사인 해원맥이 저승차사가 된 사연을 담은 이야기로 공명정대한 군관이 저승의 신이 된다는 점에서 김시습의 〈남염부주지〉와 유사점을 찾을 수 있다.

계보로 묶고, 그 신(神)들의 관계를 설정하여 시간의 흐름에 따라서 사건을 전개하였다.

시공간을 유기적으로 질서화하기 위해서는 시작, 즉 세계의 기원에 대한 설명이 필요하다. 〈신과 함께〉 신화편에서는 본격적인 이야기에 앞서 '서시'에서 창세의 과정을 설명한다. 〈신과 함께〉 신화편에 나타난 세계의 창조는 〈창세가〉에 나타나는 미륵과 석가의 출현과 경쟁, 두 개의 해와 달 등과 〈반고신화〉의 시체화생(屍體化生) 모티브를 수용하여 변형한 것이다. 미륵은 세계를 창조한 것으로 자신의 임무를 마치고, 천지왕이 등장해서 하늘과 땅을 주관한다. 미륵은 엘리아데가 지적한 것처럼 우주와 생명과 인간을 창조한 후 인간으로부터 벗어나는 감추어진 신(dei otiosi)에 해당하고, 천지왕은 그 다음 세대의 신이라 할 수 있다.[7] 〈창세가〉와 〈천지왕본풀이〉는 서로 다른 신화이지만 '서시'에서 동일한 시공간을 공유하는 단일한 계보의 신화로 통합된 것이다.

'서시'에서는 두 신화를 단일한 계보로 묶기 위해서 〈창세가〉에 나오는 미륵의 일월조정을 삭제한다. 〈창세가〉는 독립적인 신화이기 때문에 두 개의 해와 달을 하나로 조정하여 완성된 세계를 제시한다. 그러나 〈신과 함께〉 신화편에서는 이후 대별소별전에서 일월조정이 나오기 때문에 '서시'에서는 두 개의 해와 달이라는 미완성된 상태일 수밖에 없는 것이다.

대별소별전에서는 천지왕과 두 아들 대별왕과 소별왕이 등장하여 세계의 분화가 이루어진다. 천지왕은 천상에 존재하며 만물을 주관하는 최고신이다. 대별왕과 소별왕은 꽃피우기 경쟁을 통해

---

7) Mircea Eliade, 이은봉 옮김, 『성과 속』, 한길사, 1998, 125쪽 참조.

각각 저승과 이승을 다스리게 된다. 대별왕은 저승을 공명정대한 세상으로 만들기 위해 저승에 온 최초의 인간[8]을 열 개의 지옥을 다스리는 시왕의 우두머리 염라대왕으로 임명한다. 이러한 과정을 통해 〈신과 함께〉 전체를 관통하는 공간적 질서가 구축된다.

공간	지배신/최고신	해당 신격
천상	천지왕	꽃감관 등 다양한 하위 신격 존재
이승	소별왕	가택신이 현실 세계와 공존
저승	대별왕	염라대왕, 강림도령, 저승차사

대별소별전 다음에 나오는 5편의 에피소드는 〈신과 함께〉에서 구축한 신화적 공간을 기반으로 시간의 흐름에 맞추어 각각의 공간에 거주하는 신격의 유래를 풀어낸 것이다. 차사전은 염라대왕이 저승차사를 임명하는 이야기이다. 염라대왕은 죽은 자들을 저승으로 인도할 안내자로 부당한 현실에 맞선 공정한 인물인 해원맥을 선택한다.

할락궁이전에는 꽃감관의 유래와 소별왕이 꽃피우기 경쟁에서 이긴 까닭이 복합적으로 나타난다. 사라도령이 꽃감관이 되는 과정은 〈이공본풀이〉의 내용과 크게 다르지 않다.[9] 그러나 사라도

---

8) 최초의 인간이 저승의 왕이 되는 이야기는 〈리그 베다〉에 등장하는 야마(Yama)에서 찾을 수 있다. 야마는 인간의 조상으로 여동생 야미(Yami)와 정을 통해 인류를 낳았고, 인간 중 최초로 죽어 저승에 도착했기에 저승의 왕이 되었다. 야마는 불교가 중국에 전파되면서 죽은 사람의 선악을 심판하는 염라왕으로 변형된다.

9) 할락궁이전과 〈이공본풀이〉의 서사가 동일하지는 않다. 웹툰에서 천리둥이, 만리둥이가 개가 아니라 자객으로 형상화된 것, 할락궁이가 식물을 부리는 능력을 가진 것 등 신화를 변형한 부분이 있다. 그러나 전체적 서사전개를 보았을 때 할락궁이전이 〈이공본풀이〉의 서사를 수용했다고 할 수 있다.

령이 소별왕을 돕는 것은 원작에 없는 내용이다. 사라도령은 천년 장자에 의해서 고통받는 아내와 자식 때문에 이승에 대한 원한을 품고, 꽃피우기 경쟁에서 덕이 부족한 소별왕이 이승을 차지하도록 도움을 준다. 사라도령의 이승에 대한 원한 때문에 소별왕이 이승을 차지하고, 대별왕이 저승을 차지하게 된 것이다. 이러한 신화의 변주는 〈천지왕본풀이〉와 〈이공본풀이〉를 동일한 시공간에 배치하면서 발행한 것이다. 두 신화가 시공간을 공유하면서 각각 존재하던 신격이 서로 관계를 갖게 되고, 이로 인해 서로 사건의 원인과 결과로 작용하게 된 것이다.

개별 신화가 상호작용하며 인과관계를 형성하는 것은 여러 신화를 하나의 이야기로 유기적으로 연결하기 위한 것이다. 〈신과 함께〉 신화편에서는 이러한 방식의 스토리텔링이 반복적으로 나타난다. 할락궁이가 천년장자의 집에서 탈출하여 서천꽃밭에 도착하고, 숨살이꽃, 웃음꽃, 수레멸망악심꽃 등을 얻어 천년장자를 처단하고 어머니를 환생시킨다. 그 과정에서 천년장자와 두 딸은 죽고 셋째 딸만이 살아남는다. 천년장자의 셋째 딸은 강림전의 과양생이와 동일한 인물로 설정되어서10) 가족이 살해된 원한 때문에 과객을 죽이는 인물로 표현된다. 즉, 할락궁이전의 결말이 강림전의 사건의 발단이 되는 것이다.

그리고 〈신과 함께〉 신화편에는 앞 편에 등장한 신격이 후속편에 반복적으로 등장하여 서로 연결되는 서사임을 강조하고 있다. 대별왕과 염라대왕은 성주전에 다시 등장한다. 어느 날 저승

---

10) 〈이공본풀이〉의 천년장자의 셋째 딸과 〈차사본풀이〉의 과양생이는 전혀 다른 존재이다. 〈이공본풀이〉에서 천년장자의 셋째 딸은 할락궁이의 사령이 되고, 〈차사본풀이〉의 과양생이 부부는 그 악행으로 염라대왕에 의해 최후를 맞이한다.

대별궁의 대들보가 무너지자 대별왕과 염라대왕은 차사를 보내 이승 최고의 목수인 황우양을 부른다. 이로 인해 황우양과 막막부인이 고난을 겪지만, 둘의 사랑과 믿음으로 극복한다. 대별왕은 이 둘에게 가택신이 되어 이승 사람을 보살펴 줄 것을 제안하고, 각각 성주신과 터주신이 된다.[11]

할락궁이는 아버지의 뒤를 이어 꽃감관이 된 후, 녹두생이전에 다시 등장하여 녹두생이에게 여산부인을 환생시킬 수 있도록 혼살이꽃, 숨살이꽃, 뼈살이꽃을 전해준다. 강림전에서는 이전에 등장한 가택신(성주신, 터주신, 조왕신, 문전신)이 조력자로 등장하여 강림이 저승에서 염라대왕을 데려올 수 있도록 도와준다.

신화편의 여섯 에피소드는 시간의 흐름에 따라서 신격의 계보 형성과 신격의 분화의 과정을 풀어 낸 이야기이다. 이를 중요 사건을 중심으로 순차적으로 정리하면 아래와 같다.

미륵의 천지창조 – 천지왕의 출현 – 천상계의 신격 부여(사라도령 꽃감관) – 대별왕 소별왕의 꽃피우기 경쟁 – 대별왕의 저승 통치와 염라대왕의 등장 – 저승차사 선발(해원맥과 이덕춘)/할락궁이의 꽃감관 승계[12] – 황우양의 저승의 궁궐 건축 – 가택신 신격 부여 – 여산부인과 일곱 아들의 신격부여(조왕신과 문신) – 과양생이(=천년장자 셋째 딸)의 악행 – 강림도령의 저승 소환

---

11) 〈성주풀이〉에서 황우양이 짓는 궁궐은 옥황상제의 천하궁으로 대별왕과 염라대왕은 등장하지 않는다. 그리고 신직(神職) 부여받는 과정도 웹툰과는 다르다.
12) 차사전과 할락궁이전은 웹툰의 내용만으로는 시간의 선후를 판단할 수 없어서 시간의 선후(–)로 표시하지 않고, 같은 시간대의 사건(/)으로 표시하였다.

〈신과 함께〉 신화편은 기존에 무속신화를 소재로 한 콘텐츠와 달리 각기 다른 여러 편의 신화를 동일한 배경과 세계관을 가진 순차적 이야기로 재구성하였다. 이러한 질서화는 인간의 미메시스(Mimesis) 본능으로 의미를 발견하기 힘든 상황에서 원인과 결과의 질서감각을 발견하는 의미화 작용이라 할 수 있다.[13]

웹툰과 출판만화는 수평적 공간과 수직적 공간이라는 시선의 차이는 존재하지만 공통적으로 선형적 구조를 가지고 있다. 작가는 서로 다른 신화를 매체 특성에 맞게 하나의 이야기로 통합하는 작업을 수행한 것이다. 시간의 흐름에 따른 질서화는 연속적 또는 연쇄적으로 사물을 파악하는데 익숙한 독자들의 흥미를 유발하기 용이한 방식이다. 〈신과 함께〉 신화편의 선형적 구조는 이야기의 내적 필연성을 강화하고 복잡한 사건과 이야기를 하나로 통합하여 독자의 기대지평을 충족시킨 스토리텔링 방식이라 할 수 있다.

3. 개연성 확보를 위한 필연성 강조

신화적 사유와 근대적 이성은 세계를 파악하는 방식이 상이하다. 신화적 세계관은 인류 문화 초기에 보편적으로 드러나는 총체적인 문화를 범주화한 것으로 인간과 자연이 분리되지 않은 고대인의 동질적 세계를 선험적으로 규정한 것이다.[14] 이에 비해 데카르트 이후 이성 중심의 근대적 사유는 전체를 이해하기 위해서 대

---

13) Robert Mckee, 고영범·이승민 역, 『시나리오 어떻게 쓸 것인가』, 황금가지, 2002, 59쪽.
14) Lukács, György, 반성완 역, 『소설의 이론』, 심설당, 1985, 34~36쪽 참조.

상을 분류하고 세분화한다. 이성 중심의 사고는 이야기에서도 원인과 결과에 입각한 필연적 전개, 이야기 자체의 합리적 개연성을 강조한다.

이러한 차이로 인해 오늘날의 관점에서 신화는 사건 전개의 개연성이 미흡하기도 하고, 등장인물의 내면세계와 심리적 갈등이 구체적으로 나타나지 않는 경우도 있다. 〈신과 함께〉 신화편은 현대 독자의 공감을 얻기 위해 상상력으로 원작의 빈 공간을 채워서 사건의 인과관계를 덧붙이고, 선택의 순간 인물의 내면 심리를 묘사하여 개연성을 높이는 스토리텔링 방식을 취하고 있다.

대별왕과 소별왕의 꽃피우기 경쟁을 보면, 원작 〈천지왕본풀이〉에서는 소별왕이 이승을 차지하기 위해 꽃을 바꿔치기 하는 단순한 사건으로 나타난다. 〈신과 함께〉 신화편에서는 이 과정에 꽃감관(사라도령)을 등장시켜 소별왕이 이승을 차지하는 개연성을 부여하고 있다. 사라도령은 이승을 저주하여 계획적으로 소별왕을 돕는다. 소별왕이 사라도령에게 꽃을 빨리 피우는 비법을 묻자 환약을 건네주고, 대별왕의 꽃을 시들게 할 수 있는 식근충의 존재도 알려준다.

사라도령이 공명정대한 대별왕이 아닌 부족한 점이 많은 소별왕을 도운 까닭은 이승에 이로운 일을 하지 않기 위해서이다. 사라도령의 사연은 할락궁이전에 상세하게 나타난다. 사

라도령은 꽃감관으로 임명되면서 이승에 아내와 자식을 놓고 오게 된다. 사라도령은 신(神)이 된 후 아내와 자식을 데려오려고 했지만, 천상계의 신(神)이 되었기 때문에 인간으로서의 모든 것을 포기해야만 한다. 더욱이 아내는 이승으로 추방당한 색마 천년장자의 집에 홀로 남게 된다. 사라도령은 자신의 아내를 괴롭히는 천년장자 같은 인간이 살고 있는 이승을 파멸시키기 위해 소별왕의 꽃피우기를 도와주는 것이다.

이승에 원한을 가진 꽃감관이라는 설정은 소별왕이 꽃피우기 경쟁에서 승리하는 인과적 계기를 마련해준다. 그리고 사라도령이 꽃감관이 되는 과정에서 왜 이승을 증오하게 되었는지 사연을 알려줌으로써 서사 전개의 필연성을 확보하는 한편, 개별 신화인 〈천지왕본풀이〉와 〈이공본풀이〉를 유기적으로 연결되는 이야기로 만들고 있다.

〈신과 함께〉 신화편에서는 합리적인 이야기 전개를 위해 원작 신화의 등장인물을 제외하기도 한다. 〈신과 함께〉에서는 〈천지왕본풀이〉의 천지왕과 총명부인의 결연과정을 수용하지 않았다. 〈신과 함께〉에서 천지왕은 지고신이다. 따라서 실패가 있을 수 없다. 하지만 신화에서 천지왕은 수명장자를 완전히 징벌하지 않는다. 대신 지상에 머물면서 총명부인과 결연하여 대별과 소별을 낳는다.

신화의 내용은 오늘날의 합리성으로 보면 설명하기 어렵다. 천지왕은 왜 수명장자를 완전히 징벌하지 않는지, 신이 왜 인간과 결연하는지, 신은 왜 자신의 혈통을 인간 세계에 방치하는지, 인간의 이성적 논리로 답하기 어렵다. 이러한 질문은 상징적 담론인 신화를 이성적 담론으로 해석하는 과정에서 발생하는 문제이다.

신화의 신인동형적 사고를 이해하면 문제의 소지가 없는 것이다.

그러나 웹툰은 오늘날의 독자를 납득시켜야 하기 때문에 신화적 세계관으로 신화를 재해석하지 못하고, 신화에 인과적 필연성을 부여해야만 하는 것이다. 이 과정에서 현대의 합리성으로 해결할 수 없는 이야기는 불가피하게 제외할 수밖에 없는 것이다. 천지왕과 총명부인의 결연은 이러한 이유 때문에 〈신과 함께〉에 수용되지 못한 것이라 할 수 있다.

〈신과 함께〉 신화편에서는 이야기의 구조적 완결성을 위해 결말을 변형하기도 한다. 녹두생이전은 〈문전본풀이〉를 재해석한 이야기이다. 〈문전본풀이〉는 각 신격의 유래를 설명하는 신화이기 때문에 무능한 부친(남선비)도 신직을 부여받는다.15) 그러나 웹툰에서는 무책임한 가장이 신으로 좌정하는 것을 용납하지 않는다. 남선비는 자신의 욕망을 위해서 가족을 방치하고, 자신의 생존을 위해 자식을 희생시키려는 이기적인 인물이다. 가족의 가치를 중요하게 여기는 오늘날 남선비의 행위는 죄악이다. 따라서 웹툰의 결말에 여산부인과 일곱 아들은 조왕신과 문신으로 신격을 부여받지만 남선비는 이승에 홀로 남는다. 눈 먼 남선비가 가족 없이 홀로 남겨지는 것은 무책임에 대한 징벌이라 할 수 있다.

〈신과 함께〉 신화편에는 등장인물의 선택의 순간이 자주 등장한다. 꽃감관이 될 것인지 말 것인지를 고민하는 사라도령의 선택, 저승의 대궐을 수리할지 여부를 고민하는 황우양의 선택 등이 그러하다. 원작 신화에서 사라도령과 황우양은 고민하지 않는다. 옥

---

15) 남선비는 달아갈 길을 잃어 정결에 올래로 내닫다가 거기에 걸려 있는 정랑에 목이 걸려 죽었다. 주목지신·정랑지신이 되었다(현용준, 『제주도 신화』, 서문당, 1996, 196쪽).

황상제의 명을 당연히 따르거나 차사에게 소환되어 따라갈 뿐이다. 그러나 웹툰에서는 행복한 가정, 안락한 일상을 유지할 것인가, 아니면 새로운 세계로 떠날 것인가 하는 선택의 문제가 제기된다.

이때 사라도령과 황우양의 선택에 결정적 영향을 주는 것은 콤플렉스와 명예욕과 같은 심리적 요인이다. 사람은 모순적인 존재이다. 인간성 자체가 자연인 동시에 초자연, 또는 자연인 동시에 반 자연이라는 모순성을 내포하고 있어서 인간은 영원히 감정과 이성의 갈등, 정신과 물질의 대립 등을 피할 수 없는 존재인 것이다.16)

사라도령은 가난한 집안 출신으로 부유한 처가와 아내에 콤플렉스를 가지고 있다. 사라도령은 사람들이 자신을 무시하고 있다는 자격지심에 이승의 어떤 권좌와도 비교할 수 없는 고귀한 꽃감관이 되고자 한다. 사람들의 인정을 받기 위한 사라도령의 이기적 선택은 가족이 이별하는 원인으로 작용하여 아내와 자식이 고난을 겪는 시작점이 된다.

황우양은 막막부인과 둘만의 행복을 위해 목수일을 그만두고 산 속 깊은 곳에서 생활하던 중 저승 대궐을 고치라는 염라왕의 명을 받는다. 처음에 황우양은 요청을 거절하지만 최고의 궁전을 짓고 싶다는 명예욕으로 갈등하기 시작한다. 막막부인은 황우양

---

16) 이인화 외, 『디지털 스토리텔링』, 황금가지, 2008, 29쪽.

의 마음을 알아차리고 저승으로 보내준다.

사라도령과 황우양의 내면 갈등은 선택의 합당한 근거를 제시하기 위한 것이다. 원작 신화에 나타나지 않는 등장인물의 심리묘사는 사건 전개의 필연성을 부여하고, 선택에 따른 대가, 즉 가정과 일상을 포기하고 얻고자 한 성취의 우울한 뒷모습을 보여준다. 이를 통해 콤플렉스와 명예욕이 어떻게 자신을 옭아매고 파멸의 길로 인도하는지 보여주고 있다.

4. 현실의 가치와 신화의 결합

신화는 인간이 세계를 해석하고, 자연만물과 인간의 기원을 설명하는 이야기이다. 시대가 변화하고 세계에 대한 인간의 인식이 바뀌면 신화는 이에 대응하여 변형되기도 하고, 경우에 따라서 신성성이 소멸하여 다른 유형의 이야기로 전승되기도 한다. 신화는 고정 불변하는 것이 아니다. 인간의 삶의 방식과 가치관이 변하면 그에 맞는 변형과 재해석이 필요하다.

그리스 신화의 경우 신화작가인 호메로스나 헤시오도스 등에 의해 변형되고 재창작되었다. 오늘날 우리에게 가장 널리 알려진 그리스 로마 신화는 신화학자 토머스 벌빈치의 『신화: 우화의 시대』인데, 벌빈치는 이 책의 서문에서 자신이 소개하는 그리스 로마 신화의 대부분이 오비디우스와 베르길리우스의 작품에서 취한 것임을 밝히고 있다.[17]

---

17) Thomas Bulfinch, *Mythology: The Age of Fable*, New York: New American Library, 1962, p. 28.

이러한 관점에서 〈신과 함께〉 신화편은 시대 변화에 대응하는 신화의 재해석이라 할 수 있다. 여기에서 중요한 것은 재해석된 가치가 대중의 공감을 얻을 수 있도록 보편성과 시대정신을 반영해야 한다는 점이다. 작가 주호민 역시 이를 고민했기에 저자후기에서 "평범한 옛날이야기로 그칠 수 있기에, 신화를 통해 현재에 추구해야 할 가치들을 보여주고자 했다."[18]고 밝히고 있다.

〈신과 함께〉 신화편에서 시대정신이 반영된 대표적 부분은 대별왕이 해와 달을 활로 쏘는 장면이다. 원작인 〈천지왕본풀이〉에서는 대별왕이 홀로 활을 쏘지만, 웹툰에서는 모든 인간들과 함께 활을 쏘는 시늉을 함께 해서 해와 달을 떨어뜨린다.

대별소별전의 일월조정 장면은 현실 정치를 환기한다. 대별왕이 해와 달을 쏘아 떨어뜨리는 것은 민중의 현실 참여와 변화를

---

18) 『신과 함께-신화편』 하, 315쪽.

상징하는 것이다. 대별왕은 신의 아들, 즉 신화적 영웅이지만 자신이 세계를 지배하고 통치하려고 하지 않는다. 대별왕의 "이로써 사람들은 자존감을 갖게 될 것이다. 그들의 힘으로 무엇이든 바꿀 수 있다는…"19)이라는 독백에서 알 수 있듯이 민중의 참여와 현실 변혁 능력을 긍정하고 있다. 대별왕은 영웅이 지배하는 세상이 아닌 모두가 주체인 세상을 꿈꾸는 존재인 것이다.

이에 비해 소별왕은 신의 아들인 자신이 주체가 되어 세계를 통치하는 것이 당연하다고 여기는 존재이다. 소별왕은 대별왕과 사람들이 함께 해와 달을 쏘아 떨어뜨리는 것을 보면서 "일부로 인간들로 하여금 떨어뜨리게 한 것인가! 위험해. 너무나도 위험한 발상이다!"20)라고 생각한다. 소별왕은 민중의 참여와 현실변혁 경험을 위험한 발상이라고 판단하고 있다. 그렇기 때문에 소별왕은 이후 해와 달을 떨어뜨린 사건을 '소별왕의 기적'으로 포장하여 여론을 조작한다. 소별왕에게 민중은 지배의 대상이지 함께 미래를 만들어 갈 동반자가 아닌 것이다.

소별왕이 권력의 독점을 위해 여론을 조작하는 것과 다르게 대별왕은 공정한 저승을 만들기 위해 염라에게 저승을 함께 다스리자고 제안한다. 소별왕은 권력 자체가 목표이기 때문에 자신의 독점적인 통치권이 훼손되는 것을 거부하는 것이고, 대별왕은 공정한 저승을 만드는 것이 목표이기 때문에 자신의 권력에 집착하지 않는 것이다.

대별소별전의 이야기 표면만을 보면 민중의 현실 참여는 한계

---

19) 『신과 함께-신화편』 상, 105쪽.
20) 위의 책, 106쪽.

를 지닌다. 오히려 지배층의 여론 조작에 민중 스스로 이룬 현실 변화의 성과를 상납하고 마는 꼴이다. 하지만 해와 달을 쏘아 떨어 뜨린 경험은 사라지지 않는다. 겉으로 보기에 지금 당장 큰 변화가 일어난 것 같지 않지만, 다시 위기의 순간이 닥친다면 변화를 이끌 어낸 민중의 경험이 지배층의 이데올로기에 대항하는 힘으로 작 용할 것이다.

신화가 영웅의 위대한 능력을 드러내는 이야기인 것과 달리 〈신과 함께〉는 한 명의 영웅보다는 민중 다수의 참여로 세상을 바꿀 수 있다는 민주적 가치를 반영한 현실의 이야기인 것이다. 대별왕은 민주주의 사회에서 바라는 이상적 존재라고 할 수 있다. 그러나 대별왕 같은 지도자는 현실에서 찾기 어렵다. 이러한 측면에서 〈신과 함께〉는 민주적 가치를 실현할 영웅의 출현을 꿈꾸는 신화적 대안이라고 할 수 있을 것이다.

다음으로 차사전에서는 국경수비대장인 해원맥과 오랑캐 소녀 이덕춘을 통해서 주체와 타자의 문제가 드러난다. 해원맥은 군관으로 능력은 뛰어나지만 원리원칙대로 일을 처리하는 바람에 북방의 국경수비대로 좌천된다. 해원맥은 최전선에서도 정해진 법에 따라 오랑캐를 처단한다. 해원맥은 주체와 타자의 경계를 경험한 인물이다. 해원맥은 군관시절 사또를 중심으로 한 주류 집단에 속했지만, 집단의 이익에 반하는 공정한 법집행 때문에 집단에서 축출된다. 주체는 해원맥을 타자화하였지만, 해원맥은 여전히 주체의 가치를 내면화하여 자신을 타자와 구분되는 주체로 인식하고 있는 것이다.

그러던 어느 날 해원맥은 부모를 잃은 오랑캐 아이들을 발견하고, 자신이 그 아이들의 부모를 죽였다는 것을 알게 된다. 해원맥은 아무런 의심없이 국가에서 정한 법과 질서를 수행하였다. 그 결과 그는 무고한 사람을 죽인 살인자가 되었고, 아무 죄 없는 아이들을 고아로 만들어 버렸다. 주체의 경계 밖에 존재하는 사람들을 오랑캐라 규정하고, 우리와 다른 야만적 존재로 폄하하는 것은 체제 유지를 위한 이데올로기이다. 국가와 이데올로기에 의한 무리짓기[21]는 인간에 대한 존엄을 간과하게 만들고, 누구를 위해서 왜 경계를 나누어야 하는지 의문을 은폐한다. 해원맥은 오랑캐 아이들과의 만남을 통해서 타자로 규정된 존재(오랑캐)가 타자가 아니라는 것을 인식하게 된다.

해원맥의 인식 변화는 국가와 법이라는 공동체의 가치에 대한 거부로 나타난다. 국경으로 파견된 김맹호 장군이 국경 일대의 오랑캐 토벌을 시도하지만, 해원맥은 오랑캐 아이들의 집을 알려주지 않는다. 해원맥은 국가의 법과 질서를 어기면서 오랑캐 아이들을 돕고, 마지막에는 장군의 명령을 거부하고 오랑캐 아이들을 위해 목숨을 던진다. 해원맥의 행동은 인간의 잣대로 타인을 함부로 규정하는 주체의 횡포에 대한 거부이다.

해원맥 이야기는 공동체의 법과 질서를 강조하던 인물이 공동체의 가치를 거부하는 변화를 보여준다. 해원맥의 변화 과정은 스스로 기존 질서의 틀에서 벗어나 이방인이 되는 것이라 할 수 있다. 이방인은 단지 경계의 안과 밖으로만 구분할 수 없다. 공동체와 다른 관점을 가지고, 하나의 공동체적 규약에 물음을 던지는 자가 있다면 그 역시 이방인이다.[22]

---

21) 인간 사회의 무리짓기와 무리짓기를 통한 주체와 타자의 구별은 David Berreby, 정준형 옮김, 『우리와 그들 무리짓기에 대한 착각』, 에코리브르, 2007을 참조.
22) 김애령, 「이방인과 환대의 윤리」, 『철학과 현상학 연구』 39, 한국현상학회, 2008,

해원맥은 주체의 질서를 교란한 이방인으로 죽음을 맞이한다. 그러나 죽어서 저승차사가 된다는 설정을 통해 그의 선택이 올바른 것임을 인정받는다. 공명정대함을 추구하는 염라대왕이 해원맥을 선택한 것은 그가 자신이 속한 집단의 이익에 반하더라도 인간 자체를 소중히 여겼기 때문이다. 즉, 해원맥은 주체라는 집단의 이데올로기를 스스로 극복하였기 때문에 저승의 공정함을 수행하는 저승차사가 될 수 있는 것이다.

염라대왕은 해원맥이 비극적인 최후를 맞이한 이유를 '제대로 된 상관을 만난 적이 없기 때문이다.'[23]라고 이야기 한다. 현실은 부당한 상관이 공정한 인물을 가해자로 만들어 버리지만, 저승은 '제대로 된 상관', 즉 염라대왕이라는 절대적인 공정성이 지배하기 때문에 비극이 되풀이되지 않을 것이라는 의미이다. 그러나 현실에서 '제대로 된 상관'은 만날 수 없다. 어쩌면 현실의 부조리를 해결할 수 없기 때문에 염라대왕이라고 하는 초월적 존재를 호명한 것일지도 모른다. 신의 질서가 작동하지 않는 현실 세계를 극복하기 위해서는 절대적 공정함을 지닌 염라대왕이라고 하는 신화적 대안이 필요한 것이다.

〈신과 함께〉 신화편에는 이 외에도 현대인이 추구해야 할 삶의 가치가 드러난다. 할락궁이전에는 미래를 위해 현재의 행복을 포기하는 것이 얼마나 어리석은 일인지를 보여주고 있고, 성주전에는 가슴이 시키는 대로 하는 것, 즉 목표에 대한 열정이 삶에서 얼마나 중요한지를 이야기하고 있다. 신화를 소재로 현실의 가치

182쪽 참조.
23) 『신과 함께-신화편』 상, 229쪽.

를 담아내는 것은 신화에 내장된 보편성과 시대정신을 결합하여
대중과 소통하면서 공감을 얻는 스토리텔링 방식이라 할 수 있다.

5. 남은 문제들

전승이란 단순히 옛 것을 그대로 유지하는 것만은 아닐 것이다.
과거의 것을 그대로 유지하는 것은 생명을 잃고 형체만을 유지하
는 박제와 화석일 따름이다. 오늘날에도 생명력을 가지고 살아 숨
쉬기 위해서는 시대의 변화에 따라 확장되고 변주되어야 한다. 신
화 역시 마찬가지이다. 과거의 자료로 고정되어 있는 것이 아니라
현실의 가치를 반영하여 새로운 매체에서 재창조되어야 할 것이
다. 이러한 관점에서 〈신과 함께〉 신화편은 전통적 상상력을 확장
한 우리 시대의 새로운 신화, 즉 신화에 대한 현대적 이본(異本)이
라 할 수 있다.

그러나 신화를 재해석하면서 개별 신화의 고유한 가치를 훼손
하거나 변질시키는 것은 아닌지 고민할 필요가 있다. 〈신과 함께〉
에서 신화를 재편하는 과정에 발생하는 시공간의 질서화는 미분
화된 신화의 세계를 파괴하는 것일지도 모른다. 웹툰에서 개연성
과 합리적 전개를 위해 신화의 상상력을 축소하는 것은 아닌지도
검토할 필요도 있다. 또한 신화를 재해석해서 새로운 가치를 지향
하는 것이 맞는지? 이를 위한 신화의 변주를 용인해야 하는지? 재
해석에도 불구하고 반드시 남아 있어야 하는 신화의 요소는 무엇
인지? 등 따져 볼 문제가 많이 남아 있다. 이러한 문제가 이 글에서
논의되지는 못했지만 신화의 현대적 재해석을 위해서 지속적으로

살펴보아야 할 사항이다.

여러 문제에도 불구하고 〈신과 함께〉는 신화의 대중화라는 측면에서 중요한 시사점을 주는 작품이다. 무엇보다 〈신과 함께〉에서 제시한 신의 세계가 오늘날 현실의 문제에 대한 신화적 대안이라는 점이 중요하다. 현실의 모순과 부조리에 대한 오늘날 우리의 인식과 신화의 상상력이 결합하여 새로운 지향점을 찾고 있는 것이다.

이물교혼담에 나타난 여자요괴의 양상과 문화콘텐츠로의 변용

: 구미호 이야기를 중심으로

1. 문화콘텐츠 시대의 구미호 이야기

우리사회는 디지털기술의 발전과 정보통신망의 확충으로 최근 몇 년간 급격한 매체환경의 변화를 경험하고 있다. 매체환경의 변화는 매체에 대한 수용자의 보다 용이한 접근과 새로운 내용물에 대한 요구를 불러일으켰다. 이러한 시대의 중요한 키워드로 문화콘텐츠[1]와 문화콘텐츠산업이 부상하고 있다. 정부에서도 한국문화콘텐츠진흥원(KOCCA)을 설립하는 등 지대한 관심을 가지고 있으며, 각 대학에서도 문화콘텐츠 관련 학과 및 교과목이 개설되고 있다. 그러나 사회 전반에서 일고 있는 문화콘텐츠에 대한 관심과

---

[1] 문화콘텐츠는 산업화를 전제로 하여 뉴미디어를 이용하여 저장·유통되는 문화예술의 내용물을 말한다(이찬욱·이명현, 『문화원형과 영상콘텐츠』, 중앙대학교 출판부, 2006, 4쪽).

는 달리 현재 우리의 문화콘텐츠 산업은 국내시장규모와 국외로의 수출에 있어 모두 시작 단계라 할 수 있다.

특히 현재 우리의 문제는 매체 환경과 콘텐츠를 제작하는 기술력이 아니라 새로운 미디어에 담아야 할 내용물, 즉 콘텐츠 자체에 있다. 오늘날을 살아가는 현대인들이 공감하고, 또 우리의 울타리를 벗어나 전 세계인의 감성에 부합하는 콘텐츠를 개발해야 한다. 그렇다면 우리는 어디서 콘텐츠의 소재를 찾아야 할까? 이와 같은 물음에 대하여 최근 문화콘텐츠 소재의 원천으로 한국 전통문화를 주목하고 있다. 한국적 정체성과 고유성을 갖는 한국의 전형적인 전통문화에서 문화원형을 추출하여 문화콘텐츠의 창작소재로 활용하여야 한다는 목소리가 갈수록 높아지고 있다.

또한 문화콘텐츠를 제작할 때 전통문화에서 추출한 원형자료에 소비자들의 흥미를 유발시킬 수 있는 다양한 내러티브를 결합해야 한다. 이때 흥미 있는 이야기는 새로 창작할 수도 있고, 기존의 이야기를 적용하거나 재창조할 수도 있다. 여기서 새로 창작하는 경우는 논외로 하고, 기존의 이야기를 활용하는 경우에 우리 이야기문학을 주목해야 한다.[2] 우리 이야기의 내러티브가 오늘날에도

---

2) 최근 문화콘텐츠의 창작소재 혹은 시나리오의 원천소스로서 우리 이야기문학에 대한 관심과 연구가 증대하고 있다.
　　김용범, 「문화컨텐츠 산업의 창작소재로서 고전소설의 활용가능성에 대한 연구」, 『민족학연구』 4집, 한국민족학회, 2000, 1~37쪽; 김탁환, 「고소설과 이야기문학의 미래」, 『고소설연구』 17, 한국고소설학회, 2004, 5~28쪽; 조혜란, 「다매체 환경 속에서의 고소설 연구 전략」, 『고소설연구』 17, 한국고소설학회, 2004, 29~52쪽; 신선희, 「고전 서사문학과 게임 시나리오」, 『고소설연구』 17, 한국고소설학회, 2004, 75~106쪽; 백성과, 「문화콘텐츠시나리오 창작유형에 관한 연구」, 중앙대학교 석사논문, 2004, 1~119쪽; 연동원, 「음란서생과 포르노그래피: 문학적 표현과 역사성을 중심으로」, 『우리문학연구』 20, 우리문학회, 2006, 107~129쪽.

유효한 것은 이야기의 중요한 특징 중 하나인 환상성에서 찾아 볼 수 있다. 오늘날 대중이 원하는 문화콘텐츠는 현대인의 요구와 감각에 맞게 창조되어 현대인의 감성을 자극하는 것들이다. 대중들이 시간을 투자하고, 경제적 지출을 감내하면서 문화콘텐츠를 소비하는 것은 일상의 현실에서 일탈하여 여가를 즐겁게 보낼 수 있는 장치를 필요로 하기 때문이다.3)

이러한 소비 대중의 욕구에 부합하는 것이 환상(Fantasy)이다. 환상에 대한 충동은 권태로부터의 탈출, 놀이, 환영(幻影), 결핍된 것에 대한 갈망 등을 통해 현실에서 주어진 것을 변화시키려는 욕구에서 기인한다.4) 환상의 세계에서는 현실에서 불가능한 일들이 존재할 수 있다. 단순히 우리가 살고 있는 세계관이 아닌 보다 다차원적 세계관을 그릴 수 있고, 상상할 수 있는 힘. 그것이 바로 이야기에서 찾아 볼 수 있는 환상의 세계이다.

우리의 옛 이야기 중에서 환상이 부각된 것 중으로 인간과 이물(異物)의 교혼(交婚)이야기5)가 있다. 단군신화의 웅녀, 야래자 설화, 우렁각시 이야기, 구렁이 색시, 구미호 등이 그것이다. 이 이야기들은 현실세계에서 경험할 수 없는 환상적 요소로 인해 예전부터 지금까지 널리 사랑받고 있다. 그런데 이 중 구미호 이야기에서는 이물(異物)이 인간을 유혹하는 요괴(妖怪)의 형상으로 나타난다. 요괴란 공포와 관련된 초월적인 현상·존재라 할 수 있다. 인간을 둘

---

3) 이명현, 「멀티미디어 시대의 고전소설 교육의 모색과 전환」, 『문화콘텐츠기술연구원 논문집』 2(1), 중앙대 문화콘텐츠기술연구원, 2006, 18쪽.

4) 최기숙, 『환상』, 연세대학교 출판부, 2003, 22쪽 참조.

5) 異物交婚, 혹은 異物交媾에 대한 명칭과 개념은 라인정의 논문(라인정, 「異物交媾說話研究」, 충남대학교 박사논문, 1998, 3~6쪽)을 참고.

러싸고 있는 환경은 자연이든 인공물이든 '경계심과 불안'의 대상으로 바뀔 가능성을 갖고 있다. 그 공포심이 인간의 상상력을 동원하여 초월적 존재를 만들어 내고, 사람들이 공유할 수 있는 환상의 문화를 만들어 전달 계승한다.[6] 즉 인간은 요괴를 통해 미지의 외부세계에 대한 창조력과 상상력을 발산하는 것이다.

동물에서 인간으로의 변신과 이물(異物)과 인간과의 교혼은 현실에서 이루어질 수 없는 상상의 세계이다. 현대 자연과학의 발전과 지리 영역의 확대로 세계를 객관적으로 해석할 수 있게 되자 이러한 이야기는 비현실적인 것으로 치부되기도 한다. 그러나 변신과 이물교혼은 과거 인간이 자신을 둘러싼 세계를 이해하고 해석하는 방식이자 규칙적인 일상을 탈출하고자 하는 욕망인 것이다. 아무리 현대 과학이 발전한다고 해도 인간이 가진 불완전성과 반복되는 현실에 대한 일탈 욕망은 해소되지 않을 것이다. 해소되지 않은 욕망을 풀어내기 위해 우리는 낯선 존재들을 다시 호명해야 한다. 과거 이야기 속에서 박제된 이물(異物), 혹은 요괴들을 21세기 문화콘텐츠의 영역으로 불러들여 인간과 함께 호흡하도록 해야 한다. 그리고 바로 이점이 구미호 이야기의 전승과 문화콘텐츠로의 변용에 관심을 두어야 하는 이유인 것이다.

2. 구미호 이야기의 전승양상과 구미호에 대한 관념

이야기 속의 구미호[7]는 인간보다 우위의 능력을 가지면서 자유

---

6) 小松和彦, 『妖怪學新考』, 小學館, 1994.

롭게 인간으로 변신하고, 인간을 유혹하는 존재로 나타난다. 이와 같은 구미호의 성격은 대부분의 이야기에서 비슷하게 나타나지만 인간과 구미호의 결합의 결과는 다르게 나타난다. 여기서는 구비 문학대계에 수록된 인간과 구미호의 교혼이야기8)를 대상으로 공통적으로 드러나는 구미호의 성격에 대해 살펴보고, 각 편의 이야기의 차이점이 의미하는 것은 무엇인지 살펴보기로 한다.

구비문학대계에 수록된 인간과 구미호의 교혼이야기는 세 유형으로 나누어 볼 수 있다. 첫째는 구미호가 가난한 청년을 도와주고, 청년이 아내의 정체를 알아차려도 끝내 의리를 지키는 여우아내 유형,9) 둘째는 위대한 인물의 비범성을 설명하기 위해 출생의 신이함을 강조하는 강감찬 유형,10) 셋째는 구미호가 여우구슬을 매개로 남자의 정기를 빼앗는 여우구슬 유형이다. 이 세 유형의 이야기를 단락별로 나누어 각각 살펴보기로 한다.

---

7) 구미호 혹은 여우에 대한 이야기는 『三國遺事』 소재 원광서학을 비롯하여 여우누이, 소금장사와 여우, 한시로 구미호 알아낸 처녀, 새 서울을 짓게 한 여우 등 다양하고 풍부하게 전승되고 있다. 그러나 이 글에서는 요괴의 성격을 지니면서 인간과 교혼하는 여우이야기를 다루려 하므로 아래의 '강감찬 탄생'과 '여우구슬' 이야기를 제외한 다른 이야기는 논의와 관계된 경우에만 언급할 예정이다.

8) 여우구슬 이야기는 구미호와 인간의 성적 교합이 직접적으로 나타나지는 않지만, 여우구슬이라는 매개체를 통하여 상징적으로 나타난다고 여겨 포함시키고자 한다.

9) 이 유형의 각 편의 제목은 '천년 묵은 여우와 팔백이, 여우와 굼벵이의 변신, 천년 묵은 여우와 의리 지킨 남자'인데 내용을 포괄하는 유형의 제목으로 적절하지 못해 구미호와 인간의 관계를 고려해 여우아내라는 제목을 선정하였다.

10) 이 유형의 경우 여우가 출산한 위대한 인물이 대부분 강감찬으로 나타나기 때문에 유형의 명칭을 강감찬이라 부르기로 한다.

여우아내[11]

① 한 청년이 가난해져서 자살하려 한다.

② 어떤 여인이 도움을 주겠다며 그를 자기 집으로 데리고 가고, 둘은 부족함이 없이 산다.

③ 청년은 한 노인을 우연히 만나고 노인은 여자가 여우임을 알려주고 살 수 있는 비책(아침에 침을 세 번 뱉는 것)을 제시한다.

④ 그러나 청년은 여자의 은혜를 생각해서 침을 뱉지 않았다.

⑤ 여자가 사실을 알고 자신이 여우임을 밝히고 노인 또한 여우의 원수인 지네임을 알려준다.

⑥ 여자는 백여우 털을 벗고 사람으로 변해 청년과 행복하게 살았다.

이 이야기는 가난한 청년이 나무에 목을 매달아 자살하려는 순간 여인으로 변신한 구미호가 청년을 구원해 주는 것으로 시작한다. 가난한 청년은 구미호의 도움으로 부족함이 없는 삶을 누리게 된다. 구미호가 청년의 구원자 내지 원조자의 역할을 하는 것이다. 그런데 어느 날 한 노인(각 편에 따라 죽은 아버지나 할아버지)이 나타나 청년에게 여인의 정체가 여우라는 것과 살기 위해서는 아침에 침을 세 번 뱉어야 한다는 것을 알려 준다. 만약 노인의 지시에 따르지 않는다면 청년은 죽음을 맞이해야 된다. 청년은 고민하지만 여우의 은혜를 생각해서 노인의 지시를 따르지 않는다.

은혜를 갚기 위해 죽음을 선택한 청년의 결정은 의외의 반전을 맞이한다. 청년에게 여인의 정체를 알려 준 노인은 실제로 지네 요괴로 원수지간인 여우를 죽이기 위해 청년을 속인 것이었다. 청

---

11) 앞으로 『한국구비문학대계』는 편의상 대계로 통칭하기로 한다.
　　대계 7-13, 천년 묵은 여우와 팔백이, 639쪽.

년의 선한 선택으로 인해 여인은 백여우의 털을 벗고 완전한 인간
으로 변하여 청년과 행복한 삶을 누리게 된다. 이 이야기는 우리가
일반적으로 알고 있는 여우의 부정적 면모가 드러나지 않고 구미
호가 인간의 구원자로 등장하며, 인간과 구미호가 화합하는 특징
을 가진 독특한 각편이라 할 수 있다.

강감찬[12]

① 강감찬의 부친이 늦도록 자손이 없어 고민하다 점쟁이를 찾아 문복
   한다.
② 점쟁이가 1000명의 여자를 만나되 999명의 여자와 허위로 관계하
   여 정기를 모아 마지막에 관계하면 대인을 낳을 것이라 한다.
③ 팔도강산을 1년 이상 돌아다니며 999명의 여자들과 통정한다.
④ 집에 있는 부인과 1000번째 관계를 갖기 위해 귀향하는데, 큰 고개
   에서 예쁜 여자를 만난다.
⑤ 그 여인이 유혹하여 결국 1000명째 관계가 이루어진다.
⑥ 집에 돌아와 열 달의 시간이 흐른다.
⑦ 어느 날 대문 밖에 누군가 갓난아기를 갖다 놓았다.
⑧ 아이는 키가 작고 곰보였으나 재주가 비상하였는데, 바로 그가 강
   감찬이다.

이 유형은 강감찬이라는 인물의 비범성을 설명해 주기 위하여
여우의 아들이라는 탄생의 신이함을 강조하는 이야기이다. 강감
찬의 아버지는 아들을 낳기 위해 기자치성을 드리거나 문복(問卜)

---

12) 대계 1-2, 강감찬 이야기, 193쪽.

을 한다. 문복을 수행하는 과정에서 강감찬의 아버지는 자신의 의사와 관계없이 여우의 적극적인 유혹[13]에 의해 결합하게 된다. 그 뒤 여우는 아이를 출산한 뒤 죽거나 사라지는데, 바로 그 아이가 강감찬이다. 이 유형의 이야기에서 구미호는 남자를 유혹하는 존재이지만, 그 유혹의 결과는 위대한 인물의 탄생이라는 긍정적 방향으로 나타난다.

그런데 이 유형의 이야기 대부분은 출생 이후 강감찬의 신이한 행적이 나타난다. 대표적인 삽화는 신행길을 가던 신랑을 죽이고 대신 신랑으로 변신한 여우를 어린 강감찬이 퇴치하는 것이다. 한 이야기 속에 서로 다른 두 여우가 등장하는데, 강감찬을 출생하는 여우는 남성을 유혹하는 존재이지만 부정적이지 않은데 비하여 강감찬이 퇴치하는 여우는 인간을 잡아먹기 위해 해골을 쓰고 사람으로 변신하는 부정적 존재로 나타난다. '강감찬'에서 서로 다른 여우의 모습이 나타나는 것은 여우에 대한 부정적 관념과 긍정적 관념이 공존하고 있기 때문일 것이다.

여우구슬 이야기[14]

① 도선이 서당에 가던 길에 예쁜 처녀의 유혹을 받는다.

② 도선은 처녀와 함께 구슬을 입으로 주고받으면 놀다가 해가 져서야 돌아온다.

③ 도선이 매일 처녀와 놀다 보니 점점 파리해져 죽을 지경에 이른다.

---

13) 각 편에 따라 여우는 '여자가 홀려서', '길을 막으며', '옷을 잡고', '달려들어 안고 뒹굴며', '주막집 주인 여자가 간청하여', '꿈 꾼 것을 자기에게 풀고 가라', '자고 가라'며 강감찬의 아버지를 적극적으로 유혹한다.

14) 대계 1-2, 도선이 이야기, 167쪽.

④ 서당 훈장이 그 까닭을 묻자 도선은 사실을 이야기한다.

⑤ 훈장은 처녀를 만나면 그 구슬을 삼키고는 하늘을 쳐다보라고 한다.

⑥ 도선은 다음날 처녀를 만나 입으로 넣어준 구슬을 삼킨다.

⑦ 그 순간 처녀가 여우로 변해 놀란 도선은 땅에 엎어진다.

⑧ 도선은 땅에 엎어진 바람에 천문을 통달하지 못하고 지리만 도통하게 된다.

⑨ 도선은 자라서 유명한 풍수가 된다.

이 유형의 이야기들은 아직 성인이 되기 전의 한 소년이 서당으로 가는 산고개에서 낯선 여인과 마주치면서 시작된다. 여인은 아이를 유혹하여 매일 만나면서 구슬을 매개로 입맞춤을 한다. 서당의 훈장 선생님은 아이가 점점 쇠약해지자 그 연유를 물어 전모를 알게 된다. 여인은 인간으로 변신하기 위해 사람의 정기를 빼앗는 구미호인 것이다.

이 이야기에서 구미호는 구슬을 이용하여 남성의 정기를 빼앗으려 하는 부정적 존재로 나타난다. 주인공은 구미호에게 더 이상 정기를 빼앗기지 않기 위해 구슬을 삼키고, 그 결과 명풍수, 명의, 대학자[15]가 된다. 결국 사람으로 변신하기 위해 남성의 정기를 빼앗는 여우는 끝내 실패하고, 아이는 여우구슬을 삼켜 뛰어난 능력을 지니게 되는 결말을 가진다. 여우구슬은 평범한 아이를 뛰어난 인물로 변화시키는 보배로 구미호의 신이한 능력을 상징적으로 보여주는 것이다. 이 유형의 이야기에서 남성을 유혹하는 여우는 부정적 존재로 묘사되지만, 여우가 가지고 있는 구슬은 신이한 보

---

15) 아이는 이야기 각 편에 따라서 실제 역사인물인 도선, 박상의, 진좌수, 허준, 이식, 이황, 송시열 등으로 나타난다.

배로 인식되고 있음을 알 수 있다.

이상으로 세 유형의 이야기를 살펴보았는데, 그 내용을 정리하면 아래의 표와 같다.

구분	여우아내	강감찬	여우구슬
여우와 인간의 만남	여우의 유혹	여우의 유혹	여우의 유혹
여우와 인간의 관계	상호 우호	여우의 일방적 우호	상호 대립
여우의 결말	사람으로 변신	행방을 알 수 없음	사람으로 변신 실패
이야기의 지향점	여우와 인간의 행복한 가정	여우를 통해 위대한 인물을 출생	여우를 극복하여 위대한 인물이 됨

위의 표에서 볼 수 있듯이 세 유형 모두 여우의 유혹으로 만남이 시작된다. 인간 남성은 구미호를 처음 만났을 때 그 유혹을 거부하지 못한다. 구미호는 미지의 존재로 신이한 능력을 지닌 아름다운 여인으로 형상화된다. 인간 사회에서 볼 수 없는 경이로운 능력을 가진 타자(他者)인 것이다. 이 낯선 존재의 유혹에 남성은 쉽사리 헤어나지 못한다. 남성주인공이 상대의 유혹에 빠져 처음 보는 순간부터 사랑의 감정을 느끼게 되는 것은 상대방이 자신의 아니마(Anima)이기 때문이다. 남성은 자신의 아니마가 투영된 대상을 끊임없이 갈구한다. 그리고 자신의 아니마에 일치된 대상을 찾는 순간 완전성을 느끼게 된다.[16]

그런데 처음 만남 이후 인간과 여우의 관계는 각 편마다 다르게 나타난다. 여우아내에서 구미호와 인간은 상호 우호적인 관계를 형성한다. 구미호는 가난으로 인해 자살하려는 청년을 구원해주

---

16) 최진아, 「요괴의 유혹: 唐나라 傳奇에 나타난 여성의 한 모습」, 『中國小說論叢』 21집, 韓國中國小說學會, 2005, 198쪽.

고, 청년은 구미호와의 의리를 지키고자 한다. 그 결과 구미호는 완전한 사람이 되어 청년과 진정한 결연에 성공한다. 이 이야기에 나타나는 구미호는 남성의 욕망이 이상화된 긍정적 아니마라 할 수 있을 것이다.

강감찬에서 강감찬의 아버지와 구미호의 관계는 구미호의 일방적인 유혹에 의해서 성립된다. 구미호는 이후 아이를 낳고 사라지거나 죽는다. 강감찬에서 인간과 구미호의 교혼은 위대한 인물의 신이한 출생담에 초점이 맞추어져 있다. 그렇기 때문에 구미호는 위대한 인물이 될 아이를 낳은 후 이야기에서 사라지는 것이다. 이 이야기에서 인간과 구미호는 가정을 이루지는 못하지만 남성에게 위대한 인물이 될 아이를 선사한다는 점에서 인간에 대해 우호적 존재임을 알 수 있다.[17]

여우구슬에서는 주인공 아이와 구미호가 대립한다. 구미호는 인간으로 변신하기 위하여 아이의 정기를 빼앗아야 하고, 아이는 살기 위해서 구미호의 구슬을 삼켜야 한다. 이 이야기에서 구미호의 유혹은 인간의 죽음과 관련된 공포로 다가온다. 인간은 자신의 생존을 위해 구미호의 유혹을 이기고 구미호를 인간 세계 밖으로 몰아내야 한다. 구미호가 지닌 신이한 능력 역시 구슬을 매개로 하여 인간이 소유해야 하는 것이다. 이 이야기에서 구미호는 인간

---

17) 그런데 문제는 앞서 언급한 것처럼 이 이야기의 삽화에 부정적 관념의 구미호가 등장한다는 것이다. 구미호가 신행길 도중에 신랑을 잡아먹고 대신 사람으로 둔갑한다. 구미호가 인간에게 위해를 끼치는 공포스러운 존재로 형상화된 것이다. 이는 인간의 인지로 파악하기 어려운 위대한 인물의 신이한 출생과 같은 사건에는 구미호와 같은 현실경험을 초월한 존재가 관계할 수 있지만, 인간 사회의 질서라는 측면에서는 구미호는 위협적인 요괴라는 인식이 표출된 것으로 파악할 수 있다.

을 위협하는 부정적 존재로 나타나고, 남성에게 있어서도 부정적 아니마로 인식된다. 아니마가 부정적 의미를 지닐 때 남성을 파멸시키는 '유혹자'로 설정된다. 그렇기에 이 이야기의 지향점은 바로 남성을 파멸시키는 유혹자를 극복하고 위대한 인물이 되는 남성에 초점에 맞추어져 있는 것이다.

이 세 가지 유형의 이야기에는 서로 다른 구미호에 대한 관념이 나타난다. 구미호는 인간에게 도움을 주는 구원자로 등장하기도 하고, 인간의 생명을 위협하는 유혹자로 나타나기도 한다. 이렇게 서로 다른 구미호에 대한 관념이 나타나는 것은 이야기 향유층이 구미호에 대한 다양한 인식을 공존하고 있었기 때문일 것이다.

인류문화의 전개과정을 볼 때 동물을 신성시하고 숭배하는 것은 초기 인류의 보편적 현상이다. 동물숭배관념에서는 숭배하는 동물이 신성성(神聖性)을 발현하는 특별한 능력을 가지고 있다고 믿었다. 구미호의 경우에는 그 신성의 징표가 변신으로 나타난다.[18] 그러나 인간이 자연물 전반을 신앙하던 원초적 단계에서 벗어나 세계를 객관적 대상으로 파악하기 시작하면서 동물의 신성성은 변질된다. 특히 여우는 공동묘지에 출현하여 시체를 손상시키는 생태 때문에 매귀(埋鬼)라는 부정적 관념[19]이 형상화되었다. 그리고 여우는 정치적으로 불길한 징조나 망국의 상징[20]으로 나타나기도

---

18) 여우가 신성한 능력을 가진 동물로 나타나는 예는 대표적으로『三國遺事』소재 圓光西學에서 찾아 볼 수 있다. 원광서학에 여우는 神的 존재로 묘사되며, 원광법사가 불법을 대성하는데 도움을 주는 존재로 나타난다. 그리고 일본에서는 여우는 음식·곡물의 신 또는 산의 신이며 일본의 福神으로서 신앙의 대상이자 이나리(稻荷) 신사의 사자로 나타난다(서윤순,「변신의 귀재 여우 기쓰네(狐)」, 중앙대학교 한일문화연구원 편,『일본의 요괴문화』, 한누리미디어, 2005, 194쪽).

19) 강진옥,「변신설화에 나타난 여우의 형상과 의미」,『고전문학연구』9, 한국고전문학연구회, 1994, 39쪽.

한다. 또한 구미호가 요괴(妖怪)·요수(妖獸)라는 인식은 산해경(山海經)에도 나타나는데, 이러한 중국 측의 문헌기록은 구미호에 대한 부정적 관념을 형성하는데 일정부분 영향을 끼쳤으리라 생각한다.

  이곳의[靑丘山을 말함 -필자 주] 어떤 짐승은 생김새가 여우같은데 아홉 개의 꼬리가 있으며 그 소리는 마치 어린애 같고 사람을 잘 잡아 먹는다. 이것을 먹으면 요사스러운 기운에 빠지지 않는다.[21]

그러나 구미호에 대한 신성성이 변질되어도 구미호가 가진 능력은 신이하게 여긴다. 이것은 인간이 자연계의 제현상을 객관적으로 인식하고 극복할 수 있게 된 이후에도 동물들에 대해 가졌던 원초적 두려움으로 인해 동물이 가진 능력에 경이로워하고 그 능력에 기반한 숭앙감을 부정적 형태로 전이[22]하기 때문이다.

〈그림 1〉 明 호문환의 산해경도

  동물숭배관념의 변화는 구미호의 신이한 능력을 신성(神性)에서 마성(魔性)[23]으로 변질시킨다. 인간은 구미호가 지닌 능력을 경이

---

20) 여우 떼가 궁중에 들어왔는데 흰 여우 한 마리가 상좌평의 책상에 올라앉았다. "十九年 春二月 衆狐入宮中 一白狐坐上佐平書案."(『三國史記』 권28 백제본기 6, 의자)

21) "其狀如弧而九尾, 其音如嬰兒, 其食人, 食者不蠱."(山海經 南山經; 정재서 역주, 『山海經』, 민음사, 1985, 56~57쪽)

22) 강진옥, 「변신설화에서의 정체확인과 그 의미」, 『진단학보』 73, 진단학회, 1992, 181~182쪽.

23) 강진옥, 「변신설화에 나타난 여우의 형상과 의미」, 『고전문학연구』 9, 한국고전

롭게 여기지만 그 능력이 인간에게 발현되는 것은 두려워한다. 인간의 삶이 자연세계와 분리되면서 세계를 객관화시키려 하지만, 세계가 가지는 경이로움을 극복하지 못하고 자연 대상물을 인간의 삶을 위협하는 부정적인 적대자로 인식하게 되는 것이다. 즉, 인간이 자신을 둘러싼 세계에 대한 경계와 불안심리로 인해 구미호를 부정적 가치를 지닌 초자연적 존재로 변화시킨 것이다.

3. 구미호 이야기의 문화콘텐츠로의 변용

과학기술의 발전과 문명화는 인간의 사고를 크게 변화시켰다. 인간은 더 이상 곰이 삼칠일의 금기를 지키면 사람으로 변하는 것을 믿지 않는다. 또한 동쪽 바다 끝으로 가면 부상(扶桑) 대신 아메리카 대륙이 나타난다는 것을 알고, 달은 옥토끼나 두꺼비로 변한 항아(姮娥)가 살지 않는 지구의 위성이라는 사실을 알고 있다.

이러한 시대에 구미호와 같은 요괴이야기가 설 자리는 남아 있지 않은 것처럼 보인다. 그러나 자연과학의 발전에도 불구하고 실제 요괴에 대한 관심은 증폭되기만 한다. 요괴탄생은 자연적 현상만이 아니라 인간의 심리와도 관련이 있기 때문이다. 인간은 이성적 판단으로는 이해하기 어려운 불가사의한 현상이나 자신들의 힘이 미치지 못하는 미지의 암흑세계에 적지 않은 공포와 불안을 느낀다. 그 불안의 대상이 여러 사람들의 공통인식으로 자리 잡아 입에서 입으로 전해지고, 특정한 대상에 대한 의인화 및 인격화가

문학연구회, 1994, 6~7쪽.

이루어지면서 일정한 성격과 형상을 가진 이미지로 정착되어 간다.24) 요괴의 탄생은 이러한 과정을 거치는 것이며 인간의 상상력 속에서 생명력을 부여받는 것이다. 이 때문에 우리 이야기 속의 구미호도 합리적 인식의 발달에도 불구하고 현재까지 생명력을 유지하고 있는 것이다.

여기에서는 구미호 이야기 전승을 토대로 문화콘텐츠로 변용된 사례를 알아보고, 새롭게 현대적으로 변용된 구미호의 의미에 대하여 살펴보기로 한다. 원천소스를 문화콘텐츠로 활용하는 방법은 네 가지로 나누어 볼 수 있다. 첫째는 원작 그대로를 재현하는 방식이고, 둘째는 극적 흥미를 강화하기 위한 부분개작이고, 셋째는 원작의 브랜드 혹은 캐릭터만을 차용하는 전면개작이고, 넷째는 중심캐릭터나 원작의 특정 포맷만을 독립시키는 스핀오프 (spin-off) 방식이다.

현재까지의 구미호 이야기의 현대적 변용 사례는 대단히 풍부하다. 소설로는 하성란의 「여우여자」가 『문예중앙』 2001년 겨울호에 발표되었고, 만화로는 한현동의 『신구미호전』이 현재 만화잡지 '팡팡'에 절찬리에 연재중이다. TV드라마로는 '전설의 고향'25)과 2002년 KBS에서 방영된 '구미호 외전'이 있고, 영화로는 '구미호'와 '구미호 가족'을 들 수 있다. 또한 2007년 1월 개봉을 목표로 이성강 감독의 장편 애니메이션 영화 '천년여우 여우비'가 제작

---

24) 이재성, 「일본 대중문화에 나타난 요괴 이미지」, 중앙대학교 한일문화연구원 편, 『일본의 요괴문화』, 한누리미디어, 2005, 282쪽.

25) 전설의 고향 구미호는 1977년 KBS에서 처음 방영된 것으로 설화를 차용하여 드라마로 새롭게 각색한 작품이다. 구미호편은 여러 번 방영되었는데 한혜숙이 주인공을 맡은 이후 장미희, 김미숙, 박상아, 송윤아, 노현희, 김지영 등의 배우가 구미호역할을 맡았다.

중에 있다. 그리고 가까운 일본에는 현재 '구미호 나루토'라는 만화가 최고의 인기를 누리면서 연재되고 있으며, TV용 애니메이션26)과 게임으로도 보급되고 있다. 이 중 '전설의 고향'과 영화 '구미호'는 부분 개작의 방식으로 원천소스를 활용하였고, 소설 「여우여자」, 만화 『신구미호전』, 영화 '구미호 가족', 애니메이션 '천년여우 여우비'는 전면 개작의 방식을 취하였으며, TV 드라마 '구미호 외전'은 스핀오프 방식으로 제작되었다.

이 글에서는 이렇게 많은 오늘날의 구미호 이야기 중에서 이물교혼(異物交婚), 즉 구미호와 인간의 사랑이라는 소재를 중심모티브로 삼은 전설의 고향 '구미호', 영화 '구미호', 드라마 '구미호 외전'을 대상

〈그림 2〉 KBS 전설의 고향

으로 하여 논의를 전개하고 한다. 이 중 먼저 살펴볼 것은 한국인의 구미호에 대한 이미지를 대표하는 전설의 고향이다. 전설의 고향 '구미호편'은 구미호와 인간의 사랑, 인간의 탐욕과 배신을 주된 내용으로 삼고 있다.

전설의 고향의 구미호는 대부분 납량특집으로 기획되었기 때문에 구미호에 대한 공포의 이미지를 보여주면서 이야기를 전개한다. 기괴한 분장을 한 구미호는 공동묘지를 배회하고, 재주를 넘어 아름다운 여인으로 변신한다. 이렇게 신이한 능력을 가진 구미호가 원하는 것은 뜻밖에 사람이 되고자 하는 것이다. 구미호는 인간이 되려고 온갖 노력을 하지만 결국은 인간이 되지 못한다. 구미호

---

26) 애니메이션 '구미호 나루토'는 현재 케이블 TV 투니버스를 통해 우리나라에도 시청되고 있는데, 어린이를 중심으로 인기를 얻고 있다.

는 때로는 인간이 되기 위해 사람의 간 대신에 공동묘지를 파헤치거나 닭장의 닭을 몰래 먹기도 하지만, 인간이 되고자 하는 구미호의 시도는 인간의 배신으로 결국 이루어지지 않는다.

전설의 고향에 나타난 구미호는 인간에게 위협을 가하는 공포스러운 존재이자 아름다운 여인의 형상을 한 유혹자이고, 사람이 되지 못하고 좌절하는 체제 밖의 존재이다. 구미호는 뛰어난 능력을 가지고 있지만 인간 사회라는 경계 밖에 위치하기 때문에 타자(他者)로서 존재한다. 타자인 구미호는 경계 안으로 편입하기 위해 자신의 존재를 부정하고 인간이 되고자 한다. 구미호가 인간이 되기 위해 사람을 믿지만, 인간은 구미호에 대한 공포 때문에 결국 배신한다. 구미호는 인간의 배신에 복수하지 않고 한(恨)을 품은 채 사라진다.

전설의 고향의 구미호는 낯설고 두려운 존재로 과거이야기에 나오는 구미호의 부정적 부분을 강조한 것이다. 전설의 고향 구미호에서 인간과 구미호는 더 이상 완전한 결합에 성공하지 못한다. '여우아내'나 '강감찬'처럼 사랑의 결과로 가정을 이루거나 자식을 낳는 긍정적 결과를 얻지 못하고 파국을 맞이하게 된다. 전설의 고향 구미호에는 '여우구슬'에서 보이는 부정적 아니마의 형상이 확대 강조되고 있는 것이다. 여기에 인간 남성의 배신이라는 요소를 첨가하여 파국의 이유가 구미호라는 타자의 존재뿐만 아니라 인간의 불신도 중요한 원인임을 지적하고 있다. 결국 오늘날 구미호의 한을 환기시키는 것은 인간인 셈이다. 결국 전설의 고향에서 구미호는 인간을 중심으로 그 존재가 재편되고 있음을 알 수 있다.

전설의 고향에 나타나는 구미호의 한은 중심에서 벗어난 사람들이 지니는 좌절과 상실을 연상하게 한다. 1990년대 이전 사회적

약자에 대한 차별의식이 아직 공고할 때 구미호의 한은 많은 이들의 공감을 얻을 수 있는 요소였을 것이다. 또한 지금과 같은 다양한 매체가 발달하기 전인 1970~80년대에 구미호의 기괴한 형상은 충분한 공포의 대상이었을 것이다.

그런데 전설의 고향 구미호가 1990년 이후에도 대중들에게 사랑받는 것[27]에 비하여 구미호를 현대적 리메이크한 영화와 드라마는 큰 성공을 거두지 못한다. 먼저 영화의 경우는 1994년 박헌수 감독이 연출한 '구미호'가 있다. 이 영화는 당대의 청춘스타인 고소영과 정우성의 출연으로 화제가 되었다.

이 영화에서는 전설의 고향에 나타난 구미호에 대한 인식이 반복된다. 영화 구미호는 기술적인 면에서 크게 진보하였지만, 주된 내용과 전달하고자 하는 메시지는 배경만 현대로 바뀌었을 뿐 전설의 고향 구미호와 대동소이하다. 전설의 고향 '구미호'처럼 과거 구미호 이야기를 기반으로 부분 개작한 작품인 것이다.[28] 영화는 999년째 인간세상을 떠돌고 있는 반인간 반

〈그림 3〉 영화 구미호

여우의 구미호가 1년 안에 어떻게든 한 남자의 사랑과 정기를 얻

---

27) 1990년대 이후 전설의 고향이 다시 방영되면서 구미호는 큰 인기를 누린다. 1996년 박상아가 출현한 호녀는 38.8%의 높은 시청률을 기록한다. 이는 역대 사극 시청률 순위 8위에 해당하는 것이다. 그 뒤 1997년 송윤아가 출현한 구미호도 높은 인기를 얻었고, 그 영향으로 이후 1998년 노현희가 출현한 여우골, 1999년 김지영이 출현한 구미호가 방영되었다.

28) 이 영화는 '여우구슬' 이야기를 현대적 배경으로 부분 개작한 작품이다.

어 완전한 인간이 되고자 하지만 결국 이루어지 못하는 내용을 다루고 있다.

이 영화는 당대의 청춘스타를 대거 기용하고, 볼거리에서도 국내 최초로 컴퓨터 그래픽(CG)을 이용했음에도 불구하고 흥행에 성공하지 못했다.29) 그 이유로 여러 가지가 있겠지만 우선 구미호의 한이라는 요소가 이전보다 풍요로워진 90년대의 감성에 적합하지 않았기 때문이다. 90년대 중반 극장을 찾는 20~30대의 관객들은 이전과 달리 풍요로운 어린 시절을 보낸 X세대들이었다. 이들은 부정적 아니마로 형상화된 구미호의 비극을 외면하였다. 새로운 관객들은 변화한 시대에 맞는 새로운 구미호를 원했지만 영화에서 등장한 구미호는 이전과 같이 남성을 유혹하는 낯선 타자였다. 또한, 할리우드 영화의 자극적인 영상 이미지에 의해 둔감해진 관객에게 기괴한 구미호의 형상은 더 이상 공포를 자아내지 못하는 식상한 과거 요괴의 모습일 따름이었다.

영화 구미호는 제작 이전에 큰 화제를 모았다. 물론 여기에는 여배우의 인기와 같은 영화 외적인 요소도 있겠지만 기본적으로 구미호 이야기에 대한 대중의 관심이 높다는 것을 반증하는 것이다. 그러나 막상 개봉 이후에는 큰 호응을 얻지 못하였다. 이 결과는 우선 구미호의 한이라는 요소가 어려운 시절을 감내한 기성세대에게는 아직도 충분히 공감을 얻을 수 있지만, 풍요로운 어린 시절을 보낸 젊은 세대의 감성에는 맞지 않다는 것을 의미한다. 그리고 구미호 형상에 대한 시각적 효과로 공포를 유발하는 것이 더 이상 유효하지 않다는 것을 보여준다.

---

29) 영화 구미호의 흥행성적은 서울관객수 집계로 174,797명이다.
   출처: 영화진흥위원회 홈페이지(www.kofic.or.kr) 영화연감.

변화한 젊은 세대의 취향을 공략하기 위해서 2004년 여름 KBS에서는 새로운 구미호 이야기인 '구미호 외전'을 선보였다. 구미호 외전은 구미호의 한과 공포라는 요소에 새로운 재미거리를 추가하였다. 구미호를 추적하는 특수조직 SCIS와 구미호족의 액션과 스릴러, SF적인 요소와 감각적인 영상, 화려한 캐스팅[30]이 그것이다. 구미호 외전에서는 구미호를 개인에서 종족으로 확대시켜 원래는 인간보다 우위에 있던 종족이었다는 이야기를 전체적인 설정으로 삼아 천년호[31]·적월도[32]와 같은 새로운 환타지적 개념을 만들어내었다.

'구미호 외전'은 인간을 사랑했으나 언제나 인간에게 배신당한다는 구미호의 한이라는 소재를, 결코 공존할 수 없는 인간과 구미호족 간의 오랜 숙명과 비극적인 사랑으로 재창조하였다. '구미호 외전'은 21세기에 구미

〈그림 4〉 KBS 〈구미호 외전〉

호에 대한 새로운 전설을 재현하고자 한 것이다.

---

30) 이 드라마에는 당시 최고 주가를 달리던 김태희, 조재현, 전진, 한예슬 등의 청춘 스타들이 대거 출연하였다.
31) 천년호: 천년 만에 한 번씩 태어나는 구미호족이다. 천년호가 구미호족에 있으면 구미호족이 번성하고 붉은 달이 개기월식 할 때 천년호를 제물로 바치면 구미호족이 인간의 간을 먹지 않아도 천년을 살 수 있다. 단, 붉은 달이 뜰 때까지 순결을 지킨 처녀의 몸이어야 하고, 계속 구미호족 전사로 남아 있는 구미호여야 한다. 천년호의 간을 구미호족 개인이 먹으면 영생을 얻을 수 있다.
32) 적월도: 천년호의 사랑을 얻는 자만이 쓸 수 있는 전설의 검. 전설에 따르면 적월도는 아무나 열 수 없는데 천년호와 사랑을 하는 사람이 이 검을 쓰면 쉽게 열 수 있고, 놀라운 힘을 발휘해서 천년호를 없앨 수 있다.

이러한 시도는 참신하였지만 전형적인 선악(善惡)의 대결구도와 이루어질 수 없는 사랑이야기라는 점에서 '구미호 외전'은 이전의 구미호들이 가지고 있는 '구미호의 한(恨)'이라는 이야기 범주를 넘어서지 못한다. 인간을 사랑하고 인간에게 우호적인 구미호와 구미호족을 추적하는 특수조직에 속한 행동대원과의 사랑은 파국을 전제로 하고 있는 것이다. '구미호 외전'은 과거 전승되던 이야기에 새로운 상상력을 부여하였다는 점에 의의33)가 있다고 할 수 있지만, 진부한 이야기에 다양한 흥미 요소를 섞어놓았을 뿐 기존의 멜로드라마와 다를 바가 없어 절반의 성공이라 할 수 있다.34)

이상으로 구미호 이야기를 소재로 변용된 문화콘텐츠를 살펴보았다. 이들 이야기에는 공통적으로 사람이 되고 싶어 하는 구미호와 인간 남자와 사랑을 이루지 못하는 구미호가 등장한다. 이것은 앞서 살펴본 구미호 이야기 중에서 '여우구슬' 유형에서 보이는 것과 같은 구미호에 대한 부정적 관념이 현대에 이어진 결과이다. 그러나 현대의 구미호는 '여우구슬' 유형에 나타는 것처럼 남자의 정기를 빼앗는 부정적 존재이기만 한 것은 아니다. 구미호는 인간을 갈망하고 인간과 사랑을 이루려한다. 그러나 인간들은 구미호와의 사랑은 인간의 생명을 앗아간다고 믿고 구미호를 부정적 아

---

33) 기존의 이야기를 답습하는 것이 아니라 문화원형을 바탕으로 새롭게 이야기를 창조한 것이다. 이와 같은 시도는 소재에 대한 시야를 확장하여 다양한 콘텐츠를 창출할 수 있는 전기를 마련한 것이라 할 수 있다.

34) 구미호 외전의 시청률은 1회 19.2%, 2회 14.9%, 3회 15.5%, 4회 15.7%, 5회 13.3%, 6회 14.5%로 변화하였고, 평균 시청률은 15.4%(TNS 미디어 코리아)였다. 구미호 외전의 시청률은 동일 시간대 MBC(영웅시대), SBS(장길산)에 비해 저조한 결과로 스타급 연예인을 캐스팅한 기대를 충족시키지 못하였다. 그러나 시청률과는 별개로 일부 매니아층을 형성하여 실패라고 하기엔 무리가 있는 결과라 할 수 있다.

니마로만 인식한다. 결국 구미호와 인간의 파탄은 인간 자신의 문제인 것이다.

이와 같은 이야기 전개는 구미호를 바라보는 시각이 변화하였기 때문이다. 과거 한정되고 제한된 세계에서 구미호의 신이한 능력은 경이와 공포를 대표하였다. 구미호를 통해 인간들은 불가해한 세계에 충격을 받고, 그 충격은 공포와 흥미를 유발하였다. 자연과학의 발전으로 자연에 대한 공포가 줄어든 오늘날, 인간은 자신의 잣대로 구미호를 타자로 만들고, 인간을 사랑하고 배신당하도록 강요하고 있는 것이다. 구미호에 대한 이야기들은 한결같이 인간이 되고 싶은 구미호만을 다룰 뿐이지 구미호들의 정체성에 대한 고민은 나타나지 않는다.

어쩌면 요괴로 상징되는 타자와 조화로운 화해와 결합이 나타나기 어려운 것은 인간이 지니는 파괴적 성향 때문일지 모른다. 이제 문명의 발달과 자연의 위축으로 일그러진 부정적 아니마를 해소하고, 낯선 타자가 인간을 유혹하지 않을까 하는 의심에 찬 눈초리를 거두어들일 때가 온 것이다.

4. 문화콘텐츠 시대에 구미호 이야기의 전망

인간은 과학의 발전에도 불구하고 낯선 존재에 대하여 두려움을 갖고, 합리적 인식으로 파악하지 못하는 세계에 대해 불안해한다. 이러한 두려움과 불안감은 인간에게 공포라는 감정으로 다가온다. 과거 요괴는 공포를 유발하는 낯선 존재이자 경이로운 세계였다. 그러나 구미호를 비롯한 다양한 요괴—지네 괴물, 구렁이 색시 등—는 현대 인간의 이성으로 파악 가능한 세계로 변하였다. 인간이 합리적 인식으로 파악하는 순간 요괴는 더 이상 공포의 대상이 아니다. 이제 미지의 외계 생물이나 자연 재앙, 기계가 지배하는 미래 세계가 요괴 대신 인간에게 불안과 경계심리를 유발하고 있다.

문화콘텐츠산업에서 구미호의 한과 공포만 소재로 활용하는 것이 곤란한 이유가 여기에 있다. 문화콘텐츠를 수용하는 현대 소비자의 감성에 부합하는 새로운 구미호를 만들기 위해서는 구미호가 가지는 부정적 아니마를 극복할 필요가 있다. 현재 만화 신구미호전을 연재하고 있는 한현동의 아래의 말은 이와 같은 견해를 잘 보여주는 예이다.

> 제 만화에서도 구미호는 간을 빼먹는 교활한 이미지보단, 착하고 온화한 이미지면서도 한국적인 정서에 맞는 친근한 구미호로 그려내고 싶거든요.[35]

공룡의 모습을 하고 마법으로 아이들과 모험을 떠나는 현대판 요괴 둘리, 왕자대신 공주를 구하는 자연친화적인 괴물 슈렉, 주머니 속의 괴물로 스스로 진화를 거듭하는 포켓몬스터 등 우리 주변을 둘러보면 수많은 요괴들이 인간과 함께 어울려 살아간다. 이제 구미호도 남성을 유혹하는 낯선 타자에서 인간과 함께 어울리는 화합의 존재로 거듭나게 해야 한다. 이런 관점에서 최근 개봉 예정인 장편 애니메이션 '천년여우 여우비'에 여러 모로 관심이 집중된

---

35) http://www.9miho.net. 태어난 배경 중에서.

다. 이 애니메이션은 지구에 불시착한 외계인들과 함께 살고 있는 구미호 소녀가 산 속에서 또래의 인간 아이들을 우연히 만나게 되어 인간과의 생활을 시작하면서 벌어지는 일들을 다룬다고 한다. 이렇게 인간과 적대적이지 않은 친근한 모습의 구미호가 필요하다.

구미호가 주는 공포와 구미호의 한이라는 요소는 한국인의 심성에 크게 각인되어 있기 때문에 전설의 고향과 같은 사극의 형태에서는 아직 생명력을 잃지 않고 있다. 그러나 구미호가 문화콘텐츠로서 소비대중을 확대하기 위해서는 자신의 모습을 갱신할 필요가 있는 것이다. 새로운 계층의 감성에 부합하는 긍정적 아니마로 구미호를 형상화하여야 할 필요가 있다. 그리고 내러티브 역시 구미호의 한과 인간의 불신과 파국이라는 진부함을 넘어서 인간과 구미호가 화합하는 이야기로의 전환을 모색해야 할 것이다.

그리고 구미호를 시각화 조형화하는데 관심을 가져야 한다. 영화, 애니메이션, 드라마에 등장하는 구미호를 이전과 같은 기괴한 분장의 요괴로 표현해서는 곤란하다. 상상과 환상의 세계에서 인간과 화합하는 새로운 구미호에 대한 이미지를 적극 개발해야 한다. 아래의 그림들은 현재 제작 중이거나 연재 중인 만화에 등장하는 구미호들이다.

〈그림 5〉 천년여우 여우비

〈그림 6〉 만화 〈신구미호전〉 중에서

〈그림 7〉 만화 〈구미호 나루토〉

위의 그림에서 보듯이 이전과 달리 구미호의 형상이 귀엽고 친근하다. 요즘 젊은 세대는 영상 매체에 익숙하기 때문에 캐릭터의 시각적 이미지가 매우 중요하다. 따라서 젊은 세대의 감성에 부합하는 새로운 캐릭터를 적극 창조하고, 새롭게 창조된 구미호의 이미지를 만화와 애니메이션에서 확장하여 문화콘텐츠 전반으로 적용시키는 노력이 필요하다. 친근한 요괴의 이미지는 문화콘텐츠 시대 새로운 아이콘이 될 가능성이 충분하다.

또한 문화콘텐츠 산업의 특성을 살려 친근한 구미호의 이미지를 다양한 매체에 활용해야 한다. 구미호를 새롭게 이미지화하는 데 성공한다면 그 파급효과는 엄청날 것이다. 문화콘텐츠는 하나의 원천 소스로 다양한 유통과 소비가 가능한 원소스 멀티 유즈(One Source Multi Use)의 성격을 지닌다. 구미호 역시 캐릭터 상품, 지역축제의 소재, 게임 등 그 활용가치가 무궁한 문화원형이다.

구미호라는 과거의 낯선 타자는 오늘날 우리에겐 더 이상 위협적이지 않을뿐더러 전승되는 이야기는 익숙함마저 가지고 있다. 불안심리가 사라진 자리에 구미호는 신이한 능력을 가진 독특한 캐릭터로 환치된다. 친숙한 구미호는 공포의 대상이 아니라 환타지 속의 상상의 존재이다. 이 상상의 존재를 현실에 호명하여 우리 곁에서 함께 호흡하게 하는 새로운 상상력이 문화콘텐츠 시대에 시급히 요청되는 것이다. 이야기의 환상을 통한 상상력의 복원은 단순히 과거 이야기를 답습하고 반복하는 것이 아니다. 과학과 일상에 매몰된 오늘날 인간에게 상상과 환상을 통해서 세계와 화해하게 하는 힘을 부여하는 것이다.

영상서사에 재현된 환향녀 원귀의 양상과 의미

: TV 단막극에 재현된 환향녀 원귀를 중심으로

1. 역사와 기억에서 배제된 존재 환향녀

병자호란 직후 청나라로 끌려갔다 돌아온 여인을 환향녀(還鄕女)라 부른다. 조선으로 돌아온 이들은 정절을 지키지 못한 여인이 조상의 제사를 지내는 것은 죄를 짓는 일이라 하여 남편과 시부모에게 이혼을 요구받았다.[1] 환향녀는 조선 후기의 중차대한 문제였지만 그 사건의 심각성에 비해 환향녀에 대한 기록과 환향녀를 소재로 한 문학작품은 거의 존재하지 않는다.[2] 실제로 가문에서 축출된 환향녀는 다수 존재하였다. 그렇다면 버림받은 환향녀의 이야기

---

[1] 환향녀의 이혼문제는 인조 후반기 정치·사회적으로 중요한 문제였다. 병자호란 직후에는 최명길의 의견을 받아들여 환향녀와의 이혼을 금지하였으나, 이후 사대부들의 이혼요구가 거세지자 효종 원년에 이혼금지가 공식적으로 폐지되었다.

[2] 병자호란 이후 피로인(被擄人)을 소재로 한 문학작품은 다양하게 창작되었지만, 청나라에 포로로 잡혀갔다 조선으로 돌아온 여성들[환향녀(還鄕女)]에 대한 당대의 문학적 형상화는 현재까지 발견되지 않고 있다.

가 있을 법도 하지만, 버림받은 환향녀의 이후 이야기나 원귀가 된 환향녀 이야기는 현재 찾을 수 없다. 공식적인 기록은 물론 민간 전승에서도 환향녀의 존재와 그녀들의 목소리는 배제된 것이다.

이러한 경향은 해방이후 원귀를 소재로 한 공포영화에서도 비슷하게 반복된다. 〈월하의 여곡성〉을 비롯하여 초기 공포영화의 귀신들에게 정절은 죽어서도 억울함을 풀어야 하는 중요한 문제였다. 그래서 초기 공포영화에는 장화홍련, 아랑 등 정절의 문제로 죽음을 당한 원귀들이 주로 호명되었다. 이에 비해 환향녀는 정절이 훼손된 존재(혹은 훼손되었다고 믿어지는 존재)였기 때문에 원귀로도 호명되지 못하였다. 오랜 시간 환향녀는 귀신으로도 나타나서는 안 되는 존재였던 것이다.

공식적 기억에서 배제되었던 환향녀는 90년대 이후 영상매체에서 원귀로 재현되기 시작하였다. 90년대는 환향녀처럼 민족의 수난 과정에서 희생당한 일제강점기의 위안부 문제가 공식화되던 시기였다.[3] 환향녀와 위안부는 시대적 차이는 있지만 외적의 침략, 국가와 남성의 무능, 민족의 수치, 부끄러운 역사, 덮어버려야하는 치욕 등의 공통점을 가지고 있어 서로가 서로를 환기시키는 관계라고 할 수 있다. 오늘날 영상서사에 등장하는 환향녀는 조선후기의 상황을 반영하기보다는 일제강점기, 한국전쟁 등 불행한 역사를 겪으면서 희생당한 여성들의 삶과 그에 대한 우리의 기억의 방식을 재현하는 것이라 할 수 있다.

더구나 환향녀가 원귀로 등장한다는 설정은 중요한 의의를 가진다. 공포영화의 귀신과 괴물은 요괴의 특성을 반복적으로 재현

---

3) 1992년 8월 15일 경향신문에 게재된 김학순 할머니의 증언을 계기로 위안부 문제가 공식화되었다.

하는데 그치는 것이 아니라 그 사회가 억압하고 있는 자질을 상징적으로 보여준다. 우드(Robin Wood)는 '억압된 것/타자'라는 이중적 개념 쌍이 공포영화의 귀신과 괴물을 통해서 구현된다고 주장한다.[4]

환향녀가 원귀로 등장하는 본격적인 영상서사는 전설의 고향 시리즈(1997 제23화 〈환향녀〉, 2008 제8화 〈환향녀〉)와 드라마 스페셜 시즌 3 제1화 〈환향-쥐불놀이〉이다.[5] 이 글에서는 세 편의 드라마에서 환향녀가 재현되는 방식과 원한을 해결하는 과정을 분석하여 환향녀에 대한 인식의 추이를 살펴보고자 한다.

2. 가부장적 질서를 내면화한 환향녀: 1997 환향녀

1997 〈환향녀〉는 따로 원작이 있는 것은 아니다. 환향녀의 역사적 기록을 바탕으로 고향으로 돌아온 환향녀의 이후 이야기를 만들어낸 것이라 할 수 있다. 환향녀 송씨(김청 분)는 청나라로 끌려가기 전에는 자상한 남편과의 사이에서 아들을 낳은 명문가의 종부였다. 드라마에서는 회상 장면을 통해서 송씨와 남편(태민영 분)이 다정한 부부였음을 보여준다. 남편은 송씨를 사랑했고, 송씨가

---

4) Robin Wood, "An Introduction to the American Horror Film", Bill Nichols (ed.), *Movies and Methods* II, Berkeley: Univ. of California Press, 1985.

5) 아래의 세 편의 드라마를 논의 대상으로 삼은 것은 이 작품들의 중심인물이 환향녀이고, 환향녀가 자신의 이야기를 직접적으로 드러내기 때문이다.
   전설의 고향 1997 제23화: 환향녀(오동석 연출, 1997년 9월 27일 KBS 방영)
   전설의 고향 2008 제8화: 환향녀(이민홍 연출, 2008년 9월 3일 KBS 방영)
   드라마 스페셜 시즌 3 제1화: 환향-쥐불놀이(이원익 연출, 2012년 11월 11일 KBS 방영)

청나라 병사에게 납치당하는 순간에도 최선을 다해서 저항한다. 하지만 송씨가 청나라로 끌려가는 것은 한 개인이 막을 수 없는 불가항력적인 일로 나타난다. 남편은 이후 종가를 계승하기 위해 어쩔 수 없이 후처(금보라 분)를 맞아들인다.

그러던 어느 날 남루한 행색을 한 송씨가 시댁 근처를 배회하기 시작한다. 마을 사람들은 쑥덕거리고 문중에서는 그녀의 처리를 놓고 의견이 분분하다.

> 문중 어른 1: 끌려간 게 언제인데 이미 몸 버린 여자를 받아들이라는 게야.
> 문중 어른 2: 다른 가문에서는 청국에서 돌아온 환향녀들이 스스로 목을 메어 자진을 한다 강물에 몸을 던진다 해서 귀감이 되고 있는 아녀자가 한 둘이 아닌데, 뻔뻔스럽게도 제발로 걸어 들어온 여인네를 받아 들인데서야 어디 가문의 체면이 설 것인가.

문중의 어른들은 모여서 송씨의 처리를 놓고 회의를 한다. 대부분의 의견은 위의 인용문처럼 정절을 훼손한 여인을 받아들일 수 없다는 것이다. 문중의 대표가 시어머니를 찾아 뜻을 전달하자 시어머니는 "가승의 우환이 생겼어."라는 말로 부정적 견해를 드러낸다. 시어머니는 송씨가 남편과 재회하자 극단적인 선택을 한다. 집안의 가솔인 배서방(안병경 분)을 사주하여 송씨를 겁탈하게 한다. 송씨는 결국 자결하고, 그날부터 송씨의 귀신이 집안에 출몰한다.

송씨의 복수는 자신을 겁탈한 배서방에 집중된다. 배서방은 지속적인 환각에 휩싸여 결국 죽음을 맞이한다. 그리고 송씨의 아들,

집안의 종손이 원인 모를 병으로 목숨이 위험해진다. 시어머니, 남편, 남편의 후처가 종손의 주변에서 간병을 하고 의원이 급히 달려온다. 의원이 약을 먹여 종손을 살리는 순간, 의원은 갑자기 귀신 송씨로 정체를 드러낸다. 그러나 허무하게 그 이후에는 아무런 복수도 이루어지지 않는다.

> 송씨: 어머님 그동안 어머님 원망 많이 했습니다.
> 이제 어머님을 원망하지 않습니다. 같은 종부로서 어머님의 심정을 제가 모르면 누가 알겠습니까?
> 그리고 서방님. 부디 우리 종원이 훌륭하게 키워주시고 착하고 고마운 종원이 새어머니한테도 제게 그랬듯이 다정하게 잘 대해주세요.
> 다만 아직 못다 푼 한이 있다면 청국으로 끌려가 당했던 모진 신산의 아픔을 풀길이 없다는 것입니다.
> 뼈 마디마디에 사무친 한을 무엇으로 풀길이 있겠습니까? 끝내 간직할 밖에요. 그럼 저는 이만…

1997 〈환향녀〉의 마지막 장면에 나오는 송씨의 대화는 여성의 목소리라고 하기 어렵다. 실상 그녀를 죽음에 이르게 한 주범은 시어머니이다. 그러나 송씨는 하수인인 배서방에게 복수의 초점을 맞출 뿐 시어머니를 비롯하여 가문의 구성원들에게 아무런 위해를 가하지 않는다. 오히려 아들을 죽음의 위기에서 벗어나게 하여 남성 중심의 질서가 유지되는데 기여한다. 송씨는 가문의 번성과 계승이라는 가부장적 질서 체계가 내면화된 인물이다. 그녀는 여성으로서 자신의 가치와 정체성을 추구하는 것이 아니라 남성

중심의 질서를 내면화하여 그 기준에 맞추어 죽어서 귀신이 되어서까지 남성 중심의 질서를 유지하고자 하는 것이다.

라캉 식으로 표현하면 송씨는 타자의 욕망을 욕망하는 것이다. 원귀인 송씨가 남성의 욕망을 욕망하는 것은 우리가 살고 있는 상징계가 '아버지의 이름', 즉 남성 중심의 가부장적 질서를 통해서 구성되었기 때문이다.6) 따라서 이 상징계에 거주하는 한 자아는 '아버지의 이름'이 요구하는 바를 자신의 행위 양식으로 추인할 수밖에 없다. 결국 송씨는 '종부, 가문의 계승'이라는 남성 중심의 질서에 포획되어 원귀가 되어서까지 남성의 목소리를 반복하고 있는 것이다.

더구나 송씨는 자신의 한을 풀길이 없어 끝내 한을 간직할 수밖에 없다고 말한다. 송씨는 원한을 풀기 위해 원귀로 나타났지만 원한을 풀지 않고 사라져버리는 것이다. 원귀가 원한을 풀지 않는 모순된 상황인 것이다. 이러한 결말이 나타나는 이유를 성우의 내레이션을 통해 파악할 수 있다.

내레이션: 조선시대 왜란이나 호란을 맞아 침략국으로 끌려갔다가 모진 고초를 겪고 돌아온 여인네들을 일컬어 환향녀라 했습니다. 이 이야기는 나라의 힘이 미약해 외침을 당했을 때 얼마나 많은 사람들이 비통한 삶을 살다가 원혼이 되었는지를 어느 한 맺힌 환향녀의 전설을 통해 자칫 잊고 지내기 쉬운 국력의 소중함을 새삼 되돌아보게 하는 이야기였습니다.

---

6) 라캉에 따르면 상징계란 분리의 기능을 수행한다. 유아는 어머니로부터 '분리'되어야 상징계에 진입하게 되는데 이 상징계는 근친상간 금지라는 문화의 명령을 체현하는 기표인 '아버지의 이름'을 통해 구성된 것이다.

내레이션에서는 환향녀의 원한을 외적의 침략, 국력의 문제로 돌리고 있다. 이것은 조선의 여인이 오랑캐에게 납치된 사건의 원인일 뿐이다. 고향으로 돌아온 여인이 원한을 품게 된 것은 '가문'을 유지하기 위해 정절을 트집삼아 그녀를 질서의 경계 밖으로 축출한 가부장 중심의 질서와 그에 공모한 질서 내부의 존재(시어머니로 상징되는 인물)들이다. 원귀가 이들에게 복수하기 위해서는 기존의 윤리와 가족 질서를 전복해야 한다.

그러나 1997 전설의 고향은 기존 가치를 긍정하고 원귀를 체제 내에 편입하는 방향을 선택한다. 남편, 후처, 아들이 함께 송씨의 무덤에 제사 드리는 마지막 장면은 주체에 의해 버림받은 소수자마저도 지배 질서에 길들이고자 하는 체제의 욕망이 드러난 것이다. 원귀가 정상적인 장례 절차를 거쳐 선산에 안장되고 유인회덕 송씨지묘(孺人懷德宋氏之墓)라는 묘비명을 획득한 이후 원한이 해소된 것처럼 보이는 것 역시, 원귀마저도 지배질서를 내면화하여 체제의 질서에 순치되었음을 보여주는 것이다.

3. 복수와 화해의 사이에서 갈등하는 환향녀: 2008 환향녀

2008 전설의 고향 〈환향녀〉는 환향녀의 복수를 보여주고자 하였다. 그러나 환향녀 원귀가 복수하는 원작이 없기 때문에 ≪요재지이(聊齋志異)≫의 〈수망초(水莽草)〉를 소재로 하여 새로운 설정을 시도하였다.

수망초(水莽草)는 일종의 독초이다. 덩굴과에 속하는 식물로 이파리는 마치 칡처럼 생겼으며 꽃은 보라색으로 편두꽃과 비슷하게 보인다. 사람이 잘못 먹기라도 하면 그 자리에서 당장 죽게 되며, 그 귀신은 수망귀(水莽鬼)라고 부른다. 민간의 전설에 따르면, 수망귀는 윤회를 하지 못하기 때문에 반드시 또 다른 사람이 독을 먹고 그를 대신해 죽어야만 비로소 귀신에서 벗어날 수 있다고 하였다.[7]

위의 인용문은 요재지이(聊齋志異)에서 수망초(水莽草)를 설명하는 부분이다.[8] 2008 〈환향녀〉에서는 요재지이(聊齋志異)의 내용을 일부 변형하여 수망초는 환각을 일으켜 자살하게 만드는 무서운 독초로 설정하였고, 수망초를 먹고 죽은 수망귀는 이승과 저승 어디에도 속하지 못하고 구천을 떠도는 원귀로 재현하였다. 특히 수망귀에게 원작과 달리 이승에 머물 수 있는 일정한 기한(100일)을 설정하여 시간을 넘길 경우 영혼이 산산이 부서지는 것으로 변형

---

7) "水莽 毒草也 蔓生似葛 花紫 類扁荳 誤食之 立死 卽爲水莽鬼 俗傳此鬼不得輪迴 必再有毒死者 始代之."(聊齋志異, 水莽草)

8) 요재지이(聊齋志異) 수망초(水莽草)는 수망귀에 의해 살해당한 축생(祝生)이 수망귀의 업보를 거부하고 선행을 하여 옥황상제에 의해 사독(四瀆)의 목룡군(牧龍君)으로 책봉되는 이야기이다.

하였다. 이러한 시간의 제약은 사건 전개의 긴장감을 높이고, 수망귀들이 적극적으로 자기를 대신할 사람을 죽이는 동기가 된다.

2008 〈환향녀〉에는 수망귀가 되는 두 명의 환향녀가 등장한다. 수연(이진 분)과 윤씨(이수영 분)는 시누이와 올케 사이이다. 둘은 심양으로 끌려간 뒤 정절을 지키기 위해 험한 일을 하면서 지낸다. 둘은 수연을 겁탈하려는 청나라 병사를 죽이고 극적으로 조선으로 탈출한다. 고향으로 돌아온 그녀들에게는 비극적인 앞날이 예정되어 있다. 윤씨의 남편은 새로운 여인과 결혼하기 위해 윤씨에게 수망초를 먹여 죽인다. 수연은 시댁으로 가서 과거를 보러 간 남편을 기다린다. 시아버지인 정판서는 며느리를 믿지만 주변 사람들과 시어머니 심씨는 환향녀의 정절을 의심한다.

심씨: 이대로 그냥 넘어갈 일이 아닙니다. 행여 우리 율이 앞 길에 걸림돌이 되면 어쩌시려구요!
정판서: 훼절했다는 증거가 있는 것도 아니질 않소? 그만 좀 하시오.
심씨: 증거가 있다면 어쩌시겠습니까?
정판서: (놀라 보며)
심씨: 물증보다 무서운 게 심증이고, 심증보다 무서운 게 소문입니다.
정판서: 허나, 소문이 두렵다고 죄 없는 아이를 내칠 순 없소.
심씨: 거기까지 끌려갔다 살아 돌아온 것 자체가 이미 훼절이며, 죄악입니다. 대감께선 정녕 정씨 가문의 끝을 보시려 하십니까!
정판서: !!

시어머니 심씨는 정판서가 환향녀인 며느리에게 관대하자, 가문과 아들의 장래를 위한다는 명목으로 며느리를 내쫓기 위해 음모를 꾸민다. 심씨가 정판서에게 한 '물증보다 무서운 게 심증이고, 심증보다 무서운 게 소문'이라는 말은 왜 환향녀들이 가문과 사회에서 축출되고 원귀가 되어야 하는지를 보여주는 것이다. 수연의 훼절 여부는 중요한 것이 아니다. 소문과 심증으로 다수가 그렇다고 믿으면 소수자는 자신의 의지와 상관없이 그렇게 규정되는 것이다. 수연은 시어머니에 의해 낙태한 부정한 여인이라는 누명을 쓴 후, 이복 오라버니에게 버림을 받고, 결국 수망초를 먹고 자살한다.

이렇게 수망초를 먹고 억울하게 죽은 환향녀들은 원귀가 되어 깊은 숲에서 함께 지낸다. 이들은 숲을 지나가는 남성들을 유혹하여 자신을 죽음에 이르게 한 사회에 복수한다. 이들 환향녀 원귀들은 수망귀이기 때문에 죽은 지 100일 이내에 살아있는 사람을 죽여야만 구천을 떠돌지 않고 저승으로 갈 수 있다. 윤씨에게는 직접적으로 복수할 대상이 있다. 자신을 죽인 남편과 공모자 허씨를 죽이고 수망귀에서 벗어나 저승으로 가면 되는 것이다. 그러나 수연은 자신이 저승에 가기 위해 산사람을 죽이는 것을 주저한다. 수연이 직접 복수할 대상은 시어머니와 의붓오라버니이다. 이 둘은 남성 중심의 질서를 상징하는 인물들이자 혈연으로 맺어진 관계이기 때문에 직접적으로 죽이지 못하는 것이다.

2008 〈환향녀〉에서 환향녀 원귀들이 불특정한 남성들에게 복수하는 것은 자신들의 죽음의 원인이 남성 중심의 지배질서라는 것을 자각하였기 때문이다. 그러나 수연이 시어머니와 의붓오라버니를 죽이지 않는 것은 환향녀의 죽음의 원인이 무엇인지 알고 있지만 여전히 기존 질서의 윤리 관념을 떨쳐버릴 수 없기 때문이다.

2008 〈환향녀〉에서는 대신 다른 방식으로 남성의 책임을 묻는

다. 수연의 남편인 율은 양반들의 의문의 살인 사건을 추적하는 암행어사이다. 율은 수망귀의 본거지를 찾아내고 이들을 소탕하던 중에 자신이 지켜주지 못한 아내가 원귀가 되었다는 것을 알게 된다. 수연이 자신을 위해서 율을 차마 죽이지 못하자 율은 자살한다. 율은 수연에 대한 죄책감 때문에 자살로 수망귀의 저주를 대신하려고 한 것이다. 그러나 수연이 율을 죽인 것이 아니라 율이 자살하였기 때문에 수망귀인 수연은 영혼이 산산이 부서져 사라지고, 율은 수연을 구원하지 못한 채 저승으로 간다.

율의 자살은 환향녀의 원한에 대한 책임이 남성 주체에 있음을 명확히 드러낸 것이다. 더욱이 율이 어명을 받은 암행어사라는 점을 환기하면 환향녀는 '국가–가부장–남성'으로 표상되는 지배질서의 문제임을 명확히 드러낸 것이다. 그러나 죄책감에 기인한 남성 주체의 일방적 시혜로는 근본적인 화해에 도달할 수 없다. 진정한 복수의 대상자(시어머니)에 대한 처벌이 이루어지지 않은 한 환향녀 수연의 원한은 풀릴 수 없는 것이다.

2008 〈환향녀〉에서 환향녀들은 남성 중심의 지배 질서를 내면화하지 않는다. 그녀들은 자신들을 죽음에 이르게 한 진정한 원흉이 누구인지 알고 있고, 그들에게 복수하려고 한다. 국가와 남성의 이름 아래 억압되어 있는 원귀들이 실체를 드러내려고 하는 것이

다. 그러나 환향녀들은 수망귀이기 때문에 정해진 기간 동안만 형체를 유지할 수 있다. 그 기간이 지나면 어디에도 속하지 못하고 영원히 소멸될 지도 모른다. 더구나 그녀들을 자유롭지 못하게 하는 근친살해에 대한 윤리적 금기가 여전히 작동하고 있다. 혈육은 그녀들을 죽음으로 내몰았지만, 그녀들은 아직 혈육에게 복수할 준비가 되어 있지 않은 것이다. 그렇지만 2008 환향녀는 가해자를 처벌하지 않는 남성주체와 화해하지도 않는다. 또 다른 남성을 유혹하고 살해하려는 수망귀를 남긴 채 사라질 뿐이다. 환향녀의 원한은 남성 주체의 일방적 관용과 시혜로 봉합할 수 없는 비극이다.

4. 공동체의 연대를 통한 환향녀의 해원: 2011 환향-쥐불놀이

2011 〈환향-쥐불놀이〉는 조선시대에 청에 끌려갔다 탈출한 환향인들과 임금의 명에 따라 그들을 다시 돌려보내려는 사람들, 이들을 둘러싼 의문의 살인사건을 다룬 드라마이다. 이 드라마는 두 환향녀의 사연을 중심으로 사건이 전개된다. 가연과 보옥은 한 마을 친구로 호란 당시 청나라에 끌려간다. 가연은 산 속 동굴에 은신한 마을 사람들을 위해 홀로 청나라 병사를 유인하다 납치당한다. 가연은 모친 윤씨부인(허윤정 분)이 속환금을 마련해 주어 고향으로 돌아오지만, 문진사(양자로 입적한 오라버니)와 보옥의 남편 이생원(주희중 분)에 의해 자살로 위장한 채 살해당한다.

또 다른 환향녀인 보옥(오인혜 분)은 남편과 함께 청나라에 포로로 끌려간다. 보옥은 뛰어난 살림 능력으로 주인 도르곤의 총애를 받고, 몰래 값비싼 재물을 빼돌려 남편의 속환금을 마련한다. 이 이야기의 소재는 ≪기문총화≫에 나오는 〈이서천만기(李舒川萬技)〉이다. 서천의 하급무관이 부인과 함께 청으로 끌려간다. 부인은 청인의 총애를 받아 살림을 맡게 되자 은을 훔쳐 남편의 속환가를 마련하였다. 청인의 종으로 있던 남편은 아내에게 다시 돌아와 속환해 주겠다고 약속한 뒤 귀국한다. 그러나 귀국 후 재산을 모은 무관은 심양에 있는 본처를 방기하고, 새로운 여자를 얻었다고 한다.9) 드라마에서는 버림받은 아내에 주목하여 그녀의 그 후 이야기를 풀어낸다. 드라마에서 심양에 남은 보옥은 재물을 빼돌린 것이 발각되어 귀에 화살을 꽂히는 형벌을 받는다. 보옥은 죽음을 각오하고 심양을 탈출하여 고향으로 돌아가 남편을 만나고자 한다.

군관 진묵(원기준 분)은 고향으로 돌아오기 위해 도강하는 환향인들을 붙잡는다. 이때 머리에 화살이 꽂혀 있는 환향녀 보옥도 붙잡혀 옥에 갇힌다. 보옥은 이방에게 반지를 주며 남편을 만나게 해달라고 부탁한다. 그러던 중 이방이 의문의 죽음을 당하고, 용의자 이생원도 살해당한다. 마을 사람들은 환향녀 가연의 원귀가 한 일이라고 수군대고, 진묵은 혼란에 빠진다.

이 모든 살인 사건의 배후에는 가연의 모친 윤씨 부인(허윤정 분)이 있다. 윤씨 부인은 의붓 오라버니에 의해 억울하게 살해당한 딸을 위해 마을 사람들과 공모하여 귀신의 소행으로 꾸며 복수하는 것이다. 이 드라마의 중심적인 환향녀는 가연 아씨와 보옥이지만, 윤씨 부인이 이들을 대신하여 환향녀의 목소리를 드러내고 있다.

윤씨 부인은 오랜 추적 끝에 문진사의 살인 증거를 포착하고 마을 사람들과 힘을 합쳐 문진사를 붙잡는다. 문진사는 억울해하며

---

9) ≪기문총화≫ 〈李舒川萬技〉; 서대석 편, 『조선조문헌설화집요』 II, 집문당, 1991, 192쪽.

윤씨 부인에게 "이해해 주실 줄 알았습니다. 가연인 돌아오지 말 았어야 했습니다. 아니 스스로 죽었어야 했습니다. 불천위 제수를 앞둔 명문가에 화냥년이라니요."라며 항변한다. 윤씨 부인은 "닥 쳐라. 여지껏 지겹도록 들어온 사내들의 말이다. 불쌍한 누이 눈물 하나 닦아주지 못하는 네 놈에게 불천위는 무슨 불천위?"라고 꾸 짖는다.

문진사는 국가와 남성의 무능과 수치를 환기시키는 환향녀는 존재할 필요가 없다고 이야기한다. 불천위(不遷位)로 상징되는 가 문의 영광 앞에 개인의 비극은 방해물일 따름이다. 윤씨 부인은 바로 이러한 생각을 '사내들의 말'이라고 비판한다. 불쌍한 한 여 인의 마음을 헤아리고 위로하지 못하면서 국가와 가문을 논하는 것은 무의미하다는 것이다.

윤씨부인: 왕명이니 뭐니 말하지 마시오.

진묵(군관): 부인

윤씨부인: 그런 왕명 때문에 온 세상이 이렇게 된 것 아니오. 귀신들이 나오는…

윤씨부인: 귀신을 빌리지 않고는 살아갈 수 없는 자들을 이제야 알아보 겠소.

윤씨부인: 군관은 왕명만이 무섭다고 생각했소, 난 저들 귀신들의 외침 이 더 무섭소.
나는 가연이의 한을 풀어주었으니 아무 바램이 없소. 있다면 저들이 더 이상은 귀신 짓을 하지 않는 것뿐이오.

윤씨 부인은 왕명을 두려워하지 않는다. 국가와 가문이 그에 속한 사람들을 보호하지 못하고 오히려 죽음으로 내몰고 있다는 것을 경험을 통해 알게 된 것이다. 윤씨 부인에게 지금 이 세상은 귀신들이 출몰하는 세계이다. 윤씨 부인이 말하는 귀신은 자신의 억울함을 어느 곳에도 말하지 못하고 어디에도 속하지 못하고 떠도는 이들과 그들의 영혼이다. 국가적 비극이 발생하면 피해자가 생긴다. 지배체제의 모순을 은폐하기 위해 이들을 배제하면 결국 귀신이 되어 돌아올 수밖에 없는 것이다.

국가가 무능하여 그들을 버렸고, 가족은 가문이라는 명분을 내세워 기존 질서를 재확립하기 위해 그들을 외면하였다. 환향(還鄕), 글자 그대로의 뜻은 '고향으로 돌아온다.'는 것이다. 그러나 그녀들이 돌아온 고향은 과거의 그곳이 아니었고, 그녀들은 자신의 의지와 상관없이 화냥년으로 규정되어 버렸다. 고단한 육신을 쉴 수 있는 마지막 공간인 가족과 고향마저 박탈당한 그들은 죽어서도 이승과 저승의 경계를 떠돌 뿐 어딘가에 속할 수 없다. 윤씨 부인이 왕명보다 귀신들의 외침이 무섭다고 한 것은 지배 질서가 외면한 그들의 목소리야 말로 우리 사회의 모순과 문제가 집약된 것이기 때문이다.

2011 〈환향-쥐불놀이〉에는 원귀가 직접적으로 등장하지 않는다. 드라마의 마지막에서 마을 사람들이 원귀 허수아비를 앞세워

쥐불놀이를 하는 장면을 통해 마을 사람 전체가 살아있는 원귀라는 것을 보여준다. 이들은 본인이 환향인이거나 환향인의 친인척이다. 이들은 환향녀의 원망과 분노를 공감하고, 그녀의 복수를 위해 의붓오라버니 문진사의 살해에 동참한다. 피해자들이 연대하여 공동체를 이루고, 기존 질서를 거부하고 자신들의 방식으로 복수하는 것이다.

드라마의 마지막 장면에서 보옥은 진묵에게 화살을 뽑아달라고 한다. 보옥에게 화살은 환향녀의 징표이자 남편의 배신의 증거이다. 보옥이 이를 뽑겠다는 것은 모든 아픔과 상처를 지우고 죽음을 맞이하겠다는 뜻이다. 보옥은 고통에서 해방된 듯 편안한 표정을 지으며 진묵에게 "고맙소. 너무 편안하오. 너무도 편안하오."라는 말을 남기고 죽는다. 보옥은 마을 주민들의 쥐불놀이 한마당 속에 녹아들면서 환향녀의 굴레를 벗어던지고 마을 공동체의 일원으로 죽음을 맞이하는 것이다. 이것은 환향녀의 원한은 개인적인 차원에서 해소될 수 있는 것이 아니라 공동체의 연대를 통해서만 가능함을 보여주는 것이다.

5. 우리 시대 환향녀 원귀의 의미

이상으로 환향녀 원귀가 등장하는 세 편의 드라마를 살펴보았다. 오늘날 영상서사에 재현된 환향녀는 조선 후기 당대의 인식이 아니라 일제강점기, 한국전쟁 등 불행한 역사를 겪으면서 희생당한 여성들의 삶과 그에 대한 우리 사회의 대응 방식을 보여주는 것이라 할 수 있다. 이러한 관점에서 보면 1997 〈환향녀〉, 2008

〈환향녀〉, 2011 〈환향-쥐불놀이〉에 나타난 원귀의 원한 해결 방식은 민족 수난에 의해 희생당한 여성에 대한 인식 변화의 추이를 보여주는 것이라 할 수 있다.

　이에 앞서 환향녀를 주인공으로 하여 원한을 해결하는 이야기가 1997년에야 텔레비전 드라마로 방영되었다는 것을 살펴볼 필요가 있다. 한국사회는 박정희 정권이 등장하면서 본격적으로 산업화가 시작된다. 권위주의 정권에서는 개발 독재의 문제들을 은폐하기 위하여 민족주의를 내세운다. 민족주의의 관점에서는 여성을 '민족의 고유성과 도덕성, 전통'을 상징하는 순결한 여성과 '민족성 자체를 손상'시키는 더러운 여성으로 나눈다.10)

　이러한 관점에서는 환향녀, 위안부 등 소위 '훼손된 누이'는 민족 정체성을 위협하는 위험한 존재들이다. 이들의 정절문제는 외부의 강력한 힘에 의해 발생한 것으로 국가와 민족의 무능을 환기하는 것이다. 이들의 훼손된 정절은 개인의 도덕성을 잣대로 판단할 문제가 아니다. 이들의 수난은 외적에 대응하지 못한 국가와 남성의 책임이다. 그러나 국가와 남성 주체는 민족의 번영과 발전을 위해서 그녀들에게 정절을 지키지 못한 책임을 전가하고 이들을 공식적인 담론에서 배제하였다.11)

　국가와 정부의 무조건적인 배제와 망각은 1992년 김학순 할머니의 증언 이후 변화한다. 민족 수난에 의한 여성의 희생을 공식적

---

10) 이나영, 「기지촌의 공고화 과정에 관한 연구(1950~1960): 국가, 성별화된 민족주의, 여성의 저항」, 『한국여성학』, 한국여성학회, 2007, 8~9쪽.
11) 1988년까지 국사교과서에서는 정신대, 종군 위안부 등의 표현이 나타나지 않고, 여성 수난에 대해서는 추상적인 표현이 나타날 뿐이다(최지선, 「역사적 사건에 대한 기억의 정치: 일본군 '위안부' 사례를 중심으로」, 서강대학교 석사논문, 2003, 52쪽).

으로 확인하지만 국가와 남성의 무능을 인정하지는 않는다. "일제 시대에 우리 민족, 특히 우리의 깨끗하고 순결한 처녀들이 야수 같은 침략자 일본에 의해 끌려가 순결을 빼앗기고 무참히 짓밟혔다. 이것은 민족적 수치와 치욕이다."12) 이러한 수치를 반복하지 않기 위해서는 민족의 힘을 키워야 한다는 민족주의 서사를 강조한다.

1997 〈환향녀〉는 이러한 시대적 분위기를 반영한 것이라 할 수 있다. 텔레비전 드라마는 최대 이윤과 시청자 확보를 목표로 하기 때문에 태생적으로 보수성을 가지고 있다. 상업 방송의 드라마는 시청자들의 공통적인 정서와 가치관에 부합하기 위하여 대중이 수용하기에 불편하지 않는 소재와 주제로 현실을 재구성한다.13) 따라서 드라마에서 환향녀 원귀를 재현하는 과정에서 사회의 구조적 모순에서 비롯되는 사회적 문제들은 축소하고, 민족주의라는 익숙한 정서와 가치관으로 개인적 차원에서 용서하고 화해하는 결말을 추구하는 것이다.14)

그러나 환향녀의 원한은 개인적 차원의 용서와 화해로 해결할 수 있는 문제가 아니다. 환향녀의 원한은 폭력적인 정절의 훼손과 더불어 끌려가도록 방치하고, 돌아온 후 다시 이들을 버린 국가와 남성에 의해 발생한 것이기 때문이다. 국가와 남성의 수치를 은폐

---

12) 최지선, 위의 논문, 60쪽.

13) 김훈순, 「텔레비전 드라마 속 여성들의 일상: 사랑, 가족, 일」, 『다시 보는 미디어와 젠더』, 이화여자대학교 출판부, 2013.

14) 1997 전설의 고향이 보여주는 환향녀에 대한 해석은 근대화 과정에서 전통적인 가족주의를 강하게 요구받았던 여성 시청자와 관련성이 클 것이다. 〈전설의 고향〉이 1970년 후반에서 1980년 초반에 특히 인기 있었고, 1990년대 〈전설의 고향〉의 경우에도 이전의 드라마를 추억하는 시청자를 기반으로 과거의 이야기를 반복하였다는 점에서 유추할 수 있다.

하기 위해 실제로 존재하는 이들을 역사와 기억에서 배제시키는 것이야 말로 그녀들을 원귀로 만드는 원인인 것이다.

국가와 남성이 억지로 은폐한 그녀들은 2008 〈환향녀〉에서 수망귀로 등장한다. 수망귀는 죽은 자들이지만 저승에 가지 못하고 이승과 저승의 경계를 떠도는 존재들이다. 수망귀들은 누군가를 죽여 다시 수망귀로 만들어야만 저승으로 갈 수 있다. 수망귀가 된 환향녀의 운명은 영원히 소멸하거나 아니면 똑같은 방법으로 고통받는 누군가에 의해 환기되는 것이다.

1990년대부터 한국정신대문제대책협의회 등에서 지속적으로 위안부 문제를 제기하고, 1992년 1월 8일 이후 매주 수요집회가 열리고 있지만 문제 해결의 기미는 보이지 않는다. 문제를 해결하기 위해서 가해자를 용서하고 화해해야 할 것인가? 아니면 분노하고 복수해야 하는가? 2008 〈환향녀〉는 이에 대해 답하지 못하고 비극적인 파탄을 보여준다. 우리 시대에서 과거의 문제를 해결하지 못하면 위안부 할머니들은 환향녀 수연처럼 소멸할지도 모른다.

2011 〈환향-쥐불놀이〉는 이전의 두 편의 드라마와는 다른 방식으로 환향녀 이야기를 풀어간다. 이 드라마는 국가와 가부장의 무능을 부각하면서 환향녀의 억울함을 강조한다. 텔레비전 드라마는 현상유지를 지지하는 지배적 이데올로기를 재생산하지만, 한편으로는 현실을 재현하는 과정에서 지배적 관점 이외의 다양한 의미를 제시하기도 한다.[15] 2011 〈환향-쥐불놀이〉는 기존의 재현 방식을 전복하면서 변형시킨다. 특히 마을 사람들의 연대를 통한 복수는 지배적 관념에 문제를 제기하고 도전을 할 수 있는 가능성

---

15) 김훈순·김미선, 「여성 담론 생산의 장(場)으로써 텔레비젼 드라마」, 『한국언론학보』 52(1), 한국언론학회, 2008, 246쪽 참조.

을 제공한다.

이 드라마의 새로움은 환향녀 원귀가 등장하는 것이 아니라 마을 사람들이 서로 협심하고 연대하여 원귀로 가장한다는 것이다. 문제 해결의 주체는 원귀가 된 환향녀가 아니라 지금 현재 살아있는 '우리'라는 것이다. 환향녀, 위안부 등 민족 수난에 의해 희생당한 소수자를 '우리'의 경계 밖에 놓고 다른 존재로 인식하는 것이 아니라 '우리'가 곧 그녀들이 되어야 한다는 것이다. 2011 〈환향-쥐불놀이〉의 결말은 시사하는 바가 크다. 문제를 어떻게 해결할까에 골몰하는 사이에 정작 희생자에 대한 이해와 공감은 놓치고 있었는지도 모른다. 이에 대해 드라마는 연대의 힘을 이야기하고 있다. 희생자의 아픔을 공감하면서 함께 '우리'가 될 때 그 깊은 원한의 한 자락을 풀어낼 수 있을 것이다.

오늘날 환향녀를 소재로 한 드라마가 TV에 방영되는 것은 환향녀 서사를 통해 우리 역사의 비극을 환기하려는 시도라 할 수 있다. 환향녀는 기록되지 못하고 소문으로만 존재하는 여인들이었다. 남성 주체와 공식적 역사는 이들을 부끄러운 존재로 규정하여 공적 담론에서 배제하였다. 그러나 남성 주체의 폭력에 의한 희생양을 은폐하려는 시도는 지금도 지속되고 있다. 그녀들을 실체로 소환해서 역사의 치부를 정면에서 바라보는 노력이 필요하다.

남성 주체에 의해 희생당한 그녀들의 삶을 위해 남은 자들은 무엇을 해야 할지 고민해야 한다. 그녀들이 원귀가 되어 돌아오지 않도록 우리는 그녀들과 공감하고, 연대하여 공동체를 만들어야 할 것이다. 그러나 지금 우리의 모습은 어떠한가? 여전히 환향녀와 위안부 할머니들은 집으로 돌아가지 못하고 경계에서 서성거리다 사라지고 있는지 모른다.

드라마 〈원녀일기〉에 나타난
고전소설 리텔링 방식과 공감과 위안의 서사

1. 드라마 〈원녀일기〉의 새로움

영화, 드라마 등 영상콘텐츠의 소재로 고전소설을 리텔링하는 것은 더 이상 낯선 일은 아니다. 〈춘향전〉을 모티브로 한 드라마 〈쾌걸 춘향〉과 영화 〈방자전〉을 비롯하여, 〈전우치전〉을 소재로 한 영화 〈전우치〉와 드라마 〈전우치〉 등 그 예를 일일이 열거하기 어렵다.[1] 문화콘텐츠의 소재로 고전소설을 리텔링 하는 것은 원작의 익숙함을 수용하면서 새로운 이야기로 만들기 위한 전략일

---

1) 고전소설을 문화콘텐츠의 소재로 리텔링 하는 방법은 세 가지로 나누어 볼 수 있다. 첫째는 애니메이션 〈왕후 심청〉처럼 극적 흥미를 강화하기 위한 부분개작 이고, 둘째는 드라마 〈쾌걸 춘향〉과 같이 원작의 모티브 혹은 캐릭터만을 차용 하는 전면개작이고, 셋째는 보조인물인 방자를 전면에 내세운 영화 〈방자전〉처 럼 일부 캐릭터나 원작의 특정 포맷만을 독립시켜 새로운 이야기로 파생하는 스핀오프(spin-off)방식이다.

것이다.

2014년에 MBC에서 방영된 〈원녀일기(怨女日記)〉는 콩쥐, 춘향, 심청이라는 우리나라 고전소설 속 대표적 여성인물을 노처녀[원녀 (怨女)]로 설정하여 오늘날 미혼 여성들의 사랑과 결혼에 대한 고민을 풀어낸 드라마이다.[2] 드라마에 등장하는 콩쥐, 춘향, 심청은 한 마을에 사는 친구들이다. 콩쥐는 혼인은 뒷전이고 글쓰기와 그림 그리기에만 관심이 있는 못난이 노처녀이고, 춘향이는 아름다운 외모를 무기로 조건 좋은 남성과 결혼하려고 하는 바람둥이이며, 심청은 가난한 집안 살림에 결혼은 꿈도 못 꾸고 생선가게에서 날품팔이 하는 노처녀 가장이다.

드라마 제목에 노처녀라는 표현을 강조한 것에서 알 수 있듯이 이 드라마의 주된 내용은 미혼여성의 사랑과 결혼이다. 이러한 소재는 기존의 드라마에서 지속적으로 반복된 상투적인 것이지만, 〈원녀일기〉는 〈콩쥐팥쥐전〉, 〈춘향전〉, 〈심청전〉에 등장하는 인물을 동일한 시공간에 등장시키는 리텔링 방식을 사용함으로써 기존 드라마와 차별성을 부각하였다.

우리나라에서 여러 편의 고전소설에 등장하는 인물을 하나의 텍스트에 등장시켜 이야기를 전개한 사례는 흔치 않다. 2007년 방영된 MBC 단막극 〈향단전〉에서 일부 시도되었을 뿐이다.[3] 이에

---

2) 〈원녀일기(怨女日記)〉는 단막극 시리즈 '2014 드라마 페스티벌' 중 하나이다. 〈원녀일기(怨女日記)〉는 심야에 방영하는 단막극의 한계 때문에 본방송의 시청률은 2.9%로 저조하였지만, 방영 이후 입소문을 타고 다시보기 등의 방식으로 꾸준히 대중의 관심을 받아 왔다. 그리고 방영 1년 후 싱가포르에서 열린 2015년 제20회 아시안TV 어워즈(ATA)상 시상식에서 단편드라마 부문 최우수상을 수상하면서 작품성을 인정받았다.

3) 〈향단전〉은 춘향이 대신 향단이를 주인공으로 하여 향단이와 몽룡이가 신분의 차이를 극복하고 사랑을 이루어 가는 이야기이다. 이 드라마에는 다른 고전소설

비해 〈원녀일기(怨女日記)〉는 원작의 인물 설정과 상황 및 배경을 결합하고 변형시키면서 새로운 이야기를 만드는 리텔링 전략을 본격적으로 취하고 있다.

그리고 〈원녀일기〉에서는 고전소설 주인공을 결핍을 가진 노처녀로 설정하여 원작에서 당연하게 여긴 규범과 질서에 문제를 제기한다. 원작과 다른 드라마의 상황 설정은 오늘날 여성들의 사랑과 결혼에 대한 가치관의 변화가 담겨 있다. 〈원녀일기〉의 주인공들은 외모지상주의, 경제적 빈곤 등 현실적 문제에 갈등하고 고민하지만, 사랑과 결혼에 있어서는 주체적이고 능동적인 모습으로 변화한다. 〈원녀일기〉는 현실의 문제와 이상적 사랑 사이에서 고민하는 현대 여성의 딜레마를 반영하고 있다.

따라서 이 글에서는 여러 편의 고전소설을 하나의 이야기로 변형시킨 〈원녀일기〉의 리텔링 방식에 주목하여 등장인물들이 자신들의 결핍을 충족시켜 나가는 과정을 분석하고 그 의미를 살피고자 한다.

2. 컨버전스(convergence)를 통한 고전소설 리텔링

고전소설은 오랜 시간 다양한 양상으로 향유자들의 참여와 검증을 거치면서 시대를 뛰어넘는 가치와 대중들의 보편적 정서를

───────────────

의 주인공이 다수 등장하여 인물 간의 관계와 사건을 복잡하게 만든다. 홍길동은 이몽룡의 친구로 등장하고, 향단의 아버지는 〈심청전〉에 등장하는 심봉사이다. 또한 장화홍련 자매가 귀신으로 등장하여 향단이에게 도움을 주기도 한다 (〈향단전〉에 대한 내용은 이명현, 「문화콘텐츠 스토리텔링 소재로서 고전서사의 가치」, 『우리문학연구』 25, 우리문학회, 2008, 115~116쪽 참조).

담아내었기 때문에 오늘날 스토리텔링의 소재로 유효한 가치를 지니고 있다. 고전소설은 오랜 시간에 거쳐 장르적 유형성을 구축하였기 때문에 예측 가능한 서사 전개로 독자들의 기대지평을 충족시키는 대중적 이야기이고, 전래동화와 학교 교육을 통해 대중들에게 익숙한 이야기이기도 하다.4)

그러나 고전소설을 새로운 매체에 그대로 반복하는 것은 오늘날 대중의 요구를 만족시킬 수 없다. 부분개작, 전면개작, 스핀오프 등의 방식으로 리텔링(retelling)5)하는 것이 필요하다. 익숙한 고전소설을 새롭고 흥미로운 이야기로 다시 쓰는 것은 쉽지 않은 작업이다. 대중들은 고전소설의 등장인물들에 대해 전래동화와 교과서를 통해 학습된 고정관념을 가지고 있기 때문이다. 열녀 춘향, 탐관오리 변학도, 욕심쟁이 놀부, 효녀 심청 등 대중에게 각인된 캐릭터를 설득력 있게 재창조하기 위해서는 상황설정, 개연성, 사건의 이면에 숨겨진 진실 등을 치밀하게 스토리텔링 해야 한다.

그리고 고전소설은 오늘날의 드라마, 영화 등에 비해 이야기 분

---

4) 이명현, 「문화콘텐츠시대 고전소설 연구 경향과 방향」, 『어문론집』 57, 중앙어문학회, 2014, 58쪽.

5) 리텔링(retelling)의 일반적인 의미는 '연극·영화·텔레비전·라디오 등 각 매체의 특성에 맞게 소설이나 혹은 관련 매체에서 검증받은 작품을 원작으로 하여 극화하는 일'이다(조은하·이대범, 『스토리텔링』, 북스힐, 2008, 248쪽). 최근에는 이러한 의미를 확장하여 기존의 작품을 재해석하여 수정 혹은 재창작하는 모든 결과물을 지칭하고 있다. 리텔링의 개념에 대해서는 다음의 논저를 참조할 수 있다(유강하, 「틈새를 메우는 문학적 상상력 리텔링」, 『중국어문학논집』 63, 중국어문학연구회, 2010; 유강하, 「스토리텔링과 리텔링」, 『중국소설논총』 63, 한국중국소설학회, 2010; 한혜원, 「온라인 팬픽에 나타난 스토리 리텔링 연구」, 『인문콘텐츠』 27, 인문콘텐츠학회, 2012; 김영희, 「구전이야기 '다시쓰기(re-telling)를 활용한 자기탐색 글쓰기 교육」, 『구비문학연구』 제34집, 한국구비문학회, 2012; 이명희, 「고전 리텔링(re-telling)을 통한 창조적 글쓰기와 인문학적 성찰」, 『문학치료연구』 26, 한국문학치료학회, 2013).

량도 짧고, 등장인물도 적다. 장편국문소설, 〈옥루몽〉, 〈삼한습유〉 등 등장인물이 많고 사건과 갈등이 복잡하게 얽힌 작품들도 있지만, 대다수 고전소설은 등장인물이 많지 않고, 인물 간의 갈등구조도 단순하다.

〈원녀일기〉에서 여러 편의 고전소설을 결합하고 변형시키는 방식은 고전소설 리텔링에서 발생하는 기존의 문제를 해결하기 위한 새로운 대안이 될 수 있을 것이다. 〈원녀일기〉의 리텔링 방식은 원작에서 새로운 이야기의 파생이라는 측면에서는 스핀오프라고 할 수도 있다.[6] 하지만 스핀오프는 원작의 설정과 세계관을 공유하고 있지만 대중들이 흥미를 느끼는 소재, 혹은 특별한 캐릭터를 확대하여, 주인공이나 전개되는 사건은 전혀 다른 독자적인 작품을 만든다. 즉 스핀오프는 원작의 특정 인물을 중심으로 시점을 바꾼 번외편, 외전, 별전이라 할 수 있는데, 이러한 측면에서 여러 편의 고전소설을 결합하고 변형시킨 〈원녀일기〉는 스핀오프라고 하기는 어렵다.

〈원녀일기〉는 오히려 마블 코믹스의 〈어벤져스〉처럼 여러 작품 속 인물들을 한 작품에 등장시키는 리텔링 방식이라 할 수 있다.[7] 이렇게 서로 다른 이야기를 공통된 시공간을 배경으로 하나의 이

---

6) 스핀오프(spin-off)는 경제학에서 기업 경쟁력을 강화하기 위한 회사 분할을 의미하는 용어였다. 이후, 군사, 종교 등의 분야에서도 사용되었고, 대중문화에서는 원래 있던 이야기로부터 '파생'된 이야기라는 의미로 사용되고 있다.

7) 〈어벤져스〉의 스토리텔링 방식을 스핀오프로 파악하는 경우도 있지만, 이것은 새로운 방식의 스토리텔링에 대한 이해가 부족하여 기존 분류 체계 안에 적용시킨 것이다. 스핀오프는 원작을 시점을 바꿔서 파생시키는 이야기 방식이기 때문에 〈배트맨 2〉에서 배트맨과 적대적 관계였던 캣우먼을 주인공으로 한 〈캣우먼〉, 〈슈렉 2〉에 등장한 고양이를 주인공으로 한 애니메이션 〈장화신은 고양이〉 등의 작품으로 한정할 필요가 있다.

야기로 결합·변형하는 리텔링(retelling) 방식을 컨버전스 스토리텔링(convergence storytelling)8)이라 명명할 수 있다. 컨버전스 스토리텔링은 이전과는 다른 관점에서 원작을 해석할 수 있고, 인물 간의 관계를 복잡하게 만들고 다양한 사건과 갈등을 구축할 수 있게 한다. 고전소설을 비롯한 옛날이야기를 리텔링 할 때 원작의 단순하고 정형화된 갈등 구조를 벗어나 새로운 긴장감을 조성하는 전략이라 할 수 있다.

헨리 젠킨스는 디지털 미디어 시대의 가장 중요한 키워드를 융합(convergence)으로 파악하고, 미디어 기술, 미디어 산업, 소비자, 생산자 등이 서로 연계되면서 새로운 창의성이 형성되는 문화 융합(cultural convergence) 현상이 나타난다고 하였다.9) 헨리 젠킨스는 문화융합을 기반으로 이야기가 여러 플랫폼에 걸쳐 전개되는 트랜스미디어 스토리텔링 현상을 설명한다.10)

컨버전스 스토리텔링은 트랜스미디어 스토리텔링처럼 이야기가 파생되면서 커다란 하나의 울타리를 형성하는 것이 아니다. 컨

---

8) 컨버전스 스토리텔링(convergence storytelling)이라는 용어는 필자가 드라마 〈내 여자친구는 구미호〉를 분석하면서 드라마의 원형 설화로 〈여우구슬〉과 〈도화녀비형랑〉이 결합되어 새로운 하나의 이야기로 스토리텔링 되고 있음을 밝히기 위해 명명한 개념이다(이명현, 「설화 스토리텔링을 통한 구미호이야기의 재창조」, 『문학과영상』 13(1), 문학과영상학회, 2012, 40~44쪽 참조).

9) Henry Jenkins, 김정희원 외 역, 『컨버전스 컬처』, 비즈앤비즈, 2006.

10) 헨리 젠킨스는 트랜스미디어 스토리텔링의 요건을 다음의 4가지로 제시하였다. ① 다양한 미디어 플랫폼을 통해 공개되어야 한다. ② 각각의 새로운 텍스트가 전체 스토리에 분명하고도 가치 있는 기여를 해야 한다. ③ 각각의 미디어는 자기 충족적이어야 한다. 즉 영화를 보지 않고도 게임을 즐길 수 있어야 하며, 그 역도 성립해야 한다. ④ 어떤 상품이든지 전체 프랜차이즈로의 입구가 될 수 있어야 한다(트랜스미디어 스토리텔링의 개념과 요건에 대해서는 류철균·한혜원 외, 『트랜스미디어 스토리텔링의 이해』, 이화여자대학교 출판부, 2015, 34~35쪽 참조).

버전스 스토리텔링은 여러 편의 이야기가 새로운 하나의 이야기로 융합되어 변형되는 것이다. 그러나 이 역시 헨리 젠킨스가 주장한 디지털 미디어 시대에 나타나는 문화융합의 한 형태라 할 수 있다.

서사의 융합(convergence)은 새로운 이야기를 만들기 위해 기존의 여러 편의 이야기를 융합하는 것이다. 이 과정은 물리적인 결합이 아니라 화학적인 변화이다. 전체 서사의 틀을 제공하는 원작이 있더라도 다른 이야기와 융합되면서 원작과는 다른 새로운 창의성이 형성된다. 이것은 이야기의 결합만이 아니라 원작, 생산자(작가 혹은 감독의 상상력), 소비자(시청자의 기대지평과 변화된 가치관), 매체(영상이미지), 미디어 산업 등이 연계하면서 만들어지는 새로운 이야기 방식이다.

여기서 중요한 것은 컨버전스 스토리텔링(convergence storytelling)이 디지털 콘텐츠의 특징을 반영한 디지털 사유에 기반하고 있다는 것이다. 일반적으로 디지털 콘텐츠의 특징을 선별적 접근 가능성, 완전복제 가능성, 조작 가능성으로 설명한다.[11] 컨버전스 스토리텔링은 단순하게 병렬적으로 여러 이야기를 결합하는 것이 아니다. 시공간의 배경, 인물 상호관계 등을 고려하여 선별적으로 접근하고, 각 작품에서 필요한 부분을 복제하고, 부분의 이야기를 하나의 완결된 이야기로 조작한다.[12] 이렇게 선별적 접근, 복제, 조작의 방식으로 원작을 해체하면서 새로운 이야기를 만드는 것

---

11) 고욱·이인화 외, 『디지털 스토리텔링』, 황금가지, 2003, 16쪽 참조.

12) 이러한 과정을 인터넷 사용에 비유하자면 키워드를 통한 검색, 검색한 자료 중에서 필요한 부분 복사 및 자르기(Ctrl+C, Ctrl+X), 취합한 자료 붙여넣기(Ctrl+V)라고 할 수도 있을 것이다.

은 디지털 네이티브(digital natives)13)의 변화한 이야기 향유방식으로 이해해야 할 것이다.14)

컨버전스 스토리텔링은 단순히 원작을 자르고 재배치하는 것이 아니다. 이야기의 조작과 배열의 이면에는 원작의 모티브와 변화한 현실의 문제의식을 융합하고자 하는 의도가 담겨 있기 마련이다. 〈원녀일기〉역시 〈콩쥐팥쥐전〉, 〈춘향전〉, 〈심청전〉의 등장인물과 모티브를 미혼여성의 사랑과 결혼이라는 오늘날의 문제의식과 융합하고 있다.

〈원녀일기〉는 콩쥐, 춘향, 심청 등 세 명의 고전소설 속 인물을 각 작품에서 복사하여 조선 후기 남원에 사는 동갑내기 친구들이라는 설정으로 재구성한다. 드라마에 등장하는 콩쥐, 춘향, 심청은 원작처럼 팥쥐의 언니이고, 몽룡의 연인이고, 심봉사의 딸이다. 그러나 그녀들의 현실적 문제는 원작과 다르다. 콩쥐는 연애 한 번 못해본 외모 콤플렉스를 가진 노처녀이고, 춘향은 미혼모의 딸이라는 콤플렉스 때문에 좋은 조건의 남성을 찾다 혼기를 놓쳤고, 심청은 경제적 여건 때문에 사랑과 결혼을 포기한 노처녀 가장이다. 〈원녀일기〉에서는 등장인물의 환경과 가족관계는 원작의 설정을 유지하여 시청자에게 익숙함을 주는 한편, 각각의 인물들을 오늘날 사랑과 결혼에 대해 고민하는 대표적인 세 유형의 여성들

---

13) 디지털 원어민을 말하는 것으로 디지털 생활환경의 급속한 변화에 따라 디지털 언어를 자유자재로 사용하는 새로운 세대를 지칭하는 용어이다. 1980년대 개인용 컴퓨터의 대중화와 1990년대 인터넷과 휴대전화의 보편화로 이 시기에 성장기를 보낸 세대들로서 과거 기성세대와는 전혀 다른 방식으로 생각하고 행동하는 특성이 있다. Don Tapscott, 이진원 역, 『디지털 네이티브』, 비지니스북스, 2009.

14) 디지털 네이티브의 스토리텔링 특성에 대해서는 후속 논의를 통해서 별도로 논의하도록 하겠다.

콩쥐　　　　　춘향　　　　　심청

사또　　　　　몽룡

로 설정하여 새로움을 추구하고 있다.

　이와 같이 서로 다른 작품 속 인물에게 동일한 시간적·공간적 배경을 부여하자 드라마의 개연성과 사건 전개의 설득력을 얻기 위해 주변 인물들이 변형된다. 무엇보다 드라마에서는 사랑과 결혼에 초점을 맞추고, 이야기의 긴장감을 높이기 위하여 중첩된 삼각관계의 틀에 맞추어 원작의 인물들을 재배치한다.

　사또는 콩쥐의 연인이 된다는 점에서는 〈콩쥐팥쥐전〉의 감사에 해당하지만, 춘향과 몽룡 사이에서 긴장관계를 형성한다는 측면에서는 〈춘향전〉의 변학도의 역할을 한다고 할 수 있다. 그러나 사또는 〈콩쥐팥쥐전〉의 감사처럼 콩쥐의 구원자도 아니고, 춘향에게 수청을 요구하는 변학도와 같은 반동인물도 아닌 새롭게 변형된 인물이다. 이것은 몽룡 역시 마찬가지이다. 몽룡은 춘향과 사랑을 나눈다는 점에서 〈춘향전〉의 몽룡과 동일하지만, 그의 첫사랑이 심청으로 설정되면서 '춘향-몽룡-심청' 사이에서 오해와 갈등이 유발된다.

　〈원녀일기〉에서 컨버전스 스토리텔링 방식을 취한 것은 고전소설의 전형적 인물, 단순한 남녀관계를 극복하고, 현실적 문제의식이

녹아 있는 복잡한 삼각로맨스를 만들기 위해서이다. 〈콩쥐팥쥐전〉은 수동적인 여성과 이상화된 남성 사이에 사악한 방해자가 등장하는 신데렐라형 이야기이다. 〈춘향전〉과 〈심청전〉을 〈콩쥐팥쥐전〉과 동일한 유형으로 범주화할 수는 없지만, '춘향과 몽룡', '심청과 천자'라는 남녀관계만을 선택적으로 잘라내어 본다면 남성의 선택을 받는 여성의 이야기의 범주에 포함시킬 수 있을 것이다.

이러한 인물관계는 재벌 남성과 가난하지만 착하고 예쁜 아가씨, 둘을 방해하는 악당과 악녀라는 컨셉으로 수많은 드라마에서 반복되었다.15) 기존 드라마와 차별화된 새로운 이야기를 만들기 위해서는 도식적인 패턴을 변주할 필요가 있다. 그러나 완전히 낯선 이야기는 대중의 기대지평에서 벗어나기 때문에 대중성을 얻기 어렵다. 대중적인 콘텐츠는 수용자들의 내부에 형성된 기대지평에 어느 정도 부합할 수 있도록 과거의 체험으로부터 익숙해진 요소(장르관습, 모티브, 인물관계 등)를 포함해야 한다. 〈원녀일기〉에서는 익숙함과 새로움이라는 이질적인 두 요소를 결합시키기 위해 익숙한 이야기인 고전소설을 융합·변형하는 스토리텔링 전략을 사용한다.

〈콩쥐팥쥐전〉, 〈춘향전〉, 〈심청전〉은 우리에게 매우 익숙한 이야기이다. 우리는 콩쥐와 감사, 춘향이와 몽룡이가 결국 사랑에 성공하여 행복하게 살게 될 것을 알고 있고, 심청이 죽음을 극복하

---

15) 1990년대 트렌디 드라마인 〈별은 내 가슴에〉, 〈토마토〉 등을 비롯하여 미니시리즈 〈천국의 계단〉, 일일드라마 〈불굴의 며느리〉, 주말드라마 〈백년의 유산〉 등이 전형적인 신데렐라형 드라마라 할 수 있다. 이러한 천편일률적인 삼각관계를 뒤집기 위해 신데렐라가 아닌 배다른 언니가 주인공인 〈신데렐라 언니〉, 인위적으로 신데렐라가 되기 위해 수단방법을 가리지 않는 주인공이 등장하는 〈청담동 앨리스〉와 같은 드라마가 제작되기도 하였다.

리라는 것을 예측하고 있다. 그러나 〈원녀일기〉는 컨버전스 스토리텔링을 통해 원작의 예측 가능한 전개과정을 뒤집어 놓음으로써 익숙한 이야기가 어떻게 변주되었는지를 상상하는 즐거움을 얻을 수 있다. 즉, 고전소설이 가지고 있는 전통적 가치와 고정된 이미지를 전복하여 우리가 미처 인식하지 못하고 있던 새로운 가치를 발견할 수 있도록 한다.

3. 상황 설정과 인물 성격의 변화

〈원녀일기〉에서는 익숙함을 기반으로 새로움을 만들기 위해 고전소설의 배경인 조선 후기와 현재의 가치관을 컨버전스한다. 대중들의 호기심을 자극하기 위해서는 낯설고 새로운 배경을 필요로 하는 경우가 있다. 이때 새로움을 위해 제시되는 낯선 배경은 동시대의 이국적 공간이거나 평소 경험하기 어려운 미지의 공간인 경우도 있지만, 지금 현재와 시간적 거리를 통해서 만들어지는 과거일 수도 있다.

새로움은 미래에서만 오는 것이 아니라, 과거에서도 온다.16) 오늘날의 상상과 욕망을 보다 자유롭게 풀어내기 위해 과거라는 낯설고 새로운 배경을 호명할 수 있다. 고전소설의 과거라는 배경이 현재의 가치관 및 작가의 상상력과 결합하면 '재미없는 옛것', '낡은 것'이라는 고정 관념에서 벗어나 몽환적이고 낭만적인 배경으로 전화(轉化)할 수도 있다.17) 고전소설의 인물과 오늘날의 가치관

---

16) 서인석, 「고전산문 연구와 국어교육」, 『고전소설 교육의 과제와 방향』, 한국고소설학회, 2005, 35쪽.

을 컨버전스하는 것은 현실의 문제의식을 가진 인물을 조선 후기라는 낭만적 배경 속으로 집어넣은 것이라 할 수 있다.

> 콩쥐(N): 바야흐로 '외양지상주의'의 시대. 이팔청춘이 지나면 누구나 정해진 듯 혼인을 해야 했던 시절. 예뻐지기 위한 계집들의 노력을 치열했다. 사내들은 서책보다 예쁜 계집을 가까이하고 예쁜 계집이 지상 최대의 기적은 바로 최고의 혼인. 하지만 아무리 예쁘고 성정이 고와도 가진 게 가난뿐이라면 별다른 기적을 바라기 힘든, 참으로 야박한 시대였다.

> 춘향: 정략결혼에 반기를 든 양반집 '나비'들이 직접 본인의 이상형에 부합하는 '꽃'을 찾으러 사냥을 나오는 거야. 하인을 통해 만날 장소와 시간이 적힌 첨(籤)을 보내오면, 그걸 '첨 탄다'라고 하는데, 첨을 받은 그 날 밤, 두 남녀의 역사적인 하룻밤이 성사되는 거지.

〈원녀일기〉는 고전소설을 소재로 하여 조선 후기를 배경으로 하는 사극의 형식을 표방하고 있지만, 등장인물들의 가치관과 행동은 오늘날의 현실 질서를 따르고 있다. 첫 번째 인용문은 드라마가 시작하면서 나오는 콩쥐의 내레이션이다. 이 내레이션은 지금 시작하는 이야기의 배경이 조선 후기이지만, 사실은 '외양지상주의'와 경제적 가치가 지배하는 오늘날의 현실임을 알려준다.

〈원녀일기〉에서 설정한 그 시대에 유행하는 연애방식은 '첨 타

---

17) 이명현, 「문화콘텐츠 스토리텔링 소재로서 고전서사의 가치」, 『우리문학연구』 25, 우리문학회, 2008, 111쪽.

기'18)이다. 양반가 자제들은 스스로 이상형을 찾겠다며 그네 터에서 여성들을 관찰하고, 마음에 드는 이성이 있으면 하인을 시켜쪽지를 보낸다. 원작 〈춘향전〉에서 이몽룡이 그네 타는 춘향을 보고 한눈에 반하는 로맨틱한 곳이 서로의 외양만으로 상대를 평가하고 선택하는 공간으로 변화한다. 첨타기는 오늘날 클럽에서 이루어지는 즉석 만남, 원나잇 등 가벼운 만남을 고전소설의 시대적 배경에 맞게 변용시킨 것으로 보여진다.

콩쥐와 춘향, 심청의 입으로 전해지는 그들의 시대는 조선 후기라는 역사적 실체는 소거되고, 오늘날의 문제인 외모지상주의, 사랑 없는 가벼운 연애가 범람하는 낯선 공간으로 변용된다. 이렇게 만들어진 드라마의 배경은 시청자들이 경험하지 못한 새로운 미장센으로 현실에서 벌어지는 익숙한 일도 신선한 사건으로 전환시키는 효과를 얻는다. 더불어 시청자 자신의 문제를 드라마에서 다루고 있기 때문에 등장인물에 대한 동일시와 감정이입을 쉽게 할 수 있다.

고전소설과 현실의 문제를 컨버전스하는 것은 익숙함과 새로움이라는 두 요소를 결합시키기 위한 것이다. 이러한 이야기의 융합은 필연적으로 고전 인물의 전형적 이미지를 해체하면서 오늘날 우리의 문제를 성찰하게 된다. 여성의 외모콤플렉스, 결혼의 조건, 진정한 사랑, 자본주의 사회에서 경제적 지위 등 현대 여성들의 고민을 고전소설 주인공에서 투사시켜 선인(善人), 열녀(烈女), 효녀(孝女)라는 고정적 이미지를 해체하고 새로운 스토리로 만드는 것이다.

---

18) '첨 타기'는 '이성과 사귀지는 않지만 로맨틱한 관계를 유지하는 상태'를 뜻하는 신조어 '썸 타기'를 변용한 것으로 보인다.

서사에서 인물은 플롯에 종속된 요소로 작용한다. 따라서 사건을 발현 및 구조화하는 과정에서 창작발상 단계를 거친 인물은 개별화된 독립 단위로 기능하는 것이 아니라, 철저하게 해당 장르의 관습성에 의거하여 성격소를 부여받게 된다.[19] 〈원녀일기〉의 세 인물은 고전소설에서 각자의 정체성을 가지고 있었지만, 사랑과 결혼을 소재로 한 드라마에 재배치되면서 장르관습에 부합하는 인물로 변형된다.

원작과 달리 콩쥐에게는 계모가 없다. 그러나 콩쥐는 계모로 상징되는 가족의 학대보다 무서운 외모 콤플렉스라는 사회적 차별에 시달린다. 콩쥐는 못생긴 외모 때문에 연애 한 번 못해본 노처녀이다. 콩쥐의 뒷모습을 보고 따라온 남성은 콩쥐의 얼굴을 보자 놀라서 뒷걸음질 치다 개울에 빠지고, 동네 아이들은 콩쥐의 외모를 놀리고 심지어 돌을 던지기도 한다. 콩쥐는 사랑과 연애에 대한 결핍을 책 읽기와 그림 그리기로 풀고, 그것을 못마땅하게 여기는 엄마는 가사노동(독에 물 기르기)이라도 하라고 한다.

콩쥐는 주근깨 투성이의 얼굴 때문에 이성과의 깊은 관계를 맺는 것에 대한 자신감이 부족하다. 어느 날 콩쥐는 춘향의 권유에 못이기는 채 첨을 타러 그네 터로 간다. 하지만 콩쥐는 그네타기를 통해 남성에게 여성적 매력을 드러내기보다는 그네타기 자체의 즐거움에 빠져버린다. 〈원녀일기〉의 콩쥐가 오늘날 시청자가 공감하는 매력적인 캐릭터인 이유는 그녀가 평범한 여성의 모습을 대변하고 있기 때문이다. 콩쥐는 자신의 외모에 불만을 가지고 있고, 자신이 소설 속 주인공과 같은 사랑을 할 수 없다는 사실을

---

19) 한혜원, 「한국 온라인 팬픽의 인물 형상화 방식」, 『한국방송학보』 27(4), 2013, 320쪽.

자각하고 있다. 콩쥐는 자신의 조건에 좌절해서 스스로를 남성의 욕망에 부합하는 대상으로 맞춰가려고 하지 않는다. 오히려 남성의 시선보다 자신의 내면의 즐거움에 집중할 줄 아는 여성이다.

〈원녀일기〉에 등장하는 춘향은 바람둥이 캐릭터이다. 춘향에게 결혼은 신분상승과 경제적 성공을 위한 도구이다. 춘향은 몽룡과 이별한 후, 새로 부임한 신임 사또를 유혹할 계획을 세운다.[20] 춘향의 성격 변화는 영화 〈방자전〉의 춘향처럼 정절을 지키는 '열녀'에서 남자의 배경과 능력만을 따지는 '바람둥이'로 뒤집은 것으로 보이기도 한다. 하지만 드라마에서 춘향은 남자의 조건을 따지는 합당한 이유가 있고, 결국에는 세속적 욕망보다 사랑을 선택한다.

춘향은 원작처럼 기생 월매의 딸이다. 그러나 드라마에서 신분 문제는 크게 부각되지 않는다. 오히려 〈원녀일기〉에서 주목하는 것은 월매가 정상적인 결혼을 하지 못한 미혼모라는 것이다. 이 때문에 월매는 춘향이 좋은 조건의 남편과 정상적으로 결혼하기를 원하고, 춘향은 엄마와 같은 삶을 살지 않기 위해서 남자의 조건과 집안 등을 따진다. 춘향은 조건을 따져서 고른 몽룡이 과거에 실패하고 가세마저 기울자 다른 신랑감을 구하려고 한다. 춘향은 몽룡과의 혼전임신을 속이기 위해 재빨리 신임 사또를 유혹할 생각을 가지고 있었지만, 몽룡이 자신을 진심으로 사랑하고 있다는 것을 알게 되자 몽룡과 결혼한다.

심청은 착한 성정에 어여쁜 외모를 가지고 있지만 무능한 아버지를 둔 바람에 가난하다. 심청은 생선가게에서 날품을 팔아 생계를 유지하지만 혼인에 필요한 비용을 감당할 수 없다. 더구나 무능

---

20) 춘향: 미쳤냐? 일부종사는 얼어 죽을. 달걀은 한 소쿠리에 담는 게 아니랬어. 나 새끼 칠 거야, 신임 사또로!

한 아버지가 진 빚도 갚아야 하는 실정이다. 심청은 혼인하고 싶어도 하지 못하는 상황이다.

〈원녀일기〉에서 심학규는 진짜 봉사가 아니라 장님인 척하고 가짜 독심술을 선보여 엽전 몇 푼을 챙기는 사기꾼이자 무능한 가장이다. 심학규는 다단계 사기를 당해 빚이 계속 늘어나고, 결국엔 심청이 다단계 조직에 자신의 몸을 팔아 아버지의 빚을 갚아야만 하는 상황이 발생한다. 〈심청전〉과 마찬가지로 〈원녀일기〉에서도 심학규를 위해서 심청이 희생당하는 것이다. 그러나 〈원녀일기〉의 심청은 원작처럼 아버지의 눈을 뜨게 하기 위해 자발적으로 희생하는 것이 아니다. 가난과 무능의 대물림으로 인해 어쩔 수 없이 자신의 몸을 팔아야만 하는 상황이다. 그렇기 때문에 심청은 자신을 매매한 화주승 집단에게서 탈출하여 아버지와 빚으로부터 자유로워지는 길을 찾는다.

〈원녀일기〉에서 새로 태어난 콩쥐와 춘향, 그리고 심청은 자신들의 결핍 때문에 사랑과 결혼에 주저한다. 그러나 그 결점이 오히려 그녀들을 '외모와 자본의 질서'에 휘둘리지 않고 자신이 선택한 인물과 결혼하게 하는 원동력으로 작용한다. 〈원녀일기〉에 나타난 상황 설정 및 인물의 성격 변화는 여성의 미덕을 아름다운 외모나 착한 성격 정도로 규정하는 남성 중심의 시각을 거부하고 여성 스스로 사랑과 결혼을 주도하는 이야기로 스토리텔링하기 위한 것이다.

4. 리텔링을 통한 공감과 위안의 서사

〈원녀일기〉의 원작인 〈콩쥐팥쥐전〉, 〈춘향전〉, 〈심청전〉은 우리나라 고전소설 중에서 여성의 이름을 제목으로 사용한 대표적인 작품들이다. 이 작품들은 제목에 걸맞게 사회적 차별과 운명에 맞선 여성의 고난과 자기 갱신이 나타난다. 그러나 오늘날의 사랑과 결혼이라는 관점에서 보면 여성인물의 신분상승과 행복이 오로지 남성의 선택에서 비롯되는 한계를 지닌다고 할 수 있다. 그런데 이것을 한계라고 지적하기에는 지금 현재도 여성의 자아정체성과 사회적 독립이 완전하게 보장된 사회가 아니라는 문제가 있다. 물론 여성주의 관점에서 기존 질서를 전복하는 작품들이 등장하고 있다. 그렇지만 대중성을 지향하는 콘텐츠에서는 남성 중심의 남녀관계를 벗어나고 있다고 말하기 어렵다.

대중성을 포기할 수 없는 드라마에서 어떠한 방식으로 여성이 자신의 정체성을 찾는 이야기를 만들 것인가? 〈원녀일기〉는 바로 이러한 고민에서 출발한 것 같다. 그렇기에 드라마에서는 우선 현재보다 남성 중심의 질서에 순응할 수밖에 없었던 고전소설의 주인공을 호명한다. 그리고 이들이 고전소설의 문법에서 벗어나 새로운 선택을 하는 것을 보여준다. 이러한 고전소설의 수용과 변주는 스토리 전개에 있어서 익숙한 이야기를 새로운 이야기로 바꾸는 것이자, 고전소설의 세계관과 가치관에서 탈주하여 현실과 접점을 찾아가는 과정이기도 하다.

〈원녀일기〉에서 콩쥐와 사또의 만남과 사랑은 〈춘향전〉처럼 광한루 근처 그네 터에서 시작된다. 콩쥐는 춘향, 심청과 함께 양반가 자제들의 첩을 받기 위해서 많은 여성들이 그네를 뛰는 곳으로 간다. 〈원녀일기〉에 나타나는 첨타기는 남성 중심적 남녀관계를 전제로 한 것이다. 여성은 '양반가 자제'로 표현된 조건이 좋은 남성의 선택을 받기 위해 자신의 신체를 드러내는 그네타기를 한다. 〈원녀일기〉의 그네타기는 자신의 몸을 남성의 시선 속에 스스로 던지는 것이다. 이렇게 조건이 좋은 남성을 유혹하기 위해 여성이 성적 매력을 드러내는 것은 자본의 질서와 남성의 욕망에 순응하는 방식이다.

콩쥐는 처음에 그네타기를 주저하지만 거부하지는 않는다. 그런데 그네를 탄 뒤에는 그네타기 자체를 즐긴다. 콩쥐는 질서 자체를 거부하지는 않지만 남성 중심의 남녀관계에 일방적으로 순응하지도 않는다. 다른 여성들이 남성의 욕망에 스스로를 맞추기 위해 그네를 타는 것에 비하여 콩쥐는 자신의 즐거움을 위해서 그네를 탄다.

드라마에서는 콩쥐가 다른 여성들과 달리 남성의 시선을 의식하지 않는 것을 '자유로움'이라고 말한다. 신임사또는 콩쥐의 자유로움에 반해서 첨을 보낸다. 그러나 첨을 전달하는 이방은 첨의 대상이 당연히 앞서 그네를 탄 춘향이라고 생각하고, 콩쥐를 춘향이의 하녀로 오해하여 사또의 첨을 춘향이에게 전달하라고 한다. 이 순간 콩쥐의 자유로움은 첨타기라는 남성 중심의 남녀관계에 의해 위축된다. 콩쥐가 진정으로 자유로운 존재가 되고자 했다면 첨을 거부해야 한다. 그러나 이 시점에서 콩쥐의 자유로움은 자신의 정체성에 기반한 진정한 자유가 아니다. 사실 콩쥐가 첨타기에서 자유로울 수 있었던 가장 큰 이유는 못생긴 자신에게 누구도 첨을 보내지 않을 것이라는 생각 때문이다. 즉, 외모로 인한 소외가 기존 질서에 대한 저항으로 나타나 자유로움처럼 보인 것이다.

콩쥐는 침을 춘향에게 전하지 않고 자신이 갖는다. 소외의 대상이 질서 안으로 편입될 기회를 잡자 자신의 상황을 바꾸고 싶어 하는 것이다. 콩쥐는 남성의 시선에 자신의 신체를 맞추기 위한 여러 가지 노력을 한다. 성형을 문의하고, 화장을 하고, 춘향이의 꽃신을 훔쳐 신는다. 콩쥐는 사또를 보고 첫눈에 반하지만 못생긴 자신의 본모습을 들킬 것 같아 도망친다. 사또는 콩쥐의 뒤를 쫓고, 콩쥐는 사또에게서 도망치기 위해 꽃신 한 짝을 던져 머리를 맞힌다. 사또는 그날 이후 꽃신의 주인을 찾고, 콩쥐는 꽃신의 진짜 주인인 춘향이가 이 사건을 알기 전에 꽃신 한 짝을 회수하려고 한다. 콩쥐는 자신의 얼굴을 숨기기 위해 도깨비 탈을 쓰고 사또를 만난다.

꽃신, 유리구두 등은 신데렐라의 상징이다. 유리구두는 재투성이 아가씨가 마법의 힘으로 왕자를 만나러 가기 위한 마지막 조건이자, 왕자와 재회할 수 있는 유일한 단서이다. 〈원녀일기〉에서 콩쥐는 이러한 꽃신을 훔치고, 또 집어던진다. 꽃신은 더 이상 재투성이 아가씨를 공주로 변신시키고 왕자와 이어주는 기적의 매개물이 아니다.

〈원녀일기〉에서 꽃신보다 중요한 것은 가면이라 할 수 있다. 가면은 자신의 본모습을 숨기는 것이다. 이것은 진실을 가리고 거짓을 보여준다는 의미가 아니라 남성 시선을 기준으로 한 미추(美醜)의 판단을 자신에게 적용하지 않겠다는 것이다. 가면을 쓴 '나'는 내가 아니지만, 남성 중심적 질서 속의 내가 아닌 것이기에 남의 시선에 의해 규정된 내가 아니라 오히려 나의 본모습을 보여줄 수 있는 진짜 '나'일 수도 있다. 콩쥐는 꽃신을 버리고 가면을 쓰자 역설적으로 자신의 진짜 모습을 찾는다.

콩쥐는 가면을 쓰고 사또와 지속적으로 만난다. 콩쥐와 사또는 서로에게 이끌려 육체관계를 맺는데, 그날조차도 가면을 벗지 않는다. 콩쥐는 가면을 통해 외부의 시선에서 자유로워졌지만 외부의 시선 자체는 여전히 의식하고 있다. 콩쥐가 진정한 자신을 찾기 위해서는 남성 중심의 시선으로부터 자유로워져야만 한다. 콩쥐는 마지막에 용기를 내어 가면을 벗고 자신의 외모와 내면 모두를 드러낸다.

콩쥐: 저는 콩쥐라고 동네에서 유명한 원녀입니다. 예쁜 친엄마를 계모라 여길 정도로 세상 삐뚤게 보고 있었고요, 더 이쁜 동생과 친구들 때문에 원만한 성격을 형성하지 못했어요. 고을 남자들 보길 소 각다귀 보길 했는데 그건 마음 먼저 주면 상처받을까봐 그랬던 거 같아요. 그런 제가 감히 사또를 좋아했습니다. 스무 해를 이 모양으로 살아온 제가 난생처음으로 누군가를 좋아한다고 좋아했다고 말하는 거예요. 혼인이 하고 싶은 게 아니라 그냥 내가 지금 당신을 좋아한다는 것만 알겠어요. 좋아합니다. 좋아해요.

사또: 내가 처음부터 반했던 사람은 바로 너였어.

콩쥐: 설마. 저는 꽃같이 예쁘지도 않고…….

사또: 꽃이 아니라 나비였다. 그네를 타고 시를 읊던 자유로운 네 모습은 꽃이 아니라 나비였어. 가만히 기다리는 바다가 아니라, 바다를 향해 노니는 기러기 그 자체였다. 내가 다 숨이 트이더구나.

사또는 콩쥐를 '꽃'이 아닌 '나비'라고 말한다.21) 꽃은 수동적으로 나비에게 선택받고 싶어 하지만, 나비는 꽃을 찾아 갈 수도 있고, 꽃이 아니라 다른 것을 찾아 자유롭게 움직일 수 있다. 남성의 선택을 받는 것이 목적인 여성은 여성으로서 자신의 삶을 사는 것이 아니라 남성의 욕망을 내면화하여 그 기준에 맞추는 삶을 살 수밖에 없다. 라캉 식으로 표현하면 타자의 욕망을 욕망하는 것이다. 여성이 타자인 남성의 욕망을 욕망하는 것은 우리가 살고 있는 상징계가 '아버지의 이름', 즉 남성 중심의 가부장적 질서를 통해서 구성되었기 때문이다.

사또가 콩쥐의 가치를 인정하자 콩쥐 역시 인식의 전환이 일어난다. 그 동안의 외모콤플렉스를 극복하고 자신의 맨얼굴을 사랑하게 된다. 콩쥐는 이 순간 자기 자신을 직시하고 진정한 자아와 마주할 수 있게 된다. 콩쥐는 이 경험은 통해서 자신이 진정 좋아하는 일이 무엇인지 깨닫고 친구들의 이야기를 소재로 〈춘향전〉, 〈심청전〉을 창작한다. 그리고 더 이상 결혼에 목매는 원녀가 아니라 자신이 원하는 일을 하는 원녀가 되어 일과 사랑 모두 주체적으로 선택한다. 〈원녀일기〉의 콩쥐이야기는 원작의 여성의 신분상승 이야기에서 벗어나 자신만의 개성과 특별함을 얻는 여성의 성장 서사로 리텔링 된 것이다.

〈원녀일기〉의 콩쥐는 부모의 집을 벗어나서 경제적으로 독립해야 하는 나이이다. 하지만 콩쥐는 이성과의 교제에 자신감을 잃고 자신의 집을 만들지 못하고 공상의 세계 속에 머물러 있는 미혼 여성이다. 콩쥐가 자신이 만들어야 할 집을 찾지 못하는 것은 외모콤플렉스 때문이다. 외모콤플렉스는 개인적 차원의 문제가 아니다. 현대 사회에서 여성들은 외모의 아름다움을 권력이라 생각한

---

21) 이 대사는 〈춘향전〉에서 몽룡의 말을 전하러 온 방자를 '꽃이 나비를 찾는 법이 어디 있느냐'며 돌려보낸 춘향의 대사를 뒤집은 것이다.

다. 실제 연구에서 외모가 아름다운 사람은 외모로 인해 타인으로부터 긍정적 평가를 얻고, 또한 다른 사람의 긍정적 상호작용을 유발한다고 한다.[22] 즉 아름다운 외모가 사회적 성공의 조건이 되는 것이다. 그러나 아름다운 외모를 가진 사람은 한정적이다. 대다수의 여성은 자신이 아름답지 않다고 여기고 아름다운 외모를 동경한다. 이로 인해 외모지상주의[23]가 발생하고 자신의 내면의 가치를 찾기보다 남성 중심의 외모 기준에 맞추고자 하는 경향이 발생한다.

현대 여성들은 여성으로서의 정체성과 사회적 성공을 동시에 추구하고 싶지만 남성 중심의 현실 질서를 전면적으로 부정하기 어렵다. 특히 미혼 여성들은 일과 사랑이라는 두 가지 목표를 모두 성취하고 싶어 하지만, 남성 중심의 질서는 생각보다 공고하다. 여기에서 힘들지만 도전할 것인가 편안한 길에 안주할 것인가 하는 선택이 발생하게 된다. 미혼 여성들은 입시와 취업이라는 경쟁의 연속에서 이성적으로(혹은 표면적으로) 주체적인 삶을 살기 위해 기존의 관습에 도전하겠다고 하지만, 무의식에서는 더 이상의 경쟁을 피하고 싶은 심리적 갈등이 내재되어 있는지도 모른다.

---

22) 성영신 등의 연구에서는 이러한 효과를 아름다운 외모의 권력이라 명명하고, 그 영향이 삶의 전반에 걸쳐 나타나는 것을 분석하였다(성영신·박은아·이주원·김운섭, 「아름다움의 심리적 권력: 성별, 영역별 미(美)권력 차이를 중심으로」, 『한국심리학회지 소비자·광고』 10(3), 한국심리학회, 2009, 463~467쪽).

23) 이 용어는 루키즘(lookism)의 번역이다. 이 용어는 ≪뉴욕 타임스≫의 칼럼니스트인 새파이어(William Safire)가 2000년 8월 인종·성별·종교·이념 등에 이어 새롭게 등장한 차별 요소로 지목하면서 부각되기 시작하였다. 외모(용모)가 개인 간의 우열뿐 아니라 인생의 성패까지 좌우한다고 믿어 외모에 지나치게 집착하는 경향 또는 그러한 사회 풍조를 말한다. 곧 외모가 연애·결혼 등과 같은 사생활은 물론, 취업·승진 등 사회생활 전반까지 좌우하기 때문에 외모를 가꾸는 데 많은 시간과 노력을 기울이게 된다는 것이다.

미혼 여성들은 남성 중심의 질서를 전면적으로 거부할 수도 궁정할 수도 없는 딜레마를 경험하게 되고, 이러한 갈등 상황 속에서 나비처럼 자유롭게 살면서 왕자도 만나고 싶은 욕망을 갖게 된다. 〈원녀일기〉의 콩쥐는 바로 이러한 미혼 여성의 욕망이 투사된 존재라 할 수 있다.

브루노 베델하임은 〈신데렐라〉를 형제간 경쟁심리의 관점으로 설명하면서, '형제간의 경쟁심리로 마음이 황폐한 어린이에게, 너도 자라면 형이나 언니만큼 잘 할 수 있을 거라고 말하는 것은, 어린이의 절망스런 심정에 아무런 위안이 되지 못한다.'라고 하였다. 그는 어린이가 위안을 얻기 위해서는 어떤 행운을 만나 형제들을 능가하는 영광스런 사건이 일어나는 공상을 하는 것이라고 주장하였다.24)

〈원녀일기〉는 브루노 베델하임의 말을 빌려 표현하면 미혼 여성의 영광스런 사건을 공상하는 판타지이다. 오늘날 미혼여성에게 발생하는 문제를 〈콩쥐팥쥐전〉이나 〈신데렐라〉처럼 계모와 사악한 형제의 탓으로 돌릴 수 없다. 그렇다고 문제의 원인을 자신에게 찾는 것은 너무 가혹한 일이다. 미혼 여성에게 발생하는 '자기 정체성과 사랑 사이의 갈등'은 남성 중심의 사회가 지니는 구조적 모순 탓에 발생하는 것이기 때문에 내가 잘못한 것은 없다고 스스로 자신을 위로해야 한다.

그런데 〈원녀일기〉에서 영광스런 사건이 이루어지는 방식은 다시 한 번 생각해 볼 여지를 남긴다. 남녀서사의 핵심개념은 선택이라고 했다.25) 남녀관계에서 선택이 핵심인 이유는 선택하는 사람

---

24) 브루노 베델하임, 김옥순, 주옥 옮김, 『옛이야기의 매력』 2, 시공주니어, 1998, 385쪽.

이 서사의 주체이기 때문이다. 〈원녀일기〉의 콩쥐와 사또의 관계를 살펴보면 선택의 주체는 항상 사또이다. 사또가 그네 타는 콩쥐를 보고 첨을 보내면서 둘의 관계가 시작된 것이고, 최종적으로 사또가 콩쥐의 고백을 받아들이는 선택을 해야 판타지가 완성된다. 〈원녀일기〉에서는 남성이 만들어 낸 신데렐라가 되는 것을 거부하지만, 여전히 질서의 중심엔 남성이 존재한다는 것을 부정하지는 않는다. 이는 오늘날 남성 중심 질서를 일정 정도 극복하면서 여성의 자의식이 성장하였지만, 여전히 남성 중심적 가치가 여성을 구속하고 있음을 의미한다.

판타지에는 문화적 속박으로부터 야기된 결핍을 보상하려는 욕망이 있다. 판타지는 부재와 상실로 경험되는 것들을 추구하면서 동시에 실재의 본질에 가장 강력한 의문을 제기하고 그것과의 화해를 거부한다.26) 이 때문에 판타지에는 결핍에 대한 욕망 안에 은폐된 진실이 숨어 있기 마련이다. 〈원녀일기〉의 결말이 보여주는 판타지는 여성이 공감하고 위로받고자 하는 욕망과 남성 중심의 질서와 타협할 수밖에 없는 불편한 현실이 공존하고 있다.

5. 드라마 〈원녀일기〉의 가치

〈원녀일기(怨女日記)〉는 드라마 제목처럼 노처녀의 이야기이다. 노처녀라는 호칭이 제목에 등장한 것은 이 드라마의 주된 내용이

---

25) 정운채, 「문학치료학의 서사이론」, 『문학치료연구』 9, 2008, 256쪽.
26) 로지 잭슨, 서강여성문학연구회 역, 『환상성』, 문학동네, 2001, 12~19쪽 참조.

사랑과 결혼이라는 것을 보여준다. 노처녀의 사랑과 결혼은 기존의 드라마에서 지속적으로 반복된 상투적인 소재이다.[27] 〈원녀일기〉는 기존 드라마와 차별성을 부각하기 위한 방법으로 우리나라의 대표적인 고전소설을 컨버전스하는 스토리텔링 방식을 선택하였다.

〈원녀일기〉에 등장하는 인물들의 고민과 갈등은 새로운 것이 아니다. 그러나 우리에게 익숙한 고전소설의 주인공인 콩쥐, 춘향, 심청이 외모콤플렉스로 고민하고, 진정한 사랑과 경제적 조건 사이에서의 망설이는 모습을 보이는 것은 새로운 이야기이다. 더구나 여러 편의 고전소설을 동일한 시공간을 배경으로 하나의 이야기로 컨버전스하는 것은 익숙한 이야기를 새로운 이야기로 전환시키는 효과적인 스토리텔링 방식이다.

〈원녀일기〉는 콩쥐를 중심으로 춘향과 심청의 사랑과 결혼에 관한 이야기이다. 드라마에서는 세 노처녀의 결핍과 이를 채워나가는 방식에 주목하고 있다. 못생긴 콩쥐, 미혼모의 딸 춘향, 가난한 심청은 오늘날 미혼여성을 대변하는 존재이다. 이들이 스스로 자신의 문제를 극복하고 주체적인 삶을 선택하는 것은 남성 중심적 질서에 속박되어 있던 여성에서 주체적 존재로 성장하는 과정이라 할 수 있다.

그러나 여성 주인공의 성장과 변화가 일어나는 계기와 방식에는 여전히 남성 중심적 헤게모니가 작동하고 있다. 최종적인 선택의 몫은 여전히 남성에게 있다. 그렇다고 〈원녀일기〉에 나타난 현

---

27) 물론 시대의 변화에 따라 사랑과 결혼에 대한 가치관이 변하기 때문에 끊임없이 새로운 이야기가 등장할 수 있을 것이다. 그러나 최근 드라마의 경향을 보면 노처녀의 사랑과 결혼은 상투적인 소재이다.

실 질서와의 타협을 드라마의 한계로 단정짓기는 곤란하다. 오늘날 평범한 여성들은 현실 질서 안에서 여성으로서 자신의 정체성을 추구하면서 사랑과 결혼에도 성공하고 싶어 한다. 이것이 현실에서 이루어지기 어려운 일이기 때문에 드라마에서는 낭만적 사랑과 판타지를 통해 미혼여성이 처한 상황을 공감하고 위로하는 것이다.

황진이 이야기의 전승과 두 가지 스토리텔링 방식

: 드라마 〈황진이〉와 영화 〈황진이〉의 비교를 중심으로

1. 황진이를 소재로 한 두 편의 콘텐츠

2000년 이후 새로운 경향의 퓨전사극이 인기를 얻고 있다. TV 드라마로는 〈다모(茶母)〉, 〈대장금(大長今)〉, 〈선덕여왕〉을 비롯하여 최근 종영된 〈추노(推奴)〉에 이르기까지 퓨전사극은 새로운 경향으로 자리 잡았고, 영화에서는 〈스캔들〉, 〈혈의 누〉, 〈음란서생〉, 〈황산벌〉 등의 작품을 통해 장르와 소재의 확장을 이루었다. 기존의 사극이 과거의 역사를 재현하는데 초점을 맞추고 있었다면 퓨전사극은 현재의 문화적 맥락에서 과거를 재창조한다. 퓨전사극의 인기는 과거와 역사를 충실하게 재현하는 것에서 얻어지는 것이 아니라 오늘날 우리들의 욕망과 시선을 적실하게 포착한데서 획득되는 것이다.

물론 역사적 인물과 사건을 매체에서 사실 그대로 표현하는 것은 역사의 재현이라는 부분에서 분명 의미 있는 일이다. 그러나

선조들의 삶을 단지 과거의 역사에 함몰시키는 것이 아니라 시간적·공간적 제한을 뛰어넘어 오늘날 우리의 삶과 결합시킴으로써 현재에도 유효한 보편적 가치를 발견하는 것도 의미 있는 작업이다.1) 역사적 기록이 극(드라마, 영화 등)이라는 매체로 전환될 때 작가(혹은 연출자)의 상상력이 작동하는 것은 불가피한 것이다. 오히려 중요한 것은 역사적 인물을 어떻게 재창조하였고, 그 인물이 오늘날에도 살아있는 인물로서 생명력을 얻었느냐 하는 것이다.

그런 까닭에 최근 퓨전사극에서는 역사 기록에 일대기가 구체적으로 전하는 인물보다는 신화적 존재이거나 행적이 불분명한 매력적인 인물을 주목하고 있다.2) 역사 사실(史實)을 중심으로 한 정치사 중심의 사극에는 새로운 상상력이 더해질 자리가 부족하다. 기존 역사에서 간략하게 기록되어 있거나 정사(正史)보다는 야사(野史)에 기록된 인물일수록 일대기의 비어 있는 곳에 상상력을 보탤 여지가 늘어난다. 상상력은 인물에 대한 새로운 해석을 가능하게 하고, 오늘날 대중의 욕망과 접점을 이루게 한다.

상상력을 통한 역사의 재창조는 필연적으로 원천자료를 새롭게 재해석한 스토리텔링을 필요로 한다. 과거의 이야기를 어떠한 방향으로 스토리텔링 하는가에 따라 작품의 성패가 결정된다 하여도 과언이 아니다. 이제 문화콘텐츠 스토리텔링에서는 과거의 이야기를 오늘날 대중의 정서와 취향에 맞는 이미지와 결합시켜 재조직화하는 것이 관건이 되었다.

---

1) 이명현, 「역사와 상상력의 착종」, 『첨단문화기술연구』 3호, 중앙대학교 문화콘텐츠기술연구원, 2007, 40쪽.
2) 최근 사극의 경향을 보면 〈대장금〉, 〈주몽〉, 〈서동요〉, 〈태왕사신기〉, 〈탐나는도다〉, 〈선덕여왕〉, 〈추노〉 등 역사적 사건에 상상력을 부여하여 역사의 전면에서 소외되었던 인물이나 신화적 인물의 삶을 재구성한 작품들이 인기를 얻고 있다.

이 글에서는 이와 같은 관점에서 2006년 방영된 드라마 〈황진이〉와 2007년 개봉된 영화 〈황진이〉를 비교 분석하고자 한다. 이두 작품은 황진이라는 동일한 소재를 가지고 비슷한 시기에 콘텐츠화되었다. 그러나 황진이라는 동일한 소재를 재창조한 방식이서로 달랐고, 흥행과 비평의 평가도 서로 나뉘었다. 드라마 〈황진이〉는 평균 시청률 21.9%로 방영되는 동안 시청자들에게 호평을받았던 것에 반해, 영화 〈황진이〉는 100억이 넘는 제작비를 투자하였음에도 관객 119만 명의 성과를 내고 혹평과 함께 막을 내렸다. 이것은 2007년 흥행순위 36위에 해당하며, 한국영화 100대 순위 안에 들지 못하는 초라한 기록이다.

두 작품은 '황진이'라는 동일한 인물을 소재로 삼았지만 흥행과평가에서 극명하게 대비된다. 이것은 두 작품이 '황진이 이야기'를재해석한 시각의 차이에서 기인한 것이라 할 수 있다. 따라서 이글에서는 전승되는 황진이 이야기를 일대기 순으로 정리하고, 그이야기들이 두 작품에서 스토리텔링 되는 과정을 비교 분석하고, 그 차이로 인해서 두 작품이 대중에게 각기 다른 평가를 받은 원인을 살펴보고자 한다.

2. 황진이 이야기의 전승 양상

황진이라는 이름의 유명세에 비해서 실제 황진이에 대한 기록은 풍부하지 못하다. 황진이의 생애에 대한 정사(正史)의 기록은없고, 야담에 단편적으로 그녀에 대한 일화가 실려 있다. 따라서황진이의 정확한 생몰연대를 알 수 없고, 그녀의 생애를 조망하기 위해서는 여러 기록들에 흩어져 있는 일화들을 엮어서 이해해야 한다.3) 다음의 내용은 흩어져 있는 일화의 기록을 황진이의 일대기를 맞춰 재배열한 것이다.

1) 황진이의 출생과 신분

① 진현금과 신비한 남성 사이의 딸: 「松都記異」, 「中京誌」 등

황진이의 어미 진현금이 빨래하고 있을 때 한 남자가 물을 달라고 하여 표주박에 물을 건네주었다. 그 남성은 물을 반쯤 마시고 나머지를 현금에게 주면서 마시라고 했는데, 물이 아니라 술이었다. 이것이 인연이 되어 황진이를 낳게 되었다.

② 황진사와 진현금 사이의 서녀: 「崧陽耆舊傳」
③ 개성 맹인의 딸: 「惺翁識小錄」 등

2) 기생입문: 「숭양기구전(崧陽耆舊傳)」

황진이가 십오륙 세 때에 이웃의 한 서생이 진이를 사랑하다가

---

3) 황진이 관련 일화가 전하는 주요 기록은 다음과 같다. 아래 사항은 강전섭, 「황진이 문학유산 정리」, 『황진이 연구』, 창학사, 1986, 193~196쪽; 이동준, 「황진이 설화의 문학적 연구」, 『어문학』 90, 한국어문학회, 1997, 440~449쪽; 김탁환, 『나 황진이』, 푸른역사, 2002, 314~332쪽을 참조하여 정리한 것이다.
　　유몽인(1559~1623)의 「於于野談」, 이덕형(1566~1645)의 「松都記異」
　　허균(1569~1618)의 「惺翁識小錄」, 임방(1640~1724)의 「水村謾錄」
　　홍중인(?~1725)의 「東國詩話彙成」, 김이재(1767~1847)의 「中京誌」
　　서유영(1801~1874)의 「錦溪筆談」, 김택영(1850~1927)의 「崧陽耆舊傳」

상사병으로 죽었다. 상여가 진이 집 문 앞에 이르러 움직이지 않자 서생의 친척들이 진이에게 그 사연을 이야기했다. 진이의 저고리를 얻어서 상여 위에 덮어주자 상여가 움직이기 시작했다. 진이는 이 일을 계기로 기생이 되었다.

3) 남성과의 사랑과 교유

① 풍류랑 벽계수를 희롱: 「錦溪筆談」

종실 벽계수(碧溪水)가 황진이를 한 번 만나보고자 하였으나 그녀는 명사(名士)가 아니면 만나주지 않았다. 벽계수는 손곡 이달(李達)과 상의하여 고고한 선비인 척 하여 황진이의 마음을 얻으려 하였다. 그러나 황진이가 "청산리 벽계수야 수이 감을 자랑마라"의 시조를 읊자 그녀를 돌아보다 낙마했다.

② 소세양과의 사랑과 이별: 「水村謾錄」

소세양(蘇世讓)은 평소에 여색에 미혹되지 않겠다고 다짐하였다. 그는 황진이의 재주와 얼굴이 뛰어나다는 말을 듣고는 친구들에게 "내가 황진이와 한 달을 지낸다 해도 마음이 움직이지 않을 자신이 있네. 하루라도 더 묵으면 사람이 아니네."라고 호언장담 하였다. 소세양이 황진이와 30일을 살고 어쩔 수 없이 떠나려 할 때 황진이가 〈봉별소판서세양(奉別蘇判書世讓)〉을 읊었다. 소세양은 이 시를 듣고 탄식을 하면서 "나는 사람이 아니다."라며 황진이와 함께 하였다.

③ 이사종과의 동거와 이별: 「於于野談」

황진이는 명창 이사종에게 반해 그와 송도에서 3년, 한양에서 3년간 동거하였다. 6년이 흐르자 진이는 "약속한 기한을 이미 마쳤습니다." 하고 작별하고서 떠나갔다.

④ 이생과의 금강산 유람: 「於于野談」

황진이가 성격이 호방한 재상가의 아들인 이생과 교유하여 함께 금강산을 유람하였다. 둘은 서로의 신분을 개의치 않고 금강산을 곳곳을 여행하였고, 양식이 떨어지면 걸식을 하기도 하였다. 둘이 집으로 돌아왔을 때 얼굴이 전과 달라 사람들이 보고 놀랐다.

4) 황진이의 뛰어난 재예(才藝)

① 유수 송공과의 일화: 「松都記異」

개성 유수 송공이 잔치를 베풀었는데 황진이가 나타나 재예를 뽐내서 모든 남정네들의 찬사를 받자, 관서명기(關西名妓)로 이름났던 송공의 첩이 질투를 느꼈다.

② 악공 엄수와의 일화: 「松都記異」

악공 엄수는 나이가 70에 이르렀지만 온 나라를 통틀어서 가장 뛰어난 가야금 연주자로 음율에도 정통하였다. 진이를 처음보고 선녀라고 말했으며, 진이의 노래 소리를 듣고는 저도 모르게 놀라 일어나면서 "이는 洞府의 餘韻이다. 이 세상 소리가 어찌 이 같은 소리가 있단 말인가." 하였다.

③ 이언방과의 일화: 「惺翁識小錄」

진이가 이언방이 창을 잘 한다는 말을 듣고서 그의 집을 방문하였다. 언방은 자신을 언방의 아우인척 속이면서 "형님은 없소. 그러나 나도 제법 노래는 하오." 하고 한 곡조 불렀다. 그러나 진이는 속지 않고 그가 이언방인 것을 알아차렸다.

④ 금강산에서의 일화: 「惺翁識小錄」

진이가 금강산부터 산수 유람을 시작하여 태백산과 지리산을 지나 금성(錦城)에 이르렀다. 원님이 절도사와 더불어 한창 잔치를 벌였는데 기생이 좌석에 가득하였다. 진이는 해어진 옷에다 때 묻은 얼굴로 바로 좌석에 앉았다. 태연스레 이를 잡으며 노래하고 거문고를 타는데 조금도 부끄러워함이 없으니 여러 기생이 기가 죽었다.

5) 화담 선생과 지족선사

① 화담선생 일화: 「惺翁識小錄」, 「於于野談」

황진이는 평생 화담 서경덕을 흠모했다. 처음에는 서경덕을 유혹하려 했으나 화담의 인물됨에 감탄한 황진이는 책을 끼고 그를 찾아가 배움을 청하였다. 그녀 스스로가 서화담과 박연폭포, 그리고 자신을 송도삼절(松都三絶)이라 칭하였다.

② 지족선사 일화: 「惺翁識小錄」

진이는 30년을 면벽 수양한 지족선사의 지조를 꺾었으나, 오직 화담선생만은 여러 해를 가깝게 지냈어도 그 지조를 꺾을 수 없었다.

6) 황진이의 죽음

① 황진이의 유언: 「惺翁識小錄」, 「於于野談」

진이가 죽을 때에 집안 사람에게 이르기를 "내가 살았을 때 번화한 것을 싫어했으니, 죽은 뒤에 나를 산에 장사지내지 말고 대로변에 묻어 달라."고 하였다.

② 임제의 제문: 「於于野談」, 「松都記異」

임제가 평안도사(平安都事)가 되어 송도를 지날 때 그 무덤에 제문을 지어 제사를 지내 주었다고 해서 조정의 비난을 받았다.

이상으로 여러 문헌들에 흩어져 기록된 황진이의 삶을 일대기로 재구성해 보았다. 설화에서 황진이의 삶은 조선시대 최고의 기녀의 모습으로 형상화되고 있다. 황진이는 신분적으로 한계를 지니고 태어났지만, 그 한계 속에서 좌절하기보다는 스스로 기생의 삶을 결정하였다. 기생이 된 황진이는 용모와 재예(才藝)가 모두 뛰어나서 개성 유수 송공, 엄수, 이언방 등의 극찬을 받았고, 소세양, 이사종 등의 남성과는 자유로운 연애를 나누기도 하였다. 벽계수, 지족선화 등의 일화에서는 단순한 기생으로서의 모습뿐만 아니라 위선적인 인물을 비판하는 모습을 보이고, 화담 선생과 금강산 유람의 일화에서는 기생의 삶을 뛰어넘어 자유를 추구하는 진정한 인간의 모습을 보여주었다. 황진이의 이러한 모습에 대해 이신복은 "스스로 기녀(妓女)의 길을 택한 그는 그의 성격대로 자유분방한 생활 속에서도 여성의 아름다움을 잃지 않으며 자기 길을 걸었다. 그래서 그는 기녀로서 가장 충실했고 기녀가 갈 수 있는 최고의 경지를 간 사람이다."4)라고 극찬하기도 하였다.

이와 같은 황진이의 인생 역정은 그녀의 신분이 기생이기 때문에 더욱 매혹적이다. 기생이란 제도적으로 백정 등과 함께 천민신분이지만, 그들이 활동하는 '장' 자체가 상류계급인지라, 상류계급의 가부장제 이데올로기와 그것이 억압하고 있는 욕망을 발산하는 특수한 변경지대에서 생존하는 이들이다. 이 때문에 과거 조선시대의 '풍류'의 이름으로 이데올로기와 성적 욕망을 결합 포장하는 지배계급의 행동양식은 당대에나 그것을 호출하는 근대에서나 교양, 품위, 문화, 예술, 일탈의 형태로 해석되었다. 특히 이와 같은 섹슈얼리티를 자기 정체성으로 갖는 기생집단의 특수한 위치는 근대에서 더욱 매혹적인 주제가 되었다.5)

---

4) 이신복, 「황진이론」, 강진섭 편, 『황진이 연구』, 창학사, 1986, 92쪽.

5) 차혜영, 「사실, 주체, 섹슈얼리티: '황진이'류 소설에 대하여」, 『대중서사연구』 14호, 2005, 148쪽.

그렇기 때문에 황진이 이야기는 세대를 이어 전승되고 기록되었을 뿐만 아니라 이태준의 『황진이』를 시작으로 지속적으로 소설화되었다.[6] 황진이는 2000년 이후에도 문단의 관심을 받아 김탁환과 전경린에 의해 소설로 다시 살아났다. 또한 북한 작가 홍석중의 『황진이』가 남한에 출판되어 큰 관심과 인기를 얻었고[7], 문학성을 인정받아 만해문학상을 수상하기도 하였다. 이러한 황진이에 대한 관심은 드라마와 영화로까지 확장되어 2006년 KBS에서 드라마 〈황진이〉가 방영되었고, 2007년 장윤현 감독의 영화 〈황진이〉가 개봉하게 되었다.

3. 드라마 〈황진이〉와 영화 〈황진이〉의 비교

1) 황진이 이야기를 스토리텔링하는 두 가지 방식

역사적 인물에 대해 우리는 대체로 기묘한 이중적 심성을 가지고 있다. 사실을 정확히 알고 있지 못하면서도 이러저런 방식으로 많이 접해 잘 알고 있는 것처럼 느껴지는 경우다. 역사 자체로 온

---

6) 황진이를 소재로 한 소설은 다음과 같다.

　이태준, 『황진이』, 동광당서점, 1938; 정한숙, 『황진이』, 정음사, 1955; 박종화, 『황진이의 역천』, 새벽, 1955.11; 최인호, 『황진이』 1·2, 1972; 안수길, 『황진이』, 홍문각, 1977; 정비석, 『명기열전』, 이우출판사, 1977; 유주현, 『황진이』, 범서출판사, 1978; 최정주, 『황진이』, 산신각, 1993; 김탁환, 『나, 황진이』, 푸른역사, 2002; 전경린, 『황진이』, 이룸, 2004; 홍석중, 『황진이』 1·2, 대훈닷컴, 2004.

7) 영화의 원작인 홍석중의 『황진이』는 평단에서도 주목을 받아 이 소설에 대한 비평을 엮은 『살아 있는 신화, 황진이』(김재용 편, 대훈닷컴, 2006)가 발간되기도 하였다.

전한 형상을 가지고 있지 못하면서도 '역사적 이름'으로 유명해져 '잘 알지 못한 채 잘 알고 있는 것'으로 간주한다.[8] 특히 황진이와 같이 역사적으로 유명하다고 인식하지만 실제 기록이 많지 않은 경우는 이러한 경향이 더욱 강하다. 그렇기 때문에 황진이 이야기를 재해석 할 때 예술적 변형과 창조의 몫은 커질 수밖에 없고, 재창조된 황진이는 대중에게 신선함과 감동을 줄 수 있다.

〈그림 1〉 드라마 〈황진이〉와 영화 〈황진이〉 포스터

2006년 TV 드라마에서 선을 보인 하지원의 〈황진이〉와 영화로 개봉된 송혜교 주연의 〈황진이〉는 황진이 이야기를 소재로 하여 재창조한 콘텐츠이고, 새로운 시각으로 황진이를 재해석하고자 한 작품들이다. 영화 〈황진이〉와 드라마 〈황진이〉는 모두 기생 황

---

8) 임규찬, 「역사소설의 최근 양상에 관한 한 고찰: 황진이의 소설 형상화를 중심으로」, 『국어국문학』 141, 국어국문학회, 2005, 60쪽.

진이의 삶을 그려내고 있다. 그러나 두 작품은 원천 소스인 황진이 이야기를 스토리텔링하고 인물을 형상화하는 방향은 각기 다르다.

드라마 〈황진이〉는 김탁환의 『나, 황진이』를 원작으로 표방하고 있지만 실제 내용은 소설과는 매우 다르다.[9] 소설에서는 황진이가 구도자에 가까운 지식인의 모습으로 형상화되었지만, 드라마에서는 사랑과 이별을 극복하고 춤을 통해 기녀이자 예인(藝人)으로서 성장해 가는 황진이를 그리고 있다. 드라마의 황진이는 원작 소설에서 추구하는 지식인으로서 황진이의 모습을 포기하였다. 대신에 대중의 기대지평에 부응하기 위해 앞에서 살펴 본 전승되는 황진이 이야기를 바탕으로 오늘날에 부합하는 여성의 이미지를 결합하여 새로운 황진이를 창조하였다.

드라마 〈황진이〉에서는 황진이가 두 번에 거친 사랑의 실패를 경험하면서 기생으로서 자기 정체성을 확립해 가는 과정을 그리고 있다. 이 과정에서 황진이의 춤 스승인 백무의 역할이 두드러진다.[10] 드라마에서 황진이가 자신의 정체성을 규정하는 가장 중요한 요소는 춤이다. 춤을 통해 황진이는 육체적 욕망의 대상인 기생을 넘어 예인(藝人) 황진이로 거듭난다.

영화 〈황진이〉는 원작으로 삼은 북한 소설 홍석중의 『황진이』를 비교적 충실하게 영상으로 재현하였다. 영화에서는 황진이의 출생의 비밀, 사대부를 희롱하는 기생 황진이, 놈이의 의적활동, 황진이와 놈이의 사랑과 파국 등 원작의 내용이 순차적으로 나타

---

9) 이에 대한 보다 자세한 논의는 신원선, 「드라마 〈황진이〉의 대중코드 읽기」, 『민족문화논집』 35, 영남대 민족문화연구소, 2007, 251~255쪽 참조.

10) 김탁환의 『나, 황진이』에서 백무는 황진이의 외할머니로 송도기방 행수이지만, 드라마에서는 춤 스승으로 매향-부용의 京妓와 춤 경합을 벌이는 藝人으로 등장한다.

난다. 이 과정에서 영화는 원작의 방대한 서사를 따라가기에 급급한 느낌이다. 무엇보다 영화는 황진이와 놈이 두 인물의 이야기를 적절히 통합하지 못해 기생 이야기와 의적 이야기가 어색하게 조합된 인상을 준다.[11]

장윤현 감독은 영화 〈황진이〉에서 주체적 인간 황진이를 형상화하기 위해서 주제의식이 뚜렷한 원작을 적극 활용하였다. 그러나 영화에서 재현된 황진이는 전승되는 황진이 이야기를 통해서 대중에게 각인된 황진이와는 거리가 있었다.[12] 영화에서 황진이는 신분의 한(恨)을 극복하고 주체적 여성으로 성장하는 기생의 모습을 보여주지만 후반부에서 놈이와의 사랑이 부각되면서 갑자기 지고지순한 여성의 모습으로 변화되었다.

그리고 후반부에서 놈이의 의적활동이 비중이 늘어나면서 사건을 이끌어 가는 중심인물이 분산되었다. 영화의 후반부를 보면 황진이 이야기인지 놈이의 이야기인지 초점이 불분명하다. 영화가 원작을 수용하면서 우리사회의 트렌드를 고려하지 않아 관객과의 소통에 성공하지 못한 것이다.[13] 즉, 영화 〈황진이〉는 원작을 스토리텔링하는 데 있어서 원작이 가지는 소설적 형상화와 주제의식

---

11) 홍석중의 『황진이』는 다양한 인물이 등장하는 에피소드 식 구성이어서 시점과 문체가 다양하게 혼재되어 있어 황진이와 놈이의 이야기를 유기적으로 통합하고 있다.

12) 영화에서는 황진이 이야기를 통해 구축된 기생 황진이의 이미지와는 다르게 기생 황진이에게 초점을 맞추기보다는 신분과 운명의 굴곡 앞에서도 당당한 삶을 사는 여성 황진이를 보여주고자 한 것 같다. 그런데 이러한 형상화가 제대로 성공하지 못해 오히려 기구한 삶을 살아가는 반쪽 양반 황진이의 면모가 크게 보인다.

13) 함복희, 「야담의 문화콘텐츠화 방안 연구」, 『우리문학연구』 22, 우리문학회, 2007, 175쪽.

을 영상으로 재현하는 데 성공하지 못하였고, 전승되는 황진이 이야기를 적극적으로 활용하지 않아 대중의 기대지평을 만족시키지 못한 것이라 할 수 있다.

그러면 서로 다른 스토리텔링으로 창조된 드라마와 영화의 황진이의 모습을 비교해 보기로 하겠다. 드라마 〈황진이〉가 기생 황진이의 성적 매력과 예인으로서 성장해가는 과정에 초점을 맞추었다면, 영화 〈황진이〉는 황진이가 신분의 불합리와 위선을 딛고 일어서는 과정과 놈이와의 애절한 사랑에 초점을 맞추었다.

이렇게 영화와 드라마에서 황진이의 모습이 달라지는 것은 우선 황진이가 기생이 되는 과정부터 차이가 나기 때문이다. 「숭양기구전(崧陽耆舊傳)」에 기록된 황진이 이야기에서 황진이는 이웃 서생의 죽음을 계기로 기생이 되기로 결심한다. 드라마에서는 이 일화를 서생 은호와의 사랑으로 수용하였지만 기생이 되는 과정은 조금 다르게 나타난다. 드라마에서 황진이는 절에 맡겨진 아이이다. 기생인 어미 현금은 자신의 딸이 기생이 되는 것을 원치 않아 딸을 찾지 않는다. 그러나 황진이는 우연히 장터에서 기생의 춤사위를 보고 기생이 되고 싶어한다.[14]

이에 비해 영화의 황진이는 신분의 비밀을 간직한 황진사댁 아씨이다.[15] 황진이는 사대부의 여식으로 성장하여 한양의 윤승지

---

14) 황진이가 교방으로 찾아가 기생으로 입문하는 과정에서 서생 은호를 만난다. 둘은 신분을 뛰어넘는 진실한 사랑을 나누지만 신분의 한계와 백무의 계략으로 이루어지지 못한다. 결국 은호는 실연의 아픔을 극복하지 못하고 죽고, 황진이는 자신이 기생이라는 것을 자각하고 최고의 기생이 되기를 결심한다.

15) 황진이의 친모는 시비 현금인데, 황진사가 현금을 겁탈하여 황진이가 출생한다. 황진사댁 대부인은 집안의 치부를 감추기 위해 현금을 내쫓고 황진이를 딸로 키운다.

댁 자제와 정혼하였다. 그런데 황진이를 연모한 놈이가 우연히 황진이의 친모 현금을 만나 그녀의 출생의 비밀을 알고 윤승지 댁에 고발한다. 이 사건으로 황진이는 파혼당하고, 양반의 신분을 박탈당한 후 자신의 삶을 개척하기 위하여 기생이 된다. 드라마와 영화의 황진이는 기생이 되는 과정이 다르다. 드라마에서는 황진이가 기생의 재예(才藝)를 동경해서 기생이 되려하고, 영화에서는 양반의 위선에 맞서 자신의 삶을 스스로 결정하기 위해 기생이 되고자 한다. 이 차이는 두 황진이의 삶의 태도와 밀접한 관계를 가진다.

그뿐만 아니라 주변인물의 설정도 다르게 나타난다. 드라마 〈황진이〉에서는 황진이가 진정한 예인(藝人)으로 성장하는 과정에서 스승 백무의 역할이 강조된다.16) 백무는 황진이에게 춤을 가르치면서 지속적으로 매향, 부용과 춤 경합을 벌인다. 백무의 라이벌인 매향과 진이의 라이벌인 부용은 황진이의 예인으로서의 재능을 더욱 돋보이게 해준다. 더구나 그녀를 사랑하는 김정한 역시 그녀를 기생이 아닌 예인으로 대우해주고 존중해주는 인물이다.

영화 〈황진이〉에서 황진이를 둘러싼 주요한 인물은 놈이와 유수 사또 희열이다. 놈이는 전승되는 황진이 이야기에는 전하지 않는 새로운 인물이다. 놈이는 황진이를 소유하기 위해 그녀의 신분을 떨어뜨리지만 그로 인해 기생이 된 황진이를 지켜보아야 하는 비극의 사내이다. 유수 사또 희열은 풍류를 사랑하는 호방한 인물로 원하지 않는 기생을 품지 않고, 사대부의 위선을 혐오하여 황진

---

16) 백무는 황진이의 춤 스승으로 황진이를 예인으로 이끌어 주는 존재이다. 백무는 예인은 한 사내를 맘에 품는 일이 허락되지 않기에 황진이와 은호와의 사랑을 방해하기도 하지만, 娼妓 취급을 하는 사대부에 맞서 藝人의 자세를 보여주고, 황진이가 벽계수의 첩이 되는 것을 막기 위해 자살을 선택한다. 백무는 황진이의 천재성을 진심으로 아껴주는 복잡한 성격의 인물이라 할 수 있다.

이와 공모하여 벽계수를 망신 주기도 하지만 결국 자신도 황진이를 성적으로 소유하려는 욕망과 위선에서 벗어나지 못하는 인물이다. 놈이와 희열은 의적과 사또로 대립하게 되고, 황진이는 이 과정에서 희열의 위선을 간파하는 한편, 놈이에 대한 소중함과 애정을 깨닫고 놈이를 위해 희열에게 수청을 든다.

드라마와 영화의 주변인물을 비교하면 드라마의 백무, 은호 등은 황진이가 기생으로 성숙해가고, 예인(藝人)으로 자기완성을 추구하도록 배치되어 있으며, 기생의 매혹적인 모습을 보여주는 역할을 한다. 이와는 달리 영화의 놈이와 희열은 신분 문제, 사대부의 위선, 의적 활동이라는 사회적인 문제와 연결되어 등장한다. 물론 기생 황진이의 주체적 면모를 드러내기 위한 역할을 수행하기도 하지만, 특히 놈이의 경우는 황진이를 남성의 위선을 조롱하는 기생에서 사랑을 소중히 여기는 한 남자의 여인으로 변화하게 하는 역할을 한다.17)

두 황진이의 이야기에서 가장 두드러지는 차이점은 결말 부분이다. 드라마 〈황진이〉는 춤꾼으로서 자신의 정체성을 찾아가는 황진이를 보여준다. 황진이와 부용은 여악(女樂) 행수 자리를 놓고 춤 경합을 벌이게 된다. 부용은 북춤과 학춤을 연마하지만 황진이는 길거리 저자에서 춤을 춘다. 황진이는 사람의 심성엔 고하가 없다며 그 모든 이들을 설득할 수 있는 재예(才藝)만이 진정한 예술이라 생각한다. 이 과정에서 황진이는 화담 선생을 만나 삶의 새로

---

17) 이러한 차이 때문에 드라마 속의 황진이는 생동감이 넘치고 능동적이지만, 영화 속의 황진이는 단아하고 냉철한 모습이 강조되고 있다. 그리고 각각의 황진이의 옷 색상도 선명하게 대비된다. 드라마에서 황진이의 옷 색상은 주로 정열적인 진한 적색 계열이고, 영화에서 황진이의 복장은 순백색과 청색 계열로 지적이면서 청초하고 단아한 면을 부각시키고 있다.

운 경지를 깨닫고 진정한 예인으로 거듭난다. 황진이는 경합에 뒤늦게 참여하여 행수 자리는 부용에게 양보하지만 춤으로 많은 이들에게 감동을 준다.

제자: 저 이는 누구입니까? 행수어르신
부용: 내 절친한 지기였느니라. 내가 인정한 유일한 맞수이기도 하고. 무엇보다 교방이라는 담장 그 담장에 가두기엔, 너무 큰 예인이었다.

명월(황진이): 모두가 함께 춤출 수 있는 신명나는 세상을 꿈꾸어본다. 하여 나는, 남은 날이 얼마든, 오늘처럼 늘 춤판에 설 것이다. 사람들 얼굴에 번져가는 웃음과 기쁨, 이 값진 전두가 고통을 넘어설 힘이 되어줄 것임을 믿기 때문이다.
춤은, 춤은 끝나지 않았다. 아니, 끝나지 않을 것이다.

두 예문은 드라마 〈황진이〉의 마지막 장면의 대사이다. 위의 예문은 황진이의 춤을 보면서 부용이 제자에게 하는 대사이고, 아래의 예문은 황진이가 춤을 추며 독백으로 하는 대사이다. 위의 예문에 보이는 것처럼 황진이가 추구한 춤은 양반 사대부를 위한 기생의 기예(技藝)가 아니다. 황진이에게 춤은 자신의 존재 가치를 증명하고 세상과 소통하는 방식이다. 또한 황진이는 춤을 통해서 자신을 억압하는 모든 기제를 벗어던지고 진정한 자유의 경지로 향하는 것이다. 이러한 결말은 「성옹지소록(惺翁識小錄)」에 있는 황진이가 말년에 해어진 옷에다 때 묻은 얼굴로 시정을 돌아다니며 춤을 추었다는 일화를 토대로 오늘날 여성 시청자들이 원하는 주체적이고 독립적인 여성상을 형상화한 것이라 할 수 있다.

드라마 〈황진이〉의 결말이 춤을 통해 자신을 완성해 가는 황진이를 보여주는 것이었다면, 영화 〈황진이〉의 마지막 장면은 죽은 놈이를 위해 사랑과 지조를 다짐하는 비극적인 황진이의 모습이 나타난다. 영화 〈황진이〉 결말부분은 실상 황진이의 이야기라기보다는 놈이와 그를 사랑한 여인의 이야기이다.[18) 놈이가 괴똥이를 대신해 옥에 갇힌 후, 황진이는 그를 구하기 위해 사또의 수청도 마다하지 않지만 결국 놈이는 교수형에 처하게 된다. 황진이는 옥에 갇힌 놈이와 마지막 술잔을 나누고, 놈이가 죽은 후 홀로 깊은 산속으로 가서 그의 유골을 바람에 흩뿌린다.[19)

황진이: 당신에게 올리는 첫잔이자 마지막 잔입니다. 내 어린 시절부터 지금까지 당신뿐이었어요. 이 잔은 내 남은 삶을 당신께 바치겠다는 마음의 잔입니다.

황진이: 바람으로 가세요. 비가 되어 내리세요. 당신 따라 바람으로 지내렵니다. 당신 품에서 잠들고 깨어나렵니다. 사랑합니다.

첫 번째 예문은 황진이가 개성 옥사에서 사형을 기다리는 놈이

---

18) 놈이와 황진이의 사랑이라는 표현대신 굳이 '한 여인'이라 한 것은 놈이에 대한 순정을 보이는 여인이 굳이 황진이여야 하는가 하는 의문에서이다. 다시 말하면 황진이라는 인물을 전면에 내세웠음에도 불구하고 그녀만이 지닌 개성과 고유한 모습이 드러나지 않는 것 같다.

19) 영화 〈황진이〉의 마지막 장면은 홍석중의 원작과도 다르다. 원작에서는 황진이가 놈이의 죽음에 감동을 받고, 지배층에 대한 분노와 설움을 참지 못해 개성을 떠나 유랑한다. 그리고 그 후의 이야기에서 남루한 행색으로 방랑하며 나그네 생활을 하는 것으로 대단원을 맺는다.

와 술잔을 나누는 장면의 대사이다. 여기서 황진이는 놈이에게 남은 생을 바치겠다고 다짐한다. 이러한 황진이의 결심은 영화 마지막 장면에서 다시 한 번 강조된다. 황진이는 산 정상에서 놈이의 유골을 뿌리며 아래의 예문에 나오는 대사를 독백한다. 이러한 황진이의 모습은 사대부를 희롱하는 기생과는 거리가 멀다. 한 남자를 지고지순하게 사랑하는 순정의 여인이라 할 수 있다. 한 남자에게 사랑을 맹세하는 황진이는 전승되는 황진이 이야기에서 찾아볼 수 없는 것이다. 아마 감독은 이 부분에서 새로운 황진이의 모습을 창조하려고 했는지도 모른다.

그러나 원작의 풍부한 주제의식을 살리는 방향도 아니고, 전승되는 황진이 이야기를 수용하지도 않은 영화 후반부의 스토리텔링은 기생으로 자기 삶을 결정한 전반부의 황진이와 충돌하는 것이라 할 수 있다. 황진이의 매혹적인 모습이 전면에 드러나지 않고 영화 후반부에서 갑자기 비련의 여인이 된 것은 황진이라는 인물을 형상화하는데 일관성이 결여된 것이라 할 수 있다.

2) 흥행결과와 대중의 기대지평

앞에서도 언급한 바 있듯이 드라마 〈황진이〉와 영화 〈황진이〉는 흥행성과에서 상반된 결과를 보였다. 흥행결과가 작품의 모든 것을 의미하는 것은 아니지만 최소한 당대 대중들의 기대지평을 충족시켰는지 여부는 판단할 수 있다.[20] 여기에서는 두 작품의 흥행성패 요인을 분석하면서 오늘날 대중들이 인식하고 있는 '황진이'의 모습

---

[20] 작품의 흥행성패는 결국 대중들에게 어느 정도 호응을 얻었는가를 보여주는 가장 정확한 지표라고 할 수 있다.

과 대중들이 원하는 새로운 '황진이'에 대해서 살펴보고자 한다.

먼저 드라마 〈황진이〉가 대중의 호응을 받은 이유로 주체적 여성상을 주목해야 한다. 드라마 속 황진이는 오늘날 여성이 지향하는 주체적 여성으로 형상화되었고, 이러한 매력이 부각되어 있다. 황진이는 자신의 처지를 숙명적으로 받아들이는 당대의 여성들과 달리 자신의 삶과 진로를 스스로 결정한다. 비록 그녀의 선택이 최하층의 기생이지만 신분에 억압되지 않고 자신의 길을 개척해 나간다. 드라마 〈황진이〉에서 황진이는 신분 제도의 억압과 차별, 남성 상위 세계에서의 주체적 여성으로서 용기와 결단력을 보여준 인물이다.

또한 황진이는 사랑에서도 주도적이고 적극적이다. 황진이는 드라마에서 두 번의 사랑을 한다. 첫사랑의 대상은 서생 은호이고, 마지막 사랑은 예조 판서 김정한이다. 은호와 김정한은 모두 황진이를 위해 자신이 위치를 던져버린다. 물론 황진이도 기생의 명성을 버리지만 조선사회라는 배경으로 보아 기생의 명성과 사대부의 신분은 큰 차이가 있다. 〈황진이〉에서 보여주는 사랑은 여성인 황진이가 희생하는 사랑이 아니라 남성이 황진이를 위해 자신의 신분을 포기하는 사랑인 것이다.[21) 황진이의 사랑은 모두 파국으로 끝나지만 황진이는 이별의 아픔을 겪으며 남성에 의지하는 여인이 아닌 홀로 설 수밖에 없는 기생(妓生)이자 예인(藝人)으로 성장해 간다.

그리고 드라마 속 황진이는 기생으로 이름이 높아진 뒤에는 자신의 첫사랑을 허락하지 않는 신분사회와 체제를 비판하고 양반

---

21) 물론 황진이도 기존의 사회질서에서 허락되지 않는 사랑을 지키기 위해 모든 것을 버리고 도망가는 적극적인 면모를 보여준다.

사대부들을 조롱거리로 만든다. 황진이는 주어진 체제에 순응하며 사는 것이 아니라, 비록 좌절된다 하더라도 적극적으로 부딪히는 주체적인 면모를 보여주고 있는 것이다. 뿐만 아니라 황진이는 최고의 춤꾼이 되기 위해 끊임없이 노력하는 모습을 보여준다. 드라마 〈황진이〉는 이처럼 황진이를 자신의 꿈을 주체적으로 실현하기 위해 노력하고 있는 인물로 형상화하여 대중의 기대지평에 부응한 것이다.

다음으로는 전승되는 이야기를 통해 구축된 황진이 모습에 예인 황진이의 이미지를 결합한 것을 지적할 수 있다. 기생이라고 하면 기존의 대중매체에서는 성적인 매력을 우선적으로 보여주었다. 〈황진이〉에서는 기생의 성적 매력뿐만 아니라 예인의 모습을 가진 전문 예술인의 모습을 강조하고 있다. 드라마 〈황진이〉는 황진이가 예인으로서 최고의 기생이 되기까지 노력하는 과정을 흥미 있게 그려내고 있다. 이때 등장하는 것이 바로 시(詩)와 가무(歌舞)이다. 특히 춤추는 황진이의 모습을 통해 드라마 〈황진이〉는 기존의 황진이와 차별화에 성공하였다.

이전까지 미디어를 통해 보여준 기생의 모습은 대체적으로 성적인 측면에 치우쳐 있었으며, 대중 또한 이러한 이미지로 기생을 인식하였다. 그러나 드라마 〈황진이〉는 기존의 성적인 이미지뿐만 아니라 예인으로서의 노력과 고통을 보여주면서 기생을 예술인이라는 전문적 직업으로 새롭게 평가하고 있다. 이러한 새로운 시각의 접근은 기존의 기생 이미지에 갇혀 있는 대중에게 신선한 자극으로 받아들여질 수 있었다.22) 드라마 〈황진이〉는 기존의 섹

---

22) 대중들이 예인 황진이를 받아들일 수 있었던 기저에는 전통사회에서 천하게 인식되었던 예인집단이 오늘날에는 엔터테인먼트 산업에서 스타로 각광받는 시대

슈얼리티만이 부각된 부정적 기생의 이미지를 극복하고 성적 매력과 예인의 이미지가 결합된 새로운 기생의 모습을 제시하였다. 이것은 기생의 이미지를 남성의 성적 전유물에서 자기 정체성을 추구하는 전문인으로 변화시킨 것으로 오늘날 여성 시청자들이 황진이라는 인물을 동일시할 수 있도록 만든 원동력인 것이다.

반면에 영화 〈황진이〉는 대중들의 큰 호응을 얻지 못하였다. 가장 큰 이유는 영화 속 황진이의 일관되지 못한 이중적 태도 때문이었다. 영화 〈황진이〉 또한 드라마 〈황진이〉와 같이 기존의 황진이 이미지와 차별화를 시도하였다. 여기서 영화 속 황진이가 강조한 것은 인간적인 황진이의 모습이었다. '16세기를 살았던 21세기 여인'이라는 타이틀에서 볼 수 있듯이 양반의 삶에서 천민인 기생의 삶으로 전락하면서도 주체적으로 당당하게 살았던 황진이의 모습을 보여주고자 하였다.

이러한 의도 때문인지 영화 속 황진이의 모습은 기존의 기생에서 연상되는 섹슈얼리티 보다는 단아하고 정숙한 모습을 강조하였다. 영화 〈황진이〉에서 황진이는 성적인 측면을 억제하고 선비로서의 면모를 보여준다.[23] 무엇보다 황진이는 사대부인 아버지의 위선으로 인해 신분의 전락을 겪었기 때문에 양반의 이중적 욕망에 대해 공격적이다. 황진이는 도덕군자로 자처하는 벽계수를 사또와 공모하여 훼절(毁節)시키고, 황진이를 소유하려는 사또의 위선을 정면으로 비판하기도 한다.

그런데 이렇게 카리스마 있는 황진이의 모습은 후반부에 가서

상황과 맞물렸기 때문일 것이다.

23) 이현경, 「현대영화가 황진이를 소환하고 재현하는 방식」, 『한국고전여성문학연구』 15, 2007, 115쪽.

갑자기 변한다. 황진이가 변하게 되는 원인은 놈이와의 사랑 때문이다. 놈이는 황진이의 기부(妓夫)가 되어 주변을 지켜주지만 자신으로 인해 기생이 된 황진이가 다른 사내들 틈에서 전락하는 것을 견디지 못하고 그녀의 곁을 떠난다. 황진이는 놈이의 빈자리를 느끼면서 그를 사랑했음을 깨닫는다. 놈이는 산채에 들어가 유민(流民)을 규합하여 의적이 된다. 놈이와 의적에게 번번이 당한 사또는 놈이를 잡기 위해 한양 포도청에서 관군을 지원받는다. 놈이는 탈출에 성공하지만 붙잡힌 괴똥이를 위해 자수한다. 황진이는 놈이를 살리기 위해 자존심을 버리고 사또의 수청을 든다.

영화 후반부에서 황진이는 사대부를 조롱하는 당차고 도발적인 기생의 모습은 축소되고, 사랑을 위해 그동안 지켜왔던 자존심을 버리는 헌신적인 여성의 모습으로 나타난다. 사랑하는 놈이의 목숨을 구하기 위해 위선적 인물이라 마음속으로 비웃는 사또의 수청을 허락하고, 놈이의 죽음 후에는 그에 대한 일편단심을 맹세하는 것으로 영화는 끝을 맺는다.

영화에 재현된 황진이는 지배계급의 위선에 대항하여 스스로 기생의 삶을 결정하는 주체적 여성의 모습을 보여주기도 하지만 한 남자와의 사랑에 모든 것을 걸고 자신의 길을 바꾸는 수동적인 여성이기도 하다. 장윤현 감독은 현대여성상에 어울리는 주체적인 인간 황진이를 그려내려 하였지만 추상적인 사랑으로 영화를 봉합하는 바람에 결국 어정쩡한 황진이가 되고 말았다.[24]

특히 후반부의 사랑에 헌신적인 황진이의 모습은 영화의 타이틀과도 맞지 않을 뿐만 아니라 관객의 기대지평에도 부응하지 못

---

24) 이현경, 앞의 논문, 117쪽.

하였다. 영화 속 황진이는 오늘날 관객들이 원하는 새로운 여성상, 새로운 기생 이미지라기보다는 오히려 전통적 가치를 반복하는 여성에 머물고 말았다. 영화에서 황진이는 섹슈얼리티가 제거되고 삶에 대한 주체성이 약화되었기 때문에 관객들의 기대지평을 만족시키지 못했다.

다음으로 영화 〈황진이〉가 대중의 사랑을 받지 못한 원인으로 황진이가 기생으로 혹은 한 인간으로 성장해 가는 과정이 설득력을 얻지 못한 점을 들 수 있다. 영화는 황진이가 신분의 비밀을 깨닫기 전에 양반집 아씨로 생활하던 때와 최고의 기생이 되고 난 후로 나누어진다. 그런데 이 전환의 시기에 황진이가 양반이라는 틀을 깨고 기생으로 변모하는 과정에서 보여주는 고통과 성숙의 시간이 생략되어 있다. 황진이가 양반이라는 허울을 벗어던지고 기생이 되는 정신적 각성과 육체적 수련의 과정이 나타나지 않는다. 영화 〈황진이〉에는 그녀가 어떻게 최고의 기생이 되는지는 과감하게 생략·축약되어 있다. 영화 속 황진이는 기생으로 갖춰야할 춤과 노래를 수련하거나 연희에서 재예로 남성을 유혹하지 않고, 반쪽짜리 양반 기생, 시(詩)를 짓는 기생으로 매력을 드러낸다.[25]

그리고 황진이가 사랑과 이별을 겪으면서 기생으로 성장해 가는 과정도 나타나지 않는다. 영화에서 황진이는 놈이와만 진정한

---

25) 장윤현 감독은 씨네 21의 인터뷰에서 예인 황진이에 대한 생각을 다음과 같이 이야기했다.

　　기자: 예인(藝人)으로서 황진이의 모습은 생각보다 많지 않다.

　　감독: 아예 안 찍었다. 관객을 설득할 자신이 없었다. 음악을 듣고 요즘 관객이 "야, 정말 좋다" 해야 하는데 그게 쉽지 않을 것 같았다. 처음에 (송)혜교가 춤이나 가락을 배워야 하지 않느냐며 빨리 준비하겠다고 했는데, 하지 말라고 했다.
　　(이영진, 「배우들에게 집중해서 봐주면 좋겠다: 〈황진이〉의 장윤현 감독 인터뷰」, 『씨네 21』 통권 605호, 2007.6.5, 82~83쪽.)

사랑을 한다. 이러한 설정은 전승하는 황진이 이야기를 통해서 구축된 자유로운 여인 황진이의 이미지와는 상반된다. 황진이는 벽계수, 소세양, 이사종, 이생 등과의 일화에서 보여주는 것처럼 여러 남성을 거치면서 한 남성에게 얽매이지 않는 기생 황진이로 성장해간다.26) 기생은 제도적으로 사대부 남성의 유흥의 대상이지만 황진이는 남성에 종속되지 않고 스스로 남성을 결정하는, 다시 말하면 누구든 사랑할 수 있는 자유인의 삶을 지향하였다.

영화에서는 바로 이러한 황진이의 사랑과 이별, 성숙의 과정을 생략한 채 사대부를 조롱하는 기생의 면모만을 부각시킨다. 물론 벽계수를 훼절(毁節)시키는 장면은 양반의 위선을 폭로하는 기개 있는 기생의 모습을 보여준다. 그러나 여기에서도 황진이의 정신적 성숙과 기생으로서의 자각은 보이지 않는다.

영화에서 황진이가 삶에 대해 새로운 각성을 하는 장면은 화담과의 만남이다. 황진이는 화담의 정절을 꺾어 달라는 사또의 부탁을 받고 화담을 찾아간다. 그러나 황진이는 화담의 고결한 정신에 감동을 받고 둘은 서로 마주 앉아 자연과 마음에 대한 철학적 대화를 나눈다. 이 장면에서 「어우야담(於于野談)」이나 홍석중의 『황진이』에 나타나는 성적인 유혹 장면은 나타나지 않는다. 이 에피소드는 오히려 황진이가 사대부를 조롱하며 사는 기생의 삶을 회의하고 놈이에 대한 진실한 사랑의 가치를 확인하는 계기로 작용한다.

이렇게 단아한 황진이의 모습은 기존의 성적인 매력을 부각한 기생의 모습을 탈피한 것이긴 하지만 대중들이 인식하고 기대하

---

26) 물론 황진이는 기생이란 신분적 요인 때문에 누구의 아내, 누구의 여성으로만 머물 수 없는 특수한 환경을 지녔기 때문에 여러 남성과의 사랑이 불가피한 부분이 있다.

는 황진이의 이미지와는 거리가 멀었다. 기생을 단아하고 고풍적으로 그린다는 시도 자체는 새로웠다고 말할 수 있지만, 이러한 시도를 대중들과 소통하기 위해서는 영화의 역량이 부족하였다고 할 수 있다.

4. 영상서사의 소재로서 황진이의 의미와 가치

조선시대의 섹슈얼리티 문화는 성리학의 영향으로 은밀하고 부끄러운 것으로 공적으로 금기시하는 억제·통제의 대상이었다. 그러나 윤리적으로 억압된 성문화의 이면에는 지배층 남성의 성적 욕망을 허용하는 이중성이 자리 잡고 있다. 조선시대의 지배층 남성은 축첩과 기생을 통해서 성적 쾌락을 추구할 수 있었다. 이러한 가부장적인 이중적 성문화는 여성에게는 정조와 순결을 지켜야 한다는 차별적인 성윤리를 강요하는 반면 지배층 남성에게는 성적 자유를 제도적으로 용인하였다. 즉, 조선시대에는 유교규범을 강화하기 위하여 성을 윤리적으로 통제하였지만, 지배층인 양반 사대부 남성의 경우는 예외적으로 풍류라는 이름으로 자유롭게 성적 욕망을 추구할 수 있었다.

성리학을 국가 이데올로기로 삼은 조선시대에 기생이란 특수한 신분의 여성이 존재할 수 있었던 이유가 바로 여기에 있다. 기생은 양반사대부의 풍류의 상대이기 때문에 다른 일반적인 여성과 달리 일부종사(一夫從事)와 삼종지도(三從之道)의 유교규범으로부터 자유로울 수 있었다. 다른 천민계층과 달리 호의호식의 삶을 누리며 살 수 있었을 뿐만 아니라 당시 여성들을 억압하던 규범에도 상당 부분 자유로울 수 있는 존재였다. 그러나 기존의 체제에서 자유롭다는 것은 다른 말로 소외되었다는 것을 의미한다. 그녀들은 부덕(婦德)을 포기하고 모성의 지위를 버렸다는 점에서 사회로부터 멸시를 받았으나, 한편으로 사대부의 풍류 문화에 관여하며 예술인으로 인식되는 이율배반적 존재였다.

그리고 기생은 국가 행사나 지방 관아의 공식 행사에 참여하고, 주로 사대부 남성들의 유희 공간에 동원됨으로써 상류층의 문화에 깊숙이 관여하였다. 기생은 비록 최하층의 천민 신분이었지만 양반 사대부들과 어울리기 위하여 최소한의 교양을 쌓을 수 있었다. 기생은 양반 남성의 향응을 위해 가(歌), 무(舞), 악(樂)을 익히고 공식 이데올로기가 일반 상층여성들에게도 허용하지 않았던 시(詩), 서(書), 화(畵) 등 자기표현의 문화적 기제와 교양을 습득할 수 있었다. 그러나 오직 지배층 남성의 쾌락을 위해 존재해야만 했던 여성 집단인 기생에게 있어, 그들의 섹슈얼리티와 기예, 교양은 남성 권력의 소유물이자 유희적 대상으로 기능할 수밖에 없었다.[27] 기생은 다른 여성들에 비해 성적으로 적극적이고 능동적이었을 것으로 여겨지지만, 실제로는 남성들과의 관계에서 기생들이 자신의 성적 주체성을 확보하는 것은 불가능에 가까웠다. 사대부와 기녀의 관계에서 기생은 단지 사대부 남성들의 성적 대상, 혹은 소유의 대상이었다.

기생은 여성에게만 강요되는 억압적인 성윤리로부터 자유로울 수 있었지만, 양반 사대부의 성적 대상이라는 이유로 조선시대 여성 일반에 속할 수 없었고, 기예와 교양을 습득했지만 그것을 자신

---

27) 서지영, 「조선시대 기녀 섹슈얼리티와 사랑의 담론」, 『한국고전여성문학연구』 5, 한국고전여성문학회, 2002, 298쪽.

의 완성이 아닌 양반 사대부의 풍류를 위해서 발휘할 수밖에 없었다. 기생은 천민이라는 계급적 한계와 사대부들의 유희의 대상이라는 사회적 구속 때문에 예외적이고 자유로운 존재 그 이상의 복잡한 성격을 가지게 된다.

기생은 이렇게 자유로움과 성적 차별이라는 이중성을 가진 존재였다. 그렇기 때문에 기생은 사랑에 있어서도 당대 일반적 여성과 달리 자신이 사랑하는 사람을 직접 선택할 수 있었지만, 그 사람과 영원히 사랑할 수는 없었다. 기생은 국가소유물인 관비이기 때문에 정인이 떠나더라도 찾아갈 수 없었고, 비록 사랑하지 않더라도 사신을 접대하고 관원에게 수청을 들 수밖에 없었다. 기생의 사랑이란 사랑하지만 헤어질 수밖에 없는 것이고, 원하지 않더라도 여러 사내와 정을 나눠야만 하는 것이었다.

황진이는 기생이 가지는 자유로움과 구속이라는 이중성 중에서 자유는 극대화하고, 기생의 한계는 이겨낸 존재였다. 황진이는 기생으로 태어난 것이 아니라 스스로 기생의 삶을 선택하였으며, 천민이라는 신분의 예속을 성적 매력을 바탕으로 양반 사대부와의 관계에서 우위를 차지함으로써 극복하였고, 성적 방종이라는 윤리적 문제를 사대부와 고승의 위선을 폭로함으로써 벗어날 수 있었다. 그리고 황진이는 기생으로서의 삶에 안주한 것이 아니라 문학과 예술을 통해 자기완성을 추구하였다. 황진이가 용모가 아름답고 재예(才藝)가 출중한 기생으로 머물렀다면 세월이 흐른 후 젊은 기생에게 그 자리를 빼앗기고 쓸쓸하게 생을 마쳤을지도 모른다. 그러나 황진이는 기생으로서의 안락한 삶보다는 해어진 옷차림과 때 묻은 얼굴로 거리를 떠돌아다닐 지라도 자신의 정체성을 찾아가는 삶을 추구하였다.

바로 이러한 자유로움의 추구와 삶의 완성에 대한 열망이 황진이가 조선시대부터 당대인의 관심을 받고 문헌에 기록된 이유일 것이다. 오늘날에도 황진이를 주목하는 이유는 크게 다르지 않다. 현대인들은 사회적 규범과 일상의 삶 속에서 자유와 일탈을 꿈꾸지만 쉽게 이루어지지 못한다. 이런 우리들에게 지금보다 더욱 공고한 유교규범이 지배하던 조선사회에 태어나 체제 밖으로 스스로 걸어 나가서 자유로움을 추구한 황진이의 삶은 호기심과 환상의 대상이다. 특히 오늘날 여성의 입장에서는 사회적 규범에 얽매이지 않고 삶의 진로와 사랑을 스스로 결정하는 황진이의 모습은 매력적임에 분명하다. 이것은 뮤지컬 〈황진이〉의 예술감독 표은영씨의 『주간 동아』와의 인터뷰에서 확인할 수 있다.

> 요즘 여대생들에게 양반집 마님과 기생의 삶 중 하나를 선택하라고 하면 놀랍게도 대부분 기생이라고 대답합니다. 남자를 선택하고 자신이 원하는 삶에 대한 결정권을 갖고자 하는 욕망이 그만큼 크다는 뜻입니다. 바로 기생 캐릭터가 여성들에게 인기를 끄는 이유입니다.[28]

위의 인용문에서 보듯이 젊은 여성들은 기생의 삶에서 구속과 예속을 보기보다는 자유로움과 주체성을 보고 싶어 한다. 이러한 기생과 황진이에 대한 대중의 환상 때문에 황진이 콘텐츠(영화, 뮤지컬, 소설, 드라마 등)에서 황진이는 천민 계급임에도 불구하고 높은 신분인 사대부를 농락하여 그들을 웃음거리고 만들기도 하고, 스스로 사랑을 결정하는 등 기생이 가지고 있는 삶의 자유분방함

---

28) 김민경, 「女 봐라! 기생들 납시오」, 『주간 동아』 564, 2006.12.12, 56~57쪽.

이 강조되어 재현된다. 현대의 대중들은 황진이에게서 억압 속에서 자유를 추구하고, 오히려 자신을 억압하는 존재를 유혹하는 팜므파탈(femme fatale)의 이미지를 찾는다. 또한 매혹적인 이미지뿐만 아니라 스스로 삶을 결정하고, 자기 길을 찾아가는 주체적인 인간상이 결합된 황진이에게 매력을 느낀다.

대중매체에 재현된 황진이의 모습, 즉 유교적 규범 아래에서 여성의 자기결정권이 박탈되었던 시대에 당당하게 맞서는 모습이나 매혹적인 성적 아름다움은 현대인이 대리만족을 느낄 수 있는 소재이다. 황진이의 주체적 행동은 규범과 일상에 묶여 자유로움을 포기하는 현대인의 무의식적 억압에 충격을 준다. 규범과 일상의 틀에서 반복되는 삶을 영위하는 현대인들에게 자유로운 삶은 자기 정체성에 대한 열망이다. 그렇기 때문에 체제와 시대를 거부한 황진이의 자유로운 삶은 오늘날 우리에게 더욱 절실하다.

그런데 황진이가 체제 밖에서 자유롭다는 것은 그만큼 체제 안에 속해 있는 집단에게 예외적인 주변인이라는 의미이기도 하다. 즉 기생이라는 존재는 우리에게 호기심과 환상의 대상이지만 현실의 삶에서는 우리 집단에 융합되기 어려운 타자화된 대상이다. 영화와 드라마에서 재현하는 기생은 실제의 기생이라기보다는 대중의 욕망이 투사된 대상인 것이다.

현대사회의 대중은 과거의 불합리한 신분사회에서 해방되었지만 자본의 위계와 성별·학력·인종의 차별은 여전히 내재화되어 있다. 과거처럼 제도화되어 드러나지는 않지만 보이지 않는 여러 억압 속에서 살고 있는 현대인은 무의식중에 체제와 일상으로부터 일탈 혹은 도피하고자 하는 욕망을 꿈꾼다. 바로 기생 황진이는 현대인의 이러한 욕망을 충족시켜줄 수 있는 가치 있는 소재이다.

5. 황진이 이야기의 재해석 방향

이 글은 2006년 KBS에서 방영된 드라마 〈황진이〉와 2007년 개봉된 장윤현 감독의 영화 〈황진이〉를 비교 분석한 것이다. 드라마와 영화는 모두 황진이라는 동일한 인물을 소재로 삼았지만 전승되는 황진이 이야기와 원작소설을 스토리텔링 하는데 차이를 보이고 있다. 드라마는 김탁환의 원작 소설과 달리 전승되는 황진이 이야기를 수용하여 주체적인 예인(藝人) 황진이를 형상화하였고, 영화는 원작자 홍석중이 보여준 주제의식을 드러내기 위해 원작을 충실히 재현하려고 했지만 오히려 기생으로의 삶과 놈이와의 사랑 사이에서 모호하게 봉합된 황진이를 만들고 말았다.

드라마 〈황진이〉와 영화 〈황진이〉의 흥행 성패는 스토리텔링의 문제와 더불어 기생이라는 신분이 가지고 있는 이중적인 성격에 대한 매력을 해석하는 차이에서도 나타난다. 오늘날 대중은 당대의 지배체제에서 벗어나 자유롭고 주체적으로 살아가는 황진이라는 인물을 통해 대리만족을 추구하고 싶었한다. 드라마 〈황진이〉는 대중이 원하는 주체적인 기생 황진이의 모습을 구현했을 뿐만아니라 기생의 섹슈얼리티에 예인으로서의 기생의 삶을 결합하여 새로운 황진이를 창조하였다. 드라마 〈황진이〉의 성공은 대중의 기생에 대한 기대지평을 만족시킨 것과 더불어 예인이라는 기생에 대한 새로운 시각을 결합한 결과이다.

반면에 영화 〈황진이〉는 대중에게 각인된 황진이의 이미지와는 낯선 존재였다. 대중이 이미 알고 있던 고혹적이면서도 관능적인 황진이는 사라지고, 사대부의 위선을 폭로하는 올곧은 모습과 사랑에 헌신적인 순종적인 모습 사이에서 어정쩡하게 봉합된 황진이가 남아 있을 뿐이다. 이것은 '16세기를 살았던 21세기 여인'이라는 타이틀과도 상당한 거리가 있을 뿐만 아니라 대중의 기대지평을 만족시키지 못하는 캐릭터였다. 영화 황진이는 대중이 기대하던 기생이라는 이미지에서 벗어나고자 노력하였으나 결국에는 단아하고 순종적인 여인을 보여주었으며, 이것은 기존의 황진이 이미지를 기대한 관객에게도 황진이에 대한 새로운 해석을 기대한 관객에게도 모두 아쉬움을 남겨주었다.

즉, 대중매체에서 기생 황진이가 지속적인 생명력을 얻기 위해서는 전승되는 이야기와 배치되는 단아한 기생의 모습을 추구하기보다는 섹슈얼리티라는 기존의 이미지와 삶에 대한 자기결정권을 추구하는 자유인의 이미지를 결합하는 것이 적절하다. 이러한 기생에 대한 해석은 자본과 규범에 억압된 현대인에게 반복되는 일상을 탈피하여 진정한 자유로움의 세계를 추구할 수 있는 출구를 열어준다. 기생 황진이가 오늘날에도 생명력을 가지고 살아 숨쉬는 것은 바로 체제와 시대의 억압을 거부하고 자신의 세계를 추구한 자유인이기 때문이다.

역사와 상상력의 착종

: 〈대장금〉과 〈혈의 누〉

1. 역사적 사건과 상상력의 결합

역사 기록이 드라마·영화·소설 등의 매체에서 재현될 때 사실 그대로 표현되기도 하지만 오늘날의 상상력과 결합하여 새로운 모습으로 재구성되기도 한다. 역사적 사실이 여러 모습으로 표현될 수 있는 것은 그 사건에 대한 지금 이 순간의 다양한 해석과 상상력이 결합되기 때문이다. 선조들의 삶을 단지 과거의 역사에 함몰시키는 것이 아니라 시간적·공간적 제한을 뛰어넘어 오늘날 우리의 삶과 결합시킴으로써 현재에도 유효한 보편적 가치를 발견해 내는 것이다. 그러므로 사극은 실증주의적 역사를 되풀이하는 것이 아니라 작가의 상상력인 허구와 결합하여 오늘날 우리에게 새로운 스토리를 전달하는 것이다.

최근 사극에는 새로운 현상이 두드러진다. 조선왕조실록으로 대표되는 왕조 중심의 사실을 재현하는 방식에서 역사적 사건과 상상력을 결합하여 새로운 인물과 세계를 창조하는 경향이 급부상하고 있는 것이다.[1] 고구려의 건국시조인 주몽의 삶을 재해석한 〈주몽〉, 백제 무왕의 등극과정을 서동설화와 연관시킨 〈서동요〉 등이 그것이다. 그리고 역사적 사건에 상상력을 부여하여 정치적 내용보다는 역사의 전면에서 소외되었던 인물들의 삶을 보여주는 시도가 성공을 거두고 있다. 왕의 주변부에 맴돌던 의원을 전면에 내세운 〈허준〉, 포도청의 노비를 여형사로 변화시켜 새로운 인물을 창출한 〈다모〉 등의 드라마가 대중의 마음을 사로잡았다. 또한 2000년을 경계로 하여 제작된 〈스캔들〉, 〈형사〉, 〈음란서생〉 등의 일련의 영화에서는 조선시대라는 역사적 배경을 미장센으로 활용하고 있지만 이야기를 현대적 감각에 맞게 스토리텔링함으로써 한국 전통문화를 작품에 융합하는 한편 이전과 다른 새로운 형식과 스타일의 영화를 추구하였다.

이러한 새로운 경향의 배후에는 수용자의 흥미를 유발하기 위한 새로운 콘텐츠에 대한 탐색이 작용한다. 이때 새롭다는 것은 이야기 자체가 새로운 것인 경우도 있고, 대중들의 호기심을 자극하기 위하여 낯설고 새로운 미장센을 필요로 하는 경우도 있다. 여기에서 이야기 자체가 새롭다는 것은 역사적 사건을 기반으로 하지만 기존 사실(史實)에서는 찾을 수 없는 창작된 이야기라는 뜻

---

[1] 이러한 경향을 대표하는 것이 팩션이다. 팩션은 팩트(fact)와 픽션(fiction)을 합성한 신조어로써 역사적 사실이나 실존인물의 이야기에 작가의 상상력을 덧붙여 새로운 사실을 재창조하는 문화예술 장르를 가리킨다. 〈황산벌〉과 〈실미도〉 등의 영화와 텔레비전드라마 〈해신〉, 〈불멸의 이순신〉 등이 팩션 형식의 작품들이다. 팩션은 역사적 사건을 토대로 상상력을 결합하여 새로운 시각으로 역사를 재해석함으로써 팩트와 픽션의 장점인 역사성과 오락성을 함께 구현한다는 장점을 갖는다.

이다. 그리고 낯선 미장센이라는 것은 반복되는 이야기를 새롭게 포장할 상상의 공간이라는 의미이다. 낯선 미장센은 현재와의 시간적 거리만큼 '낯선' 것이면서 또 그만큼 새로운 것이기도 하다. 새로움은 미래에서만 오는 것이 아니라, 과거에서도 온다.[2]

그러나 창작되는 콘텐츠가 새롭기만 하거나 낯설기만 한다면 대중들에게 외면 받을 확률이 높다.[3] 오늘날의 대중들이 욕망하는 현실의 문제와 대중들에게 익숙한 이야기 구조를 결합하여야 한다. 이러한 관점으로 볼 때 드라마 〈대장금〉과 영화 〈혈의 누〉는 분석의 사례로 적절한 대상이다. 〈대장금〉은 궁녀와 내의녀라는 독특한 직업을 소재로 궁중 수랏간과 내의원을 배경으로 하여 한 여성의 고난 극복과 성장이라는 이야기를 전개하여 큰 인기를 얻었다.[4] 〈대장금〉은 조선왕조실록에 의녀 장금이 존재했다는 기록을 소스로 삼아 방송콘텐츠로 리소스화하여 대중화와 상업화에 성공한 것이다.[5] 이러한 성공의 배경에는 역사 기록이라는 원 자료에 대한 오늘날의 상상력이 결합하여 새로운 이야기를 창출하였기 때문이다.

또한 2005년에 개봉한 차승원, 박용우 주연의 영화 〈혈의 누〉는 1808년, 조선시대 '동화도'라는 외딴 섬의 제지소를 둘러싸고 벌어

---

2) 서인석, 「고전산문 연구와 국어교육」, 『고전소설 교육의 과제와 방향』, 한국고소설학회, 2005, 35쪽.

3) 문화콘텐츠는 태생적으로 산업화를 전제로 한 대중문화의 속성을 가지고 있다. 그간 문화예술의 산업화·상품화는 예술의 독자성 및 진정성과 배치되는 것이라 여겨졌지만 디지털 시대에 들어와서 상품과 예술의 교환 관계가 새로운 패러다임으로 등장하면서 예술작품과 상품의 관계가 점차 모호해지고 있다.

4) 대장금은 최고 시청률 54%를 기록하며 192억원의 광고수입을 올렸고, 인터넷 다시보기로 8억 7900만원, 로얄티 25억원의 수업을 창출하였다.

5) 백승국, 『문화기호학과 문화콘텐츠』, 다할미디어, 2004, 34쪽.

지는 잔혹한 연쇄살인사건과 그 실마리를 풀어가는 수사관의 이야기를 그린 스릴러영화이다. 잔인한 장면으로 인하여 18세 이상 등급의 제약이 있음에도 불구하고 개봉 당시 예매율 1위를 기록하며 2백만이 넘는 관객 수를 동원하였다. 〈혈의 누〉는 할리우드의 스릴러라는 장르와 한국의 사극을 결합하여 탄생한 퓨전 영화이다. 그래서 영화의 서사와 인물의 구성이 지금껏 보아왔던 스릴러와 별반 차이가 없어 보여 익숙해 보이기도 한다. 하지만 조선시대라는 낯선 미장센으로 인해 기존 영화와 다른 공포와 긴장감을 보여주었다.

여기에서는 〈대장금〉과 〈혈의 누〉를 통하여 역사적 사건과 상상력의 결합이 어떠한 방식으로 표현되고, 작가의 상상력과 어떻게 유기적으로 결합하는가에 대해 알아보고자 한다.

2. 〈대장금〉 기록과 멜로드라마의 착종

1) 〈대장금〉에 대한 역사적 접근

대장금(大長今)에 대한 역사적 기록은 풍부하지 않다. 단지 조선왕조실록에 일부 기사로만 전해진다. 대장금은 장금이란 이름 앞에 '큰' 또는 '위대한'을 뜻하는 '대(大)'를 써서 대장금이라 칭한 것이다. 대장금은 의술뿐 아니라 요리에도 뛰어났다고 전해지지

〈그림1〉 드라마 대장금

만, 출생연도, 성씨와 본관, 출생 배경이나 활동 내용은 전하지 않고 있다. 다만 조선왕조실록에 중종(中宗)의 총애를 받은 천민 출신의 의녀(醫女)로 기록되어 있어 뛰어난 의녀였음을 짐작할 수 있을 뿐이다. 아래의 글은 조선왕조실록에 기록된 대장금에 관한 기사이다.

"대비전의 증세가 나아지자, 국왕이 약방(藥房)들에게 차등있게 상을 주었다. (…중략…) 의녀 신비와 장금(長今)에게는 각각 쌀과 콩 각 10석씩을 하사하였다."6)

"상에게 병환이 있어 정원(政院)에서 문안을 드렸다. (…중략…) 아침에 의녀 장금이 내전으로부터 나와서 말하기를, '하기(下氣)가 비로소 통하여 매우 기분이 좋다'고 하셨습니다."7)

위의 기록에 따르면 대장금은 중종 시대의 내의녀로 중종의 주치의 역할을 한 인물이다. 천민 신분의 의녀로서 수많은 남자 의관을 제치고 왕의 주치의가 되었다는 것은 당시 남성 위주의 엄격한 사회체제 아래서는 불가능에 가까운 일이었다. 의녀는 양반집 부녀자가 아플 때 남자 의원에게 진찰을 받는 것을 부끄럽게 여겨 아픈 곳을 제대로 진찰받지 못하여 죽는 수가 있으므로 여자들에게 의술을 가르쳐 주어 부인들의 병을 진맥하게 한 것이 유래이다. 의녀는 태종 6(1406)년에 제생원에 설치된 후 남자 의원에게 진찰

---

6) 중종실록 17년 9월.
7) 중종실록 39년 10월.

받기를 부끄러워하던 많은 부인들의 환영을 받았다. 조정에서는 의녀의 수요가 증가하자 기술을 습득한 후에 다른 정부기관이나 또는 사회적 요구에 따라 제생원에서 각처로 파견하게 되었다. 그러나 남녀의 자유로운 접촉을 금기시하던 당시에 있어서는 중서계급의 여자들은 의업에 종사하기를 원하지 않았기 때문에 창설 당시부터 천류에 속한 비자(婢子)의 여성 중에서 선발되었다.

조선조 태종 6년에 여악에 관한 제도의 개정으로 특수계층이나 귀족계층의 아녀자 진료를 위하여 의녀제도를 설치하고 어린 관비 중에서 의녀를 뽑아 올릴 때에는 천자나 효경정속편과 같은 책을 가르쳐 보내게 한 후 혜민서에서 교육을 시켰다. 의녀는 내의원에 소속되어서 여악을 겸행했기 때문에 약방기생이라 칭했으며 침선비(바느질을 맡았던 기생)는 상방기생이라 불렀는데 기생 중에는 약방기생과 상방기생이 일류였다.

2) 멜로드라마로서 〈대장금〉

드라마 〈대장금〉은 조선시대 의녀 장금의 성공담을 그린 작품이다. 장금이는 처음에 수랏간 궁녀로 입궐하여 한상궁을 스승으로 모시고 궁중요리를 배우게 된다. 하지만 어머니 때부터 얽혀 있던 갈등과 최상궁을 비롯한 최씨 일가와의 암투로 제주도에 유배된다. 장금이는 제주에서 장덕을 만나 의술을 배우고 다시 궁으로 입궐해 최씨 일가에 복수를 하게 되고, 중종의 총애를 받게 된다. 드라마는 이러한 과정 속에서 궁중 내 하층민들 중심의 애환과 갈등을 그려 낼 뿐만 아니라 궁중요리를 중심으로 한 전통음식을 소개하고 조선시대 의학상식 및 의녀제도를 시청자에게 전달하였다.

〈대장금〉은 등장인물의 성격이 선악의 뚜렷하고, 드라마 전개에 있어 악에 대한 선의 승리를 그려냄으로써 시청자들에게 깊은 인상을 남기었다. 아래의 표는 대장금 등장인물들의 갈등관계를 도식화한 것이다.

〈표1〉 대장금의 인물 갈등

대장금의 서사 전개는 '장금의 출생-장금의 성장-궁녀가 되는 과정과 궁중 생활-장금의 사랑-최고상궁 경쟁-장금의 정체를 알게 된 한상궁-한상궁의 죽음-제주도유배-의녀로서의 성장-의녀가 된 장금-새로운 스승과 친구-중종의 신임-복수와 최상궁의 죽음-행복한 결말'로 요약할 수 있다. 드라마의 내용은 역사적으로 갑자사화와 중종반정과 같은 실제 사건을 배경으로 이루어지고 있고, 극의 전개상으로는 부모의 죽음에 대한 의문과 원한이 저변에 흐르고 있다. 이와 같은 배경 속에서 권력의 횡포와 선과 악의 대결이 작품을 전체를 관통하면 서사를 견인하고 있다. 최종적으로는 악화된 상황에서도 굴하지 않는 영웅적 개인의 투쟁과 승리를 보여주고 있다.

이러한 이야기 전개는 실상 기존 드라마에 반복적으로 나타난 것이었다. 그렇다면 〈대장금〉의 어떠한 정서와 내용이 시청자들에게 새로움으로 다가왔을까? 이전 사극의 갈등이 대부분 지배층의 정치 경제적 권력 다툼에 근거하여 양반과 왕족 중심으로 전개되었다면 〈대장금〉에서는 인물들의 평면적이지 않은 심리구조와 일상생활을 그려내어 서민과 궁궐의 하층민의 삶을 보여주었다.

앞서 살펴본바와 같이 대중들에게 낯선 역사적 인물인 내의녀 장금이를 주인공으로 하였고, 궁중 음식이라는 독창적 소재를 다루어 대중들의 관심을 이끌어 내었다. 특히 주목할 만한 점은 여성을 주인공으로 하여 그 성장을 보여 줌으로써 그동안 위계적인 사회에서 억눌려 있던 여성의 가치를 재발견한 것에 있다. 대부분의 역사 드라마에 나타난 여성의 모습은 한계를 지니고 있었다. 사극에서 여성의 모습은 왕과 세자를 둘러싼 암투와 시기·다툼을 하는 부정적 형상이거나 왕의 사랑에 목말라하는 후궁, 또는 전통적 가치에 순응하는 인물들로 그려지는 경우가 대부분이었다.

그러나 〈대장금〉에서는 여성으로써 자신이 추구하고자 하는 가치를 실현하려는 강한 의지를 표출하고 성공지향적인 삶을 살아가려는 모습을 그리는데 중점을 두고 있다. 이는 당대 여성의 모습이라기보다는 현대 사회에서 커리어우먼으로써 성공하려는 여성의 욕망을 대변하는 것이라 할 수 있다. 현대 사회가 바라는 여성의 이미지가 극 중에 투영되었다고 할 수 있다.[8]

---

8) 드라마 〈대장금〉은 2004년 남녀 평등상 방송대상을 수상하였다. 여성의 사회적 역할 고취라는 사회적 분위기와 잘 맞은 것이다.

남녀의 차별이 극심한 조선시대에 여성성을 유지하면서 사회적
으로 성공한다는 것은 기존의 발상을 뒤집는 새로움이다. 더욱이
성공의 과정에 나타나는 수랏간과 내의원이란 곳은 오늘날에는
익숙하지 않은 낯선 공간이다. 〈대장금〉에는 이러한 새로움이 오
늘날 여성의 욕망과 만나 새로운 이야기를 만들어 내었다. 그러나
앞서 언급한 바와 같이 이야기의 전개과정은 원한과 복수, 사랑과
질투라는 전형적인 멜로드라마의 방식이다. 이는 〈대장금〉이 진
부한 드라마라는 비판이 아니다. 멜로드라마적인 전개방식은 낯
설고 새로운 소재를 시청자들이 수용할 수 있게 만든 중요한 요소
이다. 낯선 역사적 기록이 원전 그대로 전달된다면 수용자들은 이
질적인 것이라 느낄 것이다. 이질감을 없애기 위해서는 오늘날 대
중들이 즐길 수 있는 스토리텔링의 전략이 필요하다. 〈대장금〉은
새로우면서도 익숙한 이야기를 만들기 위해 멜로드라마적인 요소
를 역사적 기록에 착종하였다.

3. 1808년 조선에 호명된 스릴러, 〈혈의 누〉

1) 〈혈의 누〉의 역사적 배경

조선 말기, 정치적으로는 정조가 붕어하고 한동안 잠잠했던 권
력 다툼이 안동김씨가 세도를 잡으면서 다시 고개를 드는 때이다.
또한 유교적인 관념과 실용적이고 과학적인 관념이 충돌하고, 신
분과 자본이 충돌하는 때이기도 하다. 안경과 마취제가 등장하고,
사체의 사망시간도 추정할 수 있을 정도의 시대이기도 하지만 한

편으로는 굿과 미신과 부적이 난무하는 시대이기도 하다.

조선 후기로 갈수록 국가 재정이 어려워지면서 관영수공업에서 민간수공업으로 그 운영방식이 변하게 된다. 또한 사회적으로 토지소유의 확대로 농장이 발달하면서 농민들의 토지소유는 점차 줄어들게 되고 그 결과 빈민층이 증가하여 유민이 된 빈민층이 도시로 모여들기 시작했다. 이는 일상의 생필품뿐만 아니라 곡물의 거래를 촉진시켜 상공업의 발달을 가속화시키게 되는 계기가 되었다. 이와 같은 사회의 변동에 따라 영화 〈혈의 누〉에서는 성공한 중인의 모습을 잘 형상화하기 위하여 제지소라는 공간을 영화의 핵심 공간으로 설정하고 이야기를 전개해 나간다. 즉 제지소라는 장소의 설정은 조선 후기 사회변동에 따른 지배계급인 양반과 상공업으로 부를 쌓은 중인 간의 계급적 갈등을 보여주기 위한 것이다.9)

사회적으로는 상업과 새로운 농업 기술이 발달하면서 부농과 거상들이 생겨나고, 그들이 축적한 경제력을 기반으로 전통적인 반상제도를 위협하는 사회적 갈등이 점점 노골화되었다. 전통적 권력기반을 위협받는 양반계층은 신흥세력으로 떠오르는 중인 계급을 억제하기 위하여 당시 중인 계급사이에서 급속도로 퍼져나가고 있던 천주교를 탄압하였다. 새로운 학문에 대한 보수 권력의

---

9) 사실 당시에는 〈혈의 누〉에서 나오는 제지소와 같이 체계적인 시스템의 제지소가 존재하지 않았다는 사실로 미루어 볼 때 이러한 설정역시 관객들의 흥미를 더하기 위한 새로운 미장센으로 생각된다.

박해는 그 학문 자체의 이유라기보다는 기존 권력자의 자기 권력을 유지하기 위한 정치적인 필요에 의해서였다.

천주교 박해와 관련해서 특기할 사건은 〈황사영 백서사건〉이다. 황사영은 신유박해 때 산중으로 피신하여 토굴 속에서 '백서(帛書)'를 작성하였다. 백서에는 베이징 주교에게 조선 천주교 박해의 실상을 알리고 도움을 구하는 내용이 담겨 있었다. 이 밀서가 발각되어 황사영은 사형에 처해지고 천주교 박해도 한층 가혹해졌다. 〈혈의 누〉에서는 이와 같은 황사영의 천주교 박해 사건을 끌어들여 강 객주일가가 몰살당할 수밖에 없었던 이유에 사실성을 더하였고, 아직 중세적인 사고가 만무한 조선의 시대의 현실을 적나라하게 드러내었다.

2) 밀폐된 공간 동화도와 연쇄살인사건

비밀스런 사건으로 인해 발생된 범죄의 범인이 누구이며 그 원인은 무엇인가 하는 궁금증은 범죄 스릴러 영화의 가장 큰 공통점이라 할 수 있다. 이러한 요소는 관객의 심리적 긴장감을 고조시키고 사건이 완전히 밝혀지게 되는 영화의 결말까지 지속적으로 유지된다. 〈혈의 누〉에서도 영화 초반부부터 관객들로 하여금 이러한 궁금증을 유발시킨다. 그리고 대부분이 범죄 스릴러 영화가 그렇듯이 이 영화에서도 잔혹한 살인사건이 또 다시 발생할 것이라는 미리 알려주고, 상황의 긴박성을 더 하기위해 5일이라는 제한 시간을 정해두었다.

비단 범죄 스릴러 영화뿐만 아니라 현대에 만들어지는 대부분의 영화에서는 악(惡)만을 가지고 있는 악당은 존재하지 않는다. 그들이 그렇게 타락하게 된 이유는 분명히 존재하고 영화의 후반부에 이르면 범인의 애처로운 스토리가 액자식 구성으로 등장하기 마련이다. 〈혈의 누〉에서도 이 같은 서술 구조가 등장한다. '의문의 연쇄살인사건'이라는 커다란 흐름 속에 범인인 김인권이 연쇄살인을 저지를 수밖에 없었던 이유가 또 하나의 스토리로 짜임새 있게 전개된다.

또한 대부분의 범죄 스릴러 영화에서는 '똑똑한 탐정이나 수사관인 주인공이 미궁에 빠진 사건의 원인과 진행과정, 범인 추적을 통해서 여러 가지 난관과 오류에 봉착하지만 끝내 합리적인 사고와 명석한 추리를 통해 범인이 누구인가를 밝혀내고 사건을 해결한다.'는 식의 공식을 가지고 있는데, '혈의 누' 역시 이와 다르지 않다. 관객들이 보기에는 낙후된 시대라고만 생각되어지는 조선이라는 시대에서 이원규는 꽤 과학적이고 치밀한 수사와 합리적인 추리로 서서히 사건의 전말과 범인을 가려낸다.

범죄스릴러영화들은 대부분 '반전'이라는 요소를 관객들의 충격요법을 위해 자주 이용해왔는데 〈혈의 누〉 역시 반전의 이야기 구조를 가지고 있다. 그것은 바로 강 객주를 죽음으로 몰고 간 다섯 명의 발고자중 마지막 인물이 두호(지성)였다는 점과 이원규(차승원)의 아버지가 바로 강객주 사건을 담당한 도포사이었다는 점이다. 이러한 반점은 영화의 극적 긴장감을 더해주는 역할과 함께 영화를 보는 내내 이해가 가지 않았던 장면들을 자연스럽게 연결되도록 설명해 주는 역할을 한다.

〈혈의 누〉에서 참혹한 연쇄 살인 사건이 일어나는 공간은 다름 아닌 고립된 섬 '동화도'이다. 이와 같이 섬이라는 밀폐된 공간이라는 것이 대부분의 현대 범죄 스릴러에서 도입하고 있는 설정과 일맥상통하다. 예를 들어 대중에게 스릴러물로 잘 알려져 있는

〈쏘우〉나 〈큐브〉 역시 밀폐되어 있는 장소에서 벌어지는 사건을 다루고 있으며 최신에 개봉한 국내영화 〈극락도 살인 사건〉 역시 '극락도'라는 밀폐된 섬을 영화의 배경으로 설정함으로써 극적 긴장감과 공포를 더 하고 있다.

〈혈의 누〉는 스릴러라는 익숙한 장르의 영화이다. 그러나 기존 영화와 차별되는 점이 있다. 첫 번째는 먼저 고전의 기록과 현대적 상상력의 결합이 성공적이었기 때문이다. 〈혈의 누〉의 시나리오 작가는 천주교신자들이 대량 학살당한 '천주교 박해' 사건과 조선시대 법의학서인 '무원록'을 소재로 실제로 있을법한 '조선시대 연쇄 살인 사건'의 시나리오를 만들어 냈다. 이것은 단지 고전의 기록을 이용한 스토리 제조만을 의미하는 것이 아니라 고전의 기록에 현대인들이 열광하는 스릴러라는 장르를 배합하여 새로운 역사 스릴러물을 만들었다는데 그 의의가 있다.

두 번째는 조선시대 '동화도'라는 낯선 미장센을 배경으로 연쇄 살인사건이 일어나고 범죄를 해결한다는 것이다. 서사적인 구조와 범죄가 발생하는 공간, 그리고 인물의 구성과 반전 등의 요소는 기존의 수사 스릴러영화와 공통된 점이다. 그러나 〈혈의 누〉는 이와 더불어 우리가 알지 못했던, 혹은 기록으로만 전해져오던 조선시대의 수사방법을 최대한 묘사했다는 점에서 조선판 CSI라고 불리어지며, 영화의 핵심이라고 할 만한 극적 긴장감의 묘사가 조선이라는 시대 특성에 따라 초자연적인 현상으로 인해 나타난다. 이와 같은 것은 현대인들에게 익숙한 스릴러라는 틀에 조선이라는 시대적 상황이라는 특수성과 더불어 작가의 상상력을 가미하여 새로운 스릴러물을 창조했다는 점에서 주목할 만하다.

〈혈의 누〉는 사실 엄밀히 따져 보면 현대를 살아가고 있는 우리들이 영화라는 타임머신을 통해 조선이라는 그 시대 속으로 들어가는 것이라고 할 수 없다. 흔한 주변의 이야기에 진부해진 현대의 우리가 고전이라는 새로운 콘텐츠에서 아이디어를 얻어 현대적으로 재구성하여 새로운 현대적 콘텐츠를 재창조 한 것이다. 〈혈의 누〉는 지금까지 우리가 흔히 접해오던 뒤 뜰, 사랑방 등에서 발생하는 옛 선조들의 이야기와는 다른 고립된 섬의 낯선 제지소에서 발생하는 사건들을 다루고 있다는 점에서 매우 새롭다. 그러나 '연쇄살인사건'이라는 소재는 우리 주변에서 흔히 볼 수 있는 단골손님이기에 매우 익숙하다. 〈혈의 누〉의 이 두 가지의 요소가 화려한 미장센과 함께 어우러져서 새로운 '익숙한 낯설음'을 창조한 것이 관객들로 하여금 스크린에서 시선을 때지 못하게 하는 원인으로 작용하였다. 그리고 이것이 바로 철저한 역사적 고증과 상상 그리고 허구와 실제를 넘나들며 새로운 도전을 시도했던 영화 〈혈의 누〉가 호평을 받을 수 있었던 이유이다.

4. 역사적 기록의 문화콘텐츠화 방향

〈대장금〉과 〈혈의 누〉의 성공은 오늘날 우리에게 새로운 관점을 시사한다. 디지털 기술의 발달로 우리의 생활양식이 빠르게 변화하고 있고, 이에 따라 실용성과 효용성을 중요시한다. 이러한 사회분위기 속에서 고전과 전통은 상대적으로 그 가치를 폄하받았던 것이 사실이다. 하지만 〈대장금〉과 〈혈의 누〉의 성공에서 볼 수 있듯이 우리의 과거를 통해서 재현된 오늘날의 문화콘텐츠는 보편성과 흥미를 모두 갖추었다. 우리 이야기는 무가치하며 효용성이 없는 것이 아니다. 사람들은 여전히 고전을 소재로 한 드라마, 영화, 뮤지컬 등을 보고 즐거워한다.

최근 지식의 축적과 기술의 발달로 과거에 접근하기 어려웠던 고전들을 인터넷이나 여러 디지털 매체에서 한 번의 클릭만으로 풀어쓴 한글로 쉽게 읽을 수 있다. 고전과 역사적 이야기는 현재 우리들의 삶을 반성하게 만들고 또 미래에 우리들이 가져야 할 모습을 예견하고 비판하는 역할을 한다. 디지털 기술 발달로 인한 고전의 보급 확대는 문화콘텐츠에 더욱더 많은 양의 정보를 제공하고 고전이 더 많은 가치와 효용성을 발현하는 역할을 할 것이다. 우리 전통에 대한 기록을 바탕으로 만들어진 컴퓨터 게임, 애니메이션은 고전이 기술의 발달과 함께 갈 수 있음을 말해 준다.

옛 기록을 우리의 삶에 가치 있게 변형시키기 위해서는 과거의 역사적인 기록에 오늘날의 상상력을 결합시켜야 한다. 문헌에 나타나 있지 않는 부분을 조연과 같은 상상력이 투영된 매개체를 통해서 표현하고, 변화하는 우리들의 가치관에 맞게 드라마의 주제의식을 재편할 필요성이 있다. 시대에 따라 그 가치를 새롭게 부여하고, 현재의 우리의 감수성을 문화콘텐츠에 녹인다면 화석처럼 굳어 있던 역사적 기록은 우리 생활 가까이 있는 이야기로 생명력을 얻을 것이다.

참고문헌

1. 국내 논저

강권용, 「제주도 특수본풀이 연구」, 경기대학교 석사논문, 2002.

강미선, 「웹툰에 나타난 신화적 상상력: 웹툰 〈신과 함께〉를 중심으로」, 『디지털콘텐츠와 문화정책』 5, 가톨릭대학교 문화정책연구소, 2011.

강심호, 『디지털 에듀테인먼트 스토리텔링』, 살림, 2005.

강연안, 『타인의 얼굴: 레비나스의 철학』, 문학과지성사, 2005.

강전섭, 「황진이 문학유산 정리」, 『황진이 연구』, 창학사, 1986.

강진옥, 「변신설화에 나타난 여우의 형상과 의미」, 『고전문학연구』 9, 한국고전문학연구회, 1994.

강진옥, 「변신설화에서의 정체확인과 그 의미」, 『진단학보』 73, 진단학회, 1992.

강진옥, 「원혼설화의 담론적 성격 연구」, 『고전문학연구』 22, 한국고전문학회, 2002.

강현구 외, 『문화콘텐츠와 인문학적 상상력』, 글누림, 2005.

경규진, 「반응 중심 문학교육의 방법 연구」, 서울대학교 박사논문, 1993.

고욱·이인화 외, 『디지털 스토리텔링』, 황금가지, 2003.

고은임, 「원천강본풀이 연구」, 『관악어문연구』 35, 서울대학교 국어국문학과, 2010.

고정민, 『문화콘텐츠 경영전략』, 커뮤니케이션북스, 2007.

고 훈, 「고전문학과 만화의 결합 양상 연구」, 『대중서사연구』 25, 대중
　　서사학회, 2011.

구본기·송성욱, 「고전문학과 문화콘텐츠 연계방안 사례 발표: 조선시대
　　대하소설을 통한 시나리오 창작소재 및 시각자료 개발」, 『고전
　　문학연구』 25, 한국고전문학회, 2004.

권덕영, 「역사와 역사소설 그리고 사극」, 『역사와 현실』 60, 한국역사연
　　구회, 2006.

김광욱, 「문화콘텐츠 창작소재화의 문제점과 대안: 용궁콘텐츠를 중심
　　으로」, 『한국고전연구』 14, 한국고전연구학회, 2006.

김교빈, 「문화원형의 개념과 활용」, 『인문콘텐츠』 6, 인문콘텐츠학회,
　　2005.

김기덕, 『한국전통문화와 문화콘텐츠』, 북코리아, 2007.

김기형, 「대학 고전소설 교육의 현황과 전망」, 『고전소설 교육의 과제와
　　방향』, 한국고소설학회, 2005.

김남형, 「역사극의 장르적 특성에 관한 연구: KBS 사극 '왕과 비'를 중심
　　으로」, 서강대학교 석사논문, 1998.

김만수, 『문화콘텐츠 유형론』, 글누림, 2006.

김명석, 「영상매체를 활용한 문학논술 지도 전략」, 『우리문학연구』 28,
　　우리문학회, 2009.

김민경, 「女 봐라! 기생들 납시오」, 『주간 동아』 564, 2006.12.12.

김애령, 「이방인과 환대의 윤리」, 『철학과 현상학 연구』 39, 한국현상학
　　회, 2008.

김연숙, 『레비나스 타자윤리학』, 인간사랑, 2001.

김영석, 『멀티미디어와 정보사회』, 나남출판, 1997.

김영순 외, 『인문학과 문화콘텐츠』, 다할미디어, 2006.

김영순·최민성 외, 『축제와 문화콘텐츠』, 다할미디어, 2006.

김영희, 「구전이야기 '다시쓰기(re-telling)를 활용한 자기탐색 글쓰기 교육」, 『구비문학연구』 34, 한국구비문학회, 2012.

김용범, 「문화컨텐츠 산업의 창작소재로서 고전소설의 활용가능성에 대한 연구」, 『민족학연구』 4, 한국민족학회, 2000.

김용범, 「문화콘텐츠 창작소재로서의 고전문학의 가치에 관한 연구」, 『한국언어문학』 22, 한국언어문학회, 2002.

김용범, 「고전소설 〈심청전〉과의 대비를 통해서 본 〈왕후 심청〉의 내러티브 분석」, 『한국언어문화』 27, 한국언어문화학회, 2005.

김유리, 『문화콘텐츠 마케팅: 글로벌 마케팅 사례를 중심으로』, 한국문화사, 2006.

김유진, 「〈원천강본풀이〉의 신화적 성격과 현대적 변용 양상」, 『아동청소년문학연구』, 한국아동청소년문학학회, 2010.

김윤희, 「텔레비전 사극 태조왕건의 서사를 통해 본 남성적 가치와 현재적 해석에 대한 연구」, 이화여자대학교 석사논문, 2002.

김은진, 「한국 사극 속 여성성과 담론 분석」, 『여성연구논집』 15, 신라대학교 여성문제연구소, 2004.

김탁환, 「고소설과 이야기 문학의 미래」, 『고소설연구』 17, 한국고소설학회, 2004.

김풍기, 「고전문학 작품의 정체성과 그 현대적 변용: 〈옥루몽〉 애니메이션 제작 과정에서의 문제점을 중심으로」, 『고전문학연구』 30, 한국고전문학회, 2006, 13~35쪽.

김태훈, 『브랜드 스토리텔링』, 커뮤니케이션북스, 2015.

김혜정, 「제주도 특수본풀이 〈원천강본풀이〉 연구」, 『한국무속학』 20, 한국무속학회, 2010, 251~277쪽.

김훈순, 「텔레비전 드라마 속 여성들의 일상: 사랑, 가족, 일」, 『다시
　　보는 미디어와 젠더』, 이화여자대학교 출판부, 2013.

김훈순·김미선, 「여성 담론 생산의 장(場)으로써 텔레비전 드라마」, 『한
　　국언론학보』 52(1), 한국언론학회, 2008.

김훈철 외, 『브랜드 스토리텔링의 기술』, 멘토르, 2008.

김휘영, 「구미호 전설과 포송령의 요재지이에 나타난 의식의 원형」, 『인
　　물과사상』 93, 인물과사상사, 2006.

라인정, 「異物交媾說話硏究」, 충남대학교 박사논문, 1998.

류수열 외, 『스토리텔링의 이해』, 글누림, 2007.

류철균·한혜원 외, 『트랜스미디어 스토리텔링의 이해』, 이화여자대학교
　　출판부, 2015.

미디어문화교육연구회, 『문화콘텐츠학의 탄생』, 다할미디어, 2005.

박기수, 「대중문화 콘텐츠 서사의 향유 전략 연구」, 『인문콘텐츠』 2, 인
　　문콘텐츠학회, 2003.

박기수, 「신화의 문화콘텐츠화 전환 연구」, 『한국문예비평연구』 20, 한
　　국현대문예비평학회, 2006.

박기수, 「한국 문화콘텐츠학의 현황과 전망」, 『대중서사연구』 16, 대중
　　서사학회, 2006.

박기수, 「≪삼국유사≫ 설화의 스토리텔링 전환 방안 연구」, 『한국언어
　　문화』 34, 한국언어문화학회, 2007.

박대복·유형동, 「〈여우누이〉에 나타난 요괴의 성격과 퇴치의 양상」, 『어
　　문학』 106, 한국어문학회, 2009.

박명진, 「역사드라마의 광학적 무의식, 민족서사와 재현 이미지 연구」,
　　『우리문학연구』 20, 우리문학회, 2006.

박상천, 「예술의 변화와 문화콘텐츠의 의의」, 『인문콘텐츠』 2, 인문콘텐

츠학회, 2003.

박지윤, 「텍스트 이해를 위한 상호텍스트 활용의 실제」, 『한민족어문학』 64, 한민족어문학회, 2013.

배영동, 「문화콘텐츠화 사업에서 '문화원형' 개념의 함의와 한계」, 『인문 콘텐츠』 6, 인문콘텐츠학회, 2005.

백문임, 『월하의 여곡성: 여귀로 읽는 한국 공포영화史』, 책세상, 2008.

백성과, 「문화콘텐츠시나리오 창작유형에 관한 연구」, 중앙대학교 석사 논문, 2004.

백승국, 『문화기호학과 문화콘텐츠』, 다할미디어, 2004.

서대석 편, 『조선조문헌설화집요』 II, 집문당, 1991.

서윤순, 「변신의 귀재 여우 기쓰네(狐)」, 『일본의 요괴문화』, 중앙대학교 한일문화연구원, 한누리미디어, 2005.

서인석, 「고전산문 연구와 국어교육」, 『고전소설 교육의 과제와 방향』, 한국고소설학회, 2005.

서지영, 「조선시대 기녀 섹슈얼리티와 사랑의 담론」, 『한국고전여성문 학연구』 5, 한국고전여성문학회, 2002.

성영신·박은아·이주원·김운섭, 「아름다움의 심리적 권력: 성별, 영역별 미(美)권력 차이를 중심으로」, 『한국심리학회지 소비자·광고』 10(3), 한국심리학회, 2009.

송무용·허순란, 『엔터테인먼트 산업론』, 청람, 2005.

송성욱, 「고전문학과 문화콘텐츠 연계방안 사례발표: 조선시대 대하소 설을 통한 시니리오 창작소재 및 시각자료 개발」, 『고전문학연 구』 25, 한국고전문학회, 2004.

송성욱, 「고전소설과 TV드라마: TV드라마의 한국적 아이콘 창출을 위 한 시론」, 『국어국문학』 137, 국어국문학회, 2004.

송성욱, 「문화콘텐츠 창작소재와 문화원형」, 『인문콘텐츠』 6, 인문콘텐츠학회, 2005.

송성욱, 「문화산업 시대의 고전문학 연구의 방향」, 『겨레어문학』 36, 겨레어문학회, 2006.

송정란, 『스토리텔링의 이해와 실제』, 문학아카데미, 2006.

신광철, 「인문학과 문화콘텐츠」, 『국어국문학』 143, 국어국문학회, 2006.

신동흔, 『살아있는 우리신화』, 한겨레출판, 2007.

신선희, 「고전 서사문학과 게임 시나리오」, 『고소설연구』 17, 한국고소설학회, 2004.

신선희, 『우리고전 다시쓰기』, 삼영사, 2005.

신원선, 「드라마 〈황진이〉의 대중코드 읽기」, 『민족문화논집』 35, 영남대 민족문화연구소, 2007.

신원선, 「한국고전소설의 영상콘텐츠화 성공방안 연구: 영화 〈전우치〉와 〈방자전〉을 중심으로」, 『민족문화논총』 46, 영남대 민족문화연구소, 2010.

심치열, 「고전소설을 수용한 장편 애니메이션: 〈왕후 심청〉 스크립트를 중심으로」, 『고소설연구』 23, 한국고소설학회, 2007.

안기수, 『문화콘텐츠와 스토리텔링의 이해』, 보고사, 2014.

양　평, 「중국 시청자의 한국 드라마 〈대장금〉 수용 연구」, 충남대학교, 2006.

연동원, 「음란서생과 포르노그래피: 문학적 표현과 역사성을 중심으로」, 『우리문학연구』 20, 우리문학회, 2006.

오세정·조현우, 『고전, 대중문화를 엿보다』, 이숲, 2010.

유강하, 「스토리텔링과 리텔링」, 『중국소설논총』 63, 한국중국소설학회, 2010.

유강하, 「틈새를 메우는 문학적 상상력 리텔링」, 『중국어문학논집』 63, 중국어문학연구회, 2010.

윤종선, 「문화콘텐츠로서 고전문학의 연구 현황과 전망」, 『어문학』 103, 한국어문학회, 2009.

윤종선, 「고전문학과 문화콘텐츠 교육방법론 연구」, 『비평문학』 35, 한국비평문학회, 2010.

이나영, 「기지촌의 공고화 과정에 관한 연구(1950~1960): 국가, 성별화된 민족주의, 여성의 저항」, 『한국여성학』, 한국여성학회, 2007.

이동준, 「황진이 설화의 문학적 연구」, 『어문학』 90, 한국어문학회, 1997.

이명현, 「멀티미디어 시대의 고전소설 교육의 모색과 전환」, 『첨단문화기술연구』 2, 중앙대 문화콘텐츠기술연구원, 2006.

이명현, 「이물교혼담에 나타난 여자요괴의 양상과 문화콘텐츠로의 변용: 구미호이야기를 중심으로」, 『우리문학연구』 21, 우리문학회, 2007.

이명현, 「역사와 상상력의 착종」, 『첨단문화기술연구』 3, 중앙대학교 문화콘텐츠기술연구원, 2007.

이명현, 「구미호에 대한 전통적 상상력과 애니메이션으로의 재현: 〈천년여우 여우비〉를 중심으로」, 『문학과 영상』 8(3), 2007.

이명현, 「문화콘텐츠 스토리텔링 소재로서 고전서사의 가치」, 『우리문학연구』 25, 우리문학회, 2008.

이명현, 「〈전설의 고향〉에 나타난 구미호 이야기의 확장과 변주」, 『우리문학연구』 28, 우리문학회, 2009.

이명현, 「설화 스토리텔링을 통한 구미호이야기의 재창조」, 『문학과영상』 13(1), 문학과영상학회, 2012.

이명현, 「문화콘텐츠시대 고전소설 연구 경향과 방향」, 『어문론집』 57,

중앙어문학회, 2014.

이명희, 「고전 리텔링(re-telling)을 통한 창조적 글쓰기와 인문학적 성찰」, 『문학치료연구』 26, 한국문학치료학회, 2013.

이병훈, 「TV 사극의 변천과 특성에 관한 연구」, 한양대학교 석사논문, 1997.

이상민, 『대중매체 스토리텔링 분석론』, 북코리아, 2009.

이수자, 「무속신화 원천강본풀이의 신화적 의미와 위상」, 『남도민속학의 진전』, 태학사, 1998.

이신복, 「황진이론」, 강전섭 편, 『황진이 연구』, 창학사, 1986.

이용욱, 「온라인 게임의 서사적 지위 연구」, 『한국언어문학』 64, 한국언어문학회, 2008, 340쪽.

이영진, 「배우들에게 집중해서 봐주면 좋겠다: 〈황진이〉의 장윤현 감독 인터뷰」, 『씨네 21』 통권 605호, 2007.6.5.

이인화 외, 『디지털 스토리텔링』, 황금가지, 2003.

이인화, 『한국형 디지털 스토리텔링: 리니지 2 바츠 해방 전쟁 이야기』, 살림, 2005.

이재성, 「일본 대중문화에 나타난 요괴 이미지」, 중앙대학교 한일문화연구원 편, 『일본의 요괴문화』, 한누리미디어, 2005.

이종호, 「서사무가 〈원천강본푸리〉와 애니메이션 〈오늘이〉 비교 연구」, 『온지논총』 27, 온지학회, 2011.

이종한·조미라, 『애니메이션과 스토리텔링』, 글누림, 2005.

이지양, 「문화콘텐츠의 시각으로 고전텍스트 읽기: 〈춘향전〉의 '춘당대 시과' 대목을 중심으로」, 『고전문학연구』 30, 한국고전문학회, 2006.

이찬욱, 「고전문학과 문화콘텐츠의 연계방안 연구」, 『우리문학연구』 18,

우리문학회, 2005.

이찬욱·이명현, 『문화원형과 영상콘텐츠』, 중앙대학교 출판부, 2006.

이현경, 「현대영화가 황진이를 소환하고 재현하는 방식」, 『한국고전여
　　　성문학연구』 15, 2007.

인문콘텐츠학회 편, 『문화콘텐츠 입문』, 북코리아, 2006.

임규찬, 「역사소설의 최근 양상에 관한 한 고찰: 황진이의 소설 형상화를
　　　중심으로」, 『국어국문학』 141, 국어국문학회, 2005.

전영선, 「고전소설의 현대적 전승과 변용」, 한양대학교 박사논문, 2000.

전용문, 『한국 여성영웅 소설의 연구』, 목원대학교 출판부, 1996.

정병설, 「고소설과 텔레비전 드라마의 비교」, 『고소설연구』 18, 한국고
　　　소설학회, 2004.

정병설, 「대학 고전소설 교육의 현실, 방향, 과제」, 『고전소설 교육의
　　　과제와 방향』, 한국고소설학회, 2005.

정선경, 「고전의 현대적 변용: 영화 〈전우치〉의 공간 읽기」, 『도교문화연
　　　구』 35, 한국도교문화학회, 2011.

정수현, 「대중매체의 설화수용 방식」, 『한국문예비평연구』 19, 한국현대
　　　문예비평학회, 2006.

정수희, 「전통문화콘텐츠의 현대적 활용: 웹툰 〈신과 함께-이승편〉을
　　　중심으로」, 『문화콘텐츠연구』 2, 건국대학교 글로컬문화전략연
　　　구소, 2012.

정운채, 「문학치료학의 서사이론」, 『문학치료연구』 9, 2008.

정은이, 「텔레비전 사극의 진화에 관한 연구」, 서강대학교 석사논문,
　　　2007.

정창권, 『문화콘텐츠학 강의: 쉽게 개발하기』, 커뮤니케이션북스, 2007.

정창권, 『문화콘텐츠 스토리텔링』, 북코리아, 2008.

정창권, 「고전을 활용한 광고 콘텐츠 연구」, 『인문콘텐츠연구』 14, 인문콘텐츠학회, 2009.

조도현, 「〈춘향전〉 변이의 영상텍스트적 모색과 전망: 영화 〈방자전〉을 중심으로」, 『우리말글』 51, 우리말글학회, 2011.

조미라, 「애니메이션에 나타난 신화적 상상력: 애니메이션 〈오늘이〉를 중심으로」, 『한국콘텐츠학회논문지』 7(2), 한국콘텐츠학회, 2007.

조윤희, 「전문직 여성의 이데올로기 연구: TV 역사 드라마 〈大長今〉을 중심으로」, 성균관대학교 석사논문, 2004.

조은하·이대범, 『애니메이션 스토리텔링』, 북스힐, 2007.

조은하·이대범, 『디지털 스토리텔링』, 북스힐, 2008.

조은하·이대범, 『스토리텔링』, 북스힐, 2008.

조정래, 「〈대장금〉의 서사적 특성 연구」, 『현대문학의 연구』 31, 한국문학연구학회, 2007.

조현설, 「원귀 해원 형식과 구조의 안팎」, 『한국고전여성문학연구』 7, 한국고전여성문학회, 2003.

조현설, 「고소설의 영화화 작업을 통해 본 고소설 연구의 과제」, 『고소설연구』 17, 한국고소설학회, 2004.

조현우, 「〈옹고집전〉과 자아 동일성의 문제」, 『어문연구』 36(1), 한국어문교육연구회, 2008.

조혜란, 「다매체 환경 속에서의 고소설 연구 전략」, 『고소설연구』 17, 한국고소설학회, 2004.

조홍윤, 「〈원천강본풀이〉의 서사에 나타난 '시간'의 의미 연구」, 『남도민속연구』 23집,. 남도민속학회, 2011.

조희문, 「한국고전소설 〈춘향전〉의 영화화 과정」, 『국제학술대회 논문집』, 반교어문학회·호남사범대학, 2006.

조희웅, 「설화와 탐색모티프」, 『어문학논총』 5, 국민대학교 어문학회, 1985.

진민정, 「한국 드라마의 중국 내 수용에 관한 연구: 한류 현상과 대장금의 사례를 중심으로」, 성공회대학교 석사논문, 2007.

차혜영, 「사실, 주체, 섹슈얼리티: '황진이'류 소설에 대하여」, 『대중서사연구』 14, 2005.

최기숙, 『환상』, 연세대학교 출판부, 2003.

최예정·김성룡, 『스토리텔링과 내러티브』, 글누림, 2005.

최은진, 「퓨전사극에서 나타난 전복적 의미생산의 가능성 연구」, 동국대학교 석사논문, 2005.

최지선, 「역사적 사건에 대한 기억의 정치: 일본군 '위안부' 사례를 중심으로」, 서강대학교 석사논문, 2003.

최진아, 「요괴의 유혹: 唐나라 傳奇에 나타난 여성의 한 모습」, 『中國小說論叢』 21, 韓國中國小說學會, 2005.

최혜실 외, 『문화산업과 스토리텔링』, 다할미디어, 2007.

최혜실, 『디지털시대의 영상문화』, 소명출판, 2003.

하효숙, 「역사, 젠더, 그리고 텔레비전 역사드라마」, 『미디어, 젠더 그리고 문화』 2, 한국여성커뮤니케이션학회, 2004.

한길연, 「〈매트릭스〉와의 비교를 통해서 본 〈숙향전〉의 의미와 가능성」, 『고소설연구』 33, 한국고소설학회, 2012.

한길연, 「고전소설 연구의 대중화 방안」, 『어문학』 115, 한국어문학회, 2012.

한명기, 『정묘 병자호란과 동아시아』, 푸른역사, 2009.

한소진, 「드라마 콘텐츠로서의 설화 연구」, 『인문콘텐츠』 3, 인문콘텐츠학회, 2004.

한혜원, 『디지털 시대의 신인류 호모나랜스』, 살림, 2010.

한혜원, 「온라인 팬픽에 나타난 스토리 리텔링 연구」, 『인문콘텐츠』 27, 인문콘텐츠학회, 2012.

한혜원, 「한국 온라인 팬픽의 인물 형상화 방식」, 『한국방송학보』 27(4), 2013.

함복희, 「설화의 문화콘텐츠화 방안 연구」, 『어문연구』 134, 한국어문교육연구회, 2007.

함복희, 「야담의 문화콘텐츠화 방안 연구」, 『우리문학연구』 22, 우리문학회, 2007.

함복희, 『한국문학의 문화콘텐츠화 방안』, 북스힐, 2007.

허수정, 「죽음의 세계를 통해 현재를 보다: 작가 주호민의 웹툰 〈신과 함께-저승편〉 비평」, 『글로벌문화콘텐츠』 통권 7호, 한국글로벌문화콘텐츠학회, 2011.

현용준, 『제주도 신화』, 서문당, 1996.

현용준, 『제주도 무속자료 사전』, 각, 2007.

황지연, 「〈大長今〉문화단어의 고찰」, 『중국연구』 39, 한국외국어대학교 외국학종합연구센터 중국연구소, 2007.

황혜진, 「〈변강쇠가〉의 영화적 변용과 문화적 의미」, 『고소설연구』 31, 한국고소설학회, 2011.

EBS 다큐프라임 이야기의 힘 제작팀, 『이야기의 힘, 황금물고기』, 2011.

2. 역서

Babara Creed, 손희정 역, 『여성괴물: 억압과 위반 사이』, 여이연, 2008.

Bruno Bettelheim, 김옥순·주옥 역, 『옛이야기의 매력』 2, 시공주니어, 1998.

Carolyn Handler Miller, 이연수 외 역,『디지털미디어 스토리텔링』, 커뮤
　　니케이션북스, 2006.

David Berreby, 정준형 역,『우리와 그들 무리짓기에 대한 착각』, 에코리
　　브르, 2007.

Don Tapscott, 이진원 역,『디지털 네이티브』, 비지니스북스, 2009.

György Lukács, 반성완 역,『소설의 이론』, 심설당, 1985.

Henry Jenkins, 김정희원 외 역,『컨버전스 문화(Convergence Culture)』,
　　비즈앤비즈, 2006.

Henry Jenkins, 김정희원 외 역,『컨버전스 컬처』, 비즈앤비즈, 2006.

J. G. 카웰티, 박성봉 편역,「도식성과 현실도피의 문화」,『대중예술의
　　이론들』, 동연, 1994.

Joseph Campbell, 이진구 역,『신의 가면』1, 까치, 2003.

Julia Cristeva, 서민원 역,『공포의 권력』, 동문선, 2001.

Kathryn Hume, 한창엽 역,『환상과 미메시스』, 푸른나무, 2000.

Kathryn Hume, 한창엽 역,『환상과 미메시스』, 푸른나무, 2000.

Kearney, Richard, 이지영 역,『이방인, 신, 괴물』, 개마고원, 2004.

Mircea Eliade, 이은봉 역,『성과 속』, 한길사, 1998.

Robert Mckee, 고영범·이승민 역,『시나리오 어떻게 쓸 것인가』, 황금가
　　지, 2002.

Rosemary Jackson, 서강여성문학연구회 역,『환상성: 전복의 문학』, 문학
　　동네, 2001.

W. J. T. Mitchell, 임산 역,『아이코놀로지: 이미지 텍스트 이데올로기』,
　　시지락, 2005.

小松和彦, 박전열 역,『일본의 요괴학 연구』, 민속원, 2009.

中澤新一, 김옥희 역,『신화, 인류 최고의 철학』, 동아시아, 2002.

中澤新一, 김옥희 역, 『대칭성 인류학』, 동아시아, 2005.

赤松智城·秋葉隆, 심우성 역, 『조선 무속의 연구』, 동문선, 1991.

3. 외국 논저

Jake Horsley, *Matrix Warrior*, New York: St. Martin's Press, 2003.

Robin Wood, "An Introduction to the American Horror Film", Bill Nichols (ed.), *Movies and Methods* II, Berkeley: Univ. of California Press, 1985.

Thomas Bulfinch, *Mythology: The Age of Fable*, New York: New American Library, 1962.

4. 드라마, 영화, 만화

드라마 〈구미호 외전〉(김형일 연출, 2004년 7월 19일~2004년 9월 7일 KBS 방영)

드라마 〈대장금〉(이병훈 연출, 2003년 9월 15일~2004년 3월 23일 MBC 방영)

드라마 〈드라마 스페셜 시즌 3〉 제1화: 환향—쥐불놀이(이원익 연출, 2012년 11월 11일 KBS 방영)

드라마 〈드라마 페스티벌 2014〉 제8화 원녀일기(김지현 연출, 2014년 11월 30일 MBC 방영)

드라마 〈전설의 고향 1997〉 제1화: 구미호(김상기 연출, 1997년 7월 12일 KBS 방영)

드라마 〈전설의 고향 1997〉 제23화: 환향녀(오동석 연출, 1997년 9월 27일 KBS 방영)

드라마 〈전설의 고향 2008〉 제1화: 구미호(곽정환 연출, 2008년 8월 6일

KBS 방영)

드라마 〈전설의 고향 2008〉 제8화: 환향녀(이민홍 연출, 2008년 9월 3일
KBS 방영)

드라마 〈태왕사신기〉(김종학·윤상호 연출, 2007년 9월 11일~2007년 12
월 5일 MBC 방영)

드라마 〈향단전〉(김상호 연출, 2007년 9월 3일~2007년 9월 4일 MBC
방영)

드라마 〈황진이〉(김철규 연출, 2006년 10월 11일~2006년 12월 28일
KBS2 방영)

애니메이션 〈오늘이〉(이성강 감독, 2003년 제작)

애니메이션 〈천년여우 여우비〉(이성강 감독, 2007년 1월 25일 개봉)

영화 〈구미호〉(박현수 감독, 1994년 7월 23일 개봉)

영화 〈혈의 누〉(김대승 감독, 2005년 5월 4일 개봉)

영화 〈황진이〉(장윤현 감독, 2007년 6월 6일 개봉)

이성강, 『오늘이』, 문공사, 2004.

주호민, 『신과 함께-신화편』 상·중·하, 애니북스, 2012.

발표 지면

제1부

문화콘텐츠와 스토리텔링

　　전체의 총론에 해당하는 부분으로 이 책을 위해 새로 쓴 부분

문화콘텐츠 소재로서 고전서사의 가치

　　「문화콘텐츠 스토리텔링 소재로서 고전서사의 가치」, 『우리문

　　학연구』 25, 우리문학회, 2008.

문화콘텐츠시대 고전소설 연구 경향과 방향

　　「문화콘텐츠시대 고전소설 연구 경향과 방향」, 『어문론집』 57,

　　중앙어문학회, 2014.

멀티미디어 시대의 고전소설 교육의 모색과 전환

　　「멀티미디어 시대의 고전소설 교육의 모색과 전환」, 『첨단문화

　　기술연구』 2, 중앙대 문화콘텐츠기술연구원, 2006.

제2부

자연과 생명에 대한 새로운 신화 애니메이션 〈오늘이〉

　　「〈오늘이〉에 나타난 자연과 생명에 대한 신화적 대안」, 『동아시

　　아고대학』 33, 동아시아고대학회, 2014.

웹툰 〈신과 함께〉의 스토리텔링 방식과 신화적 대안

「『신과 함께』 신화편에 나타난 신화적 세계의 재편」, 『구비문학연구』 40, 한국구비문학회, 2015.

이물교혼담에 나타난 여자요괴의 양상과 문화콘텐츠로의 변용

「이물교혼담에 나타난 여자요괴의 양상과 문화콘텐츠로의 변용」, 『우리문학연구』 21, 우리문학회, 2007.

영상서사에 재현된 환향녀 원귀의 양상과 의미

「영상서사에 재현된 환향녀 원귀의 양상과 의미」, 『어문론집』 69, 중앙어문학회, 2017.

드라마 〈원녀일기〉에 나타난 고전소설 리텔링 방식과 공감과 위안의 서사

「드라마 〈원녀일기〉에 나타난 고전소설 리텔링 방식과 공감과 위안의 서사」, 『우리문학연구』 50, 우리문학회, 2015(강우규 공저).

황진이 이야기의 전승과 두 가지 스토리텔링 방식

「영상서사에 재현된 황진이 이야기의 두 가지 방식」, 『문학과영상』 11(1), 문학과영상학회, 2010.

역사와 상상력의 착종: 〈대장금〉과 〈혈의 누〉

「역사와 상상력의 착종: 〈대장금〉과 〈혈의 누〉」, 『첨단문화기술연구』 3, 중앙대 문화콘텐츠기술연구원, 2007.

지은이 이명현(李明賢)

중앙대와 같은 학교 대학원을 졸업하였고, 고전소설의 천(天) 관념을 주제로 박사학위 논문을
썼으며, 현재 중앙대학교 국어국문학과 교수로 있다. 주전공인 고전서사문학을 오늘날 대중들과
함께 이해하고 즐기고자 '문화콘텐츠'와 '스토리텔링'으로 연구 분야를 넓히고 있다. 고전문학은
연구실에 박제된 화석이 아니라는 믿음으로 고전문학의 현대적 수용과 변용에 대한 다양한
글을 쓰고 있다. 쓴 책으로는 『유씨전 연구』(공저, 2003), 『문화원형과 영상콘텐츠』(공저,
2006), 『우리이야기와 문화콘텐츠』(공저, 2008), 『다문화시대 고전문학과 대중매체』(2017)
등이 있다.

고전서사와 문화콘텐츠 스토리텔링

© 이명현, 2017

1판 1쇄 발행__2017년 04월 07일
1판 2쇄 발행__2019년 01월 10일

지은이__이명현
펴낸이__양정섭

펴낸곳__도서출판 경진
　　　　등록__제2010-000004호
　　　　블로그__http://kyungjinmunhwa.tistory.com
　　　　이메일__mykorea01@naver.com

공급처__(주)글로벌콘텐츠출판그룹
　　　　대표__홍정표　편집디자인__김미미 노경민
　　　　주소__서울특별시 강동구 천중로 196 정일빌딩 401호
　　　　전화__02) 488-3280　팩스__02) 488-3281
　　　　홈페이지__http://www.gcbook.co.kr

값 14,000원
ISBN 978-89-5996-531-1 93300